Claire, Curt und Andy Cloninger
E-Mail von Gott für jeden Tag

Eine kleine Randbemerkung

Die folgenden Mails sind natürlich nicht wirklich «E-Mails von Gott». Sie sind aber von den Autoren Claire, Curt und Andy Cloninger so geschrieben, dass sie den Texten und Intentionen der Bibel folgen und die dort gemachten Aussagen und Verheißungen Gottes möglichst gewissenhaft aufgreifen.

Der Verlag.

Claire, Curt und Andy Cloninger

E-Mail von Gott für jeden Tag

365 erfrischende Inputs
[fürs ganze Jahr]

Brunnen Verlag · Basel und Gießen

ABCteam-Bücher erscheinen in folgenden Verlagen:

Aussaat Verlag Neukirchen-Vluyn
R. Brockhaus Verlag Wuppertal
Brunnen Verlag Basel und Gießen
Christliches Verlagshaus Stuttgart
Oncken Verlag Wuppertal und Kassel

Bibliografische Information der Deutschen Bibliothek
Die Deutsche Bibliothek verzeichnet diese Publikation in der Deutschen Nationalbibliografie; detaillierte bibliografische Daten sind im Internet über http://dnb.ddb.de abrufbar.

Die Bibelstellen sind, soweit nicht anders angegeben, der revidierten «Hoffnung für alle» (2002) oder der etwas älteren «Hoffnung für alle» von 1996 entnommen.

Dieses Buch ist eine (teilweise neu bearbeitete) Auswahl der besten E-Mails aus sechs verschiedenen Büchern. Die Titel der amerikanischen Originalausgaben lauten:
E-Mail from God for Teens; More E-Mail from God for Teens; E-Mail from God for Women; E-Mail from God for Men; E-Mail from God for Grads; E-Mail from God for Kids.
Sie sind erschienen bei Honor Books (an Imprint of Cook Communication Ministries), 4050 Lee Vance View, Colorado Springs, CO 80918, USA.

Aus dem Amerikanischen von Christian Rendel und Brita Becker

Umschlag: Basel West, Unternehmenskommunikation, Basel
Satz: Bertschi & Messmer AG, Basel
Druck: Konkordia Druckerei, Bühl
Printed in Germany

ISBN 3-7655-1855-7

Einleitung

Stellen Sie sich einmal vor, dass Gott sich wirklich für Sie als Person interessiert. Stellen Sie sich vor, dass ihm Ihr Leben, Ihre Familie, Ihr Beruf, Ihre Hobbys und sogar die geheimsten Wünsche und Träume Ihres Herzens wichtig sind. Was würde Gott zu Ihnen sagen? Und wie würden Sie antworten?

Ja, die Wahrheit ist, dass Gott voller Sehnsucht ist nach Ihnen und dass er ständig die Hand nach Ihnen ausstreckt und mit Ihnen spricht. Dieses Buch ist so geschrieben, als ob Gott Ihre E-Mail-Adresse herausgefunden hätte (was ihm nicht schwer fallen würde!) und Ihnen jetzt einige ganz persönliche E-Mails schicken würde. Jede dieser E-Mails basiert auf einer Bibelstelle und ist verbunden mit einer Geschichte, einem Gleichnis oder einer leicht verständlichen Botschaft aus dem Herzen Gottes. Egal, wie Ihre Beziehung zu Gott ist, Sie werden viele Anregungen und sinnvolle Vorschläge finden, die Sie in Ihrem Leben ganz praktisch umsetzen können.

Egal, ob Sie Single sind oder verheiratet, ob Großeltern, Vater, Mutter oder Kind, Sie haben mit diesem Buch Post bekommen. Auf jeder Seite finden Sie von der Bibel inspirierte Liebesbotschaften, die vom Herzen Gottes direkt in Ihr Herz hineinsprechen wollen. Als E-Mails aufgemacht, sind es Leben spendende Botschaften voller Hoffnung, Humor, Mitgefühl, Mut, Trost und praktischer Ratschläge von unserem Vater im Himmel an Sie, sein geliebtes Kind.

Also, warum noch warten? Loggen Sie sich noch heute im Herzen Ihres Vaters ein! Er will Ihnen immer nahe sein.

Claire, Curt und Andy Cloninger

Zeichen-Erklärung:

:-)	fröhliche Bemerkung; Freude
;-)	Augenzwinkern
:-(	traurige Bemerkung
:,-(	Weinen; Trauer
>:-(	zornige Bemerkung
:-o	Staunen

Auf mich ist Verlass!

Kann eine Mutter ihren Säugling vergessen? Bringt sie es übers Herz, das Neugeborene seinem Schicksal zu überlassen? Und selbst wenn sie es vergessen würde – ich vergesse dich niemals!

Jesaja 49,15

1. Januar

Hallo!
>Wie war dein Leben, als du noch ein Kind warst? Weißt du es noch? Nein? Ich schon. Ich war dabei. Waren deine Tage alle angefüllt mit Schaukeln auf dem Spielplatz, Geschenken unter dem Weihnachtsbaum und selbstgebackenen Keksen im Ofen? Oder gab es auch traurige Zeiten, Enttäuschungen und Einsamkeit? Waren deine Eltern und Geschwister immer für dich da und haben dich beschützt und dir geholfen? Haben sie dich oft in die Arme genommen, mit dir gelacht und dir schöne Überraschungen bereitet? Oder waren gerade sie es manchmal, die dir wehgetan haben?
Was immer du für eine Kindheit hattest (gut, schlecht oder irgendwo dazwischen), in was für einer Familie auch immer du aufgewachsen bist (niemand hat ein perfektes Zuhause), auf meine Liebe kannst du dich immer verlassen. Ich möchte deine Vorstellung davon, wie Eltern sein sollten, heilen, indem ich dich mit der Liebe eines vollkommenen Vaters liebe. Willst du mich heute damit anfangen lassen? :-o
Der Vater, der schon immer für dich da war,
>Gott

Friede im Unberechenbaren

Meine Lieben! Wenn wir schon jetzt Kinder Gottes sind, was werden wir erst sein, wenn Christus kommt! Dann werden wir ihm ähnlich sein, denn wir werden ihn sehen, wie er wirklich ist.

1. Johannes 3,2

2. Januar

Hallo, du hast wieder Post!

>In deiner Welt gibt es Menschen, die davon leben, dass sie zukünftige Ereignisse und deren Folgen vorhersagen. Der Wetterbericht kommt zum Beispiel mehrmals am Tag im Fernsehen, um den Zuschauern mitzuteilen, ob sie einen Pullover oder einen Schirm brauchen. Sportreporter sagen bei allen möglichen Sportarten Gewinner voraus, vom Fußball bis hin zu Pferderennen. Börsenfachleute sagen Markttrends voraus für hoffnungsvolle Investoren. Jeder scheint im Voraus wissen zu wollen, was geschieht, bevor es geschieht.

Aber die einzige Gewissheit in der Welt ist die Ungewissheit. Und den einzigen Frieden mitten in dieser Ungewissheit bekommst du, wenn du dein Vertrauen in mich setzt. :-) Wenn du dich dafür entscheidest, dich selbst loszulassen und dich mitten in der Ungewissheit des Lebens meiner Fürsorge anzuvertrauen, heißt das, dass du das Leben als eine Reise des Glaubens annimmst und jeden Tag als Abenteuer spontaner Freude erlebst. :-) Vertraue mir, mein Kind.

Der, der gewiss kommen wird,

>Gott

Zorn wird dein Tod sein

Wir wissen, dass wir vom ewigen Tod gerettet wurden und jetzt neues Leben haben. Das zeigt sich an der Liebe zu unseren Brüdern und Schwestern. Wer nicht liebt, der bleibt dem Tod ausgeliefert.

1. Johannes 3,14

3. Januar

Hallo, du!
>Warst du schon mal so stinksauer, dass du einem anderen gar nicht mehr verzeihen konntest? Kennst du das, wenn es so ein richtig gutes, befriedigendes Gefühl ist, an seinem Zorn festzuhalten? Kennst du das, wenn es dir nicht das Geringste ausmacht, jemand anders aus tiefstem Herzen zu verabscheuen? Nun, wenn du jemandem nicht vergeben kannst, wenn du jemanden nicht lieben kannst, dann bist du auch für alle anderen guten Dinge im Leben tot. :,-(Wenn du rasend vor Wut bist, dann hast du kein wirkliches Leben in dir. Du lächelst nicht. Du kannst dich für nichts begeistern. Du kannst dich nicht entspannen. Du hast einen Riesenknoten im Bauch wegen der Sache, die dir der andere angetan hat. Jetzt kannst du nur noch daran denken, wie du es ihm heimzahlst. So kann man nicht leben. Gibt es jemanden in deinem Leben, den du so sehr verabscheust? Vergib ihm, lass deinen Zorn los und fang wieder an zu leben.
Bei mir bist du in guten Händen,
>Gott

Aus Schwäche mach Stärke

Und so trage ich alles, was Christus mir auferlegt hat – alle Misshandlungen und Entbehrungen, alle Verfolgungen und Ängste. Denn ich weiß: Gerade wenn ich schwach bin, bin ich stark.

2. Korinther 12,10

4. Januar

Ich bin's!
>Erinnerst du dich an die Geschichte vom hässlichen Entlein? Das war ein Schwanenküken, das durch einen Zufall in eine Entenfamilie geriet. Je größer das Küken wurde, desto mehr merkte es, dass es anders war als die anderen, und es war sehr traurig darüber. Doch gerade diese Andersartigkeit ließ es schließlich zu einem wunderschönen ausgewachsenen Schwan heranreifen. :-)
Manchmal wird gerade die Eigenschaft oder Schwäche, die du an dir am meisten hasst, zum größten Segen für dich. In unserer Beziehung gilt das sogar für alle deine Schwächen. Denn deine Schwächen bringen dich dazu, nach meiner Kraft zu rufen. Wenn du in deiner Schwäche nach mir rufst, verwandelt sich diese Schwäche von einer Belastung in einen Segen. Gerade sie ist es, die dich in meine Arme treibt. :-o
Also freue dich über deine Schwächen. Lass dich von ihnen zu meiner Kraft führen.
Deine Kraft,
>Gott

Hier ist das Geheimnis

Lasst uns einander lieben, denn die Liebe kommt von Gott. Wer liebt, ist ein Kind Gottes und kennt Gott. Wer aber nicht liebt, der weiß nichts von Gott; denn Gott ist Liebe.

1. Johannes 4,7–8

5. Januar

Na, wieder mal online? ;-)
>Ich möchte dir das Geheimnis verraten, das hinter deiner Beziehung zu mir steckt. Wenn du dieses Geheimnis erst einmal begriffen hast, wirst du nie wieder an mir zweifeln. Ich bin Liebe. Das ist der Schlüssel. Liebe ist der Grundbestandteil meines Charakters und meiner Persönlichkeit. :-o Liebe ist der Gedanke, der mir ständig durch den Kopf geht, Tag und Nacht, rund um die Uhr. Liebe ist sozusagen der Atem in meinen Lungen und der Puls meines Herzens. Liebe ist der Weg, den ich eingeschlagen habe, und davon werde ich niemals abweichen. :-) Liebe ist so tief mit allem, was ich bin, verwoben, dass du zu jeder Tages- und Nachtstunde zu mir kommen kannst und dabei genau weißt, wen du antreffen wirst: einen Gott der Liebe. Meine Gebote sprechen mit dem Akzent der Liebe. Mein Heiliger Geist schwebt auf den Wogen der Liebe. Mein Sohn öffnet seine Arme der Liebe und sagt: «Komm zu mir!»
Mir geht es vor allem anderen um die Liebe!
>Gott

Zaubern ist nicht mein Ding

Meine Freunde, wenn uns Gott so sehr liebt, dann müssen auch wir einander lieben.

1. Johannes 4,11

6. Januar

Schalom!
>Am Anfang war meine Welt ein kleines Juwel von einem Planeten, mit Feldern und Wäldern voller faszinierender Tiere, mit Gewässern voller schillernder Fische und mit einem Himmel voller herrlicher Vögel. Aber mein Meisterstück war die menschliche Familie.
Mein Plan für die Menschen war, dass sie für immer in Harmonie miteinander und mit mir leben sollten. Doch sie wollten ihre eigenen Wege gehen, nicht meine, und deshalb gibt es heute eine Menge Krankheit und Verzweiflung in meiner einst so schönen Welt.
Warum schwenke ich nicht einfach einen Zauberstab, um das in Ordnung zu bringen? Nun, Zauberstäbe sind nicht mein Ding. Ich wirke lieber durch Menschen wie dich, die bereit sind, die Einsamen mit meiner Liebe zu lieben und die Zerbrochenen mit meiner Hand anzurühren. Ich brauche dein Herz, damit es Anteil nimmt, deine Hände, damit sie heilen, deine Füße, damit sie hingehen, und deine Stimme, damit sie die Wahrheit sagt. Willst du mit mir meine Welt lieben?
Dein Schöpfer, >Gott

Ich rede zu dir

Hört genau zu, was ich euch sage.

Jesaja 28,23

7. Januar

Hallo, du!
>Es gibt so viel Lärm um dich her: Verkehr, Handys, Werbeslogans aus Warenhaus-Lautsprechern, Fernsehen, laute Musik in vorbeifahrenden Autos, schreiende Babys und Leute, die sich unterhalten, rufen oder lachen. Da ist es schwer, deine eigenen Gedanken zu hören, geschweige denn meine leise Stimme wahrzunehmen. :-(
Aber ich bitte dich, mir zuzuhören. Ich möchte ein Wörtchen einschieben. Ich habe persönliche Worte für dein Leben – Worte der Liebe, der Ermutigung und der Wegweisung. Eine der besten Möglichkeiten, mir zuzuhören, besteht darin, die Bibel zu lesen. Ja, die Bibel. Sie ist der Bestseller an der Spitze aller Bestsellerlisten. Fang mit Markus oder Johannes an. Bevor du liest, bitte meinen Heiligen Geist, die Worte für dich lebendig werden zu lassen. Sei mit dem Herzen dabei, wenn du liest, und du wirst mich hören. Nach dem Lesen sprich mit mir. Frag mich alles, was du willst. :-) Und dann höre auf meine Antwort.
Der, der auf dich wartet,
>Gott

Du bist frei!

Durch Christus sind wir frei geworden, damit wir als Befreite leben. Jetzt kommt es darauf an, dass ihr euch nicht wieder vom Gesetz versklaven lasst.

Galater 5,1

8. Januar

Schalom!
>Jesus hat mit seinem Blut für deine geistliche Freiheit bezahlt. Er hat die Ketten zerrissen und dich in die Freiheit geführt. Er hat den äußersten Preis dafür bezahlt, dich von all dem «Du solltest» und «Du musst» der religiösen Polizei loszuschneiden. :-o Und so kannst du frei leben: Erkenne, dass ich real bin. Du brauchst nicht zu hoffen oder so zu tun, als wäre ich real. Ich bin real!
Lerne mich kennen. Wie? Gebet ist eine sehr gute Möglichkeit. Ebenso das Lesen der Bibel. Aber mach diese Dinge nicht zu unerbittlichen Vorschriften. Ich werde dich kein bisschen mehr lieben, nur weil du jeden Tag eine bestimmte Zeit mit Beten oder Bibellesen verbringst. Aber beides wird dir helfen, mich besser kennen zu lernen. Das wird der Lohn sein.
Liebe jeden Menschen – sogar diejenigen, die mit dem freien Leben nichts anfangen können. Und schließlich, lass dich von niemandem in eine geistliche Zwangsjacke stecken. Du bist frei!
Dein Befreier,
>Gott

Du hast, was andere brauchen

Jedes Kind Gottes kann den Sieg erringen über alles, was sich in dieser Welt Gott widersetzt. Ja, unser Glaube hat diese Welt bereits besiegt.

1. Johannes 5,4

9. Januar

Friede sei mit dir!
>Ich weiß, wenn du dich mit andern vergleichst, kann es dir leicht passieren, dass du dir klein und unbedeutend vorkommst. Vielleicht bist du mächtig beeindruckt von den Arbeitskollegen, die mühelos und selbstsicher ihre Projekte vorstellen können, oder von den Frauen, die Familie, Haushalt und Beruf anscheinend problemlos managen. Oder sind es die Kreativen und Berühmten, die du bewunderst? Kein Problem. Du kannst diese Leute ruhig bewundern, aber vergiss dabei nicht, dass du etwas hast, was sie noch brauchen. Wenn du mit mir lebst und mir vertraust, hast du genügend Macht zur Verfügung, um ein Leben zu verändern oder ein Herz zu heilen oder jemandem einen Grund zum Glauben zu geben – genug Macht, um den Sieg über alles zu erringen! :-o
Diese Macht ist der Glaube: der Glaube an mich und an meinen Sohn. Also nimm deinen Glauben jeden Tag hoch erhobenen Hauptes mit dir mit, und liebe die anderen so, wie Jesus es tut.
Lass mich deine Stärke sein!
>Gott

Bedingungslose Treue

Nur eine Ausnahme gibt es: Kaleb, meinen Diener, der mir immer treu gefolgt ist. Ihn werde ich in das Land bringen, das er bereits gesehen hat.

4. Mose 14,24

10. Januar

Hallo, da bin ich wieder!
>Welche Einstellung wünschst du dir in deiner Beziehung zu deinen Kindern oder den Kindern deiner Bekannten? Ist es eine weinerliche, unreife Reaktion ihrerseits, ein Schulterzucken oder eine freche Antwort? Gefällt es dir, wenn sie zögern und sich nicht trauen, das zu tun, was du ihnen aufträgst? Nein, ich bin ziemlich sicher, dass es dir gefällt, wenn Kinder deinen Anweisungen gern, schnell und freudig folgen. :-)
Für mich gilt genau dasselbe. Dein lebensprühender Glaube und dein vorbehaltloser Gehorsam sind gute Möglichkeiten, mir deine Liebe zu zeigen. Solch eine Einstellung lässt mich wissen, dass du bereit bist, mit meinem Plan fortzufahren. Sie zeigt mir, dass du mir hinsichtlich des Ergebnisses vertraust, auch wenn du nicht alles verstehst. Folge mir bedingungslos, mein Kind.
Der, der die Zukunft kennt,
>Gott

Opfer und Ruhe

Der Herr, der Gott Israels, hat seinem Volk Frieden und Ruhe gegeben, und er will nun für immer in Jerusalem wohnen. Darum müssen die Leviten nicht mehr das heilige Zelt und die Gegenstände für den Opferdienst von einem Ort zum anderen tragen.

1. Chronik 23,25–27

11. Januar

Ich hab einen Gedanken für dich:
>Ich habe dich befreit von der falschen Vorstellung, dass du aus eigener Kraft in den Himmel kommen musst. Du brauchst für deine Sünden keine Opfer zu bringen. Und du musst dir auch keine Gedanken darüber machen, Gegenstände für den Opferdienst mit dir herumzutragen, um dir mit guten Taten einen Weg in mein Reich zu erarbeiten. Niemand ist gut genug, den Himmel aus eigener Kraft zu betreten. Wenn es eines gibt, das du inzwischen wissen müsstest, dann das: Du bist nicht vollkommen. Aber Jesus ist es, und mit ihm haben sich die Dinge für dich und für die gesamte Menschheit verändert. Er wurde das einmalige Opfer, damit du für immer bei mir sein kannst. Darum wohne ich nicht nur im heiligen Zelt oder in Jerusalem. Ich wohne im Herzen und in der Gegenwart jedes Menschen, der das Opfer meines Sohnes empfängt. :-) Setze deine Hoffnung auf nichts anderes als auf das Opfer von Jesus. Hör auf, dich um deine eigene Rettung zu bemühen. Übergib mir dein Leben, stell dich mir zur Verfügung, und du wirst deine Ruhe in mir finden.
Dein Liebesopfer,
>Gott

Ein Job für Insider

Denn ich urteile nach anderen Maßstäben als die Menschen. Für die Menschen ist wichtig, was sie mit den Augen wahrnehmen können; ich dagegen schaue jedem Menschen ins Herz.

1. Samuel 16,7

12. Januar

Hallo, du!
>Die Welt, in der du lebst, interessiert sich viel mehr für dein äußeres Erscheinungsbild als dafür, was in dir drin los ist. Bei mir ist es genau umgekehrt. Ich schaue mir dein Herz an. :-o
Ich sehe die Narben, wo du durch gemeine Worte, unfaire Angriffe und feindselige Unterstellungen verletzt wurdest. Ich sehe deine Hoffnungen – auch die, nach denen du dich gar nicht auszustrecken traust – und die Träume, die nicht in Erfüllung gegangen sind.
Aber wenn du bereit bist, mich bei dir einziehen zu lassen, werde ich Jesus und die ganze Kraft des Heiligen Geistes mitbringen. Ich will dich stärker und positiver machen. Glaub mir, wenn wir einziehen, werden gute Dinge passieren. Wir drei werden als Team zusammenarbeiten, um diesen verborgenen Teil in dir zu heilen. Das ist ein Job für Insider! :-)
Dein Heiler,
>Gott

Rückkehr ins Paradies

Ich denke zurück an früher, an das, was du damals getan hast, und halte mir deine großen Taten vor Augen. Zu dir strecke ich meine Hände empor im Gebet. Wie ausgedörrtes Land auf Regen, so warte ich sehnsüchtig auf dein Eingreifen.

Psalm 143,5–6

13. Januar

Hast du das schon gewusst?
>In jedem Mensch ist ein Teil, der Heimweh nach dem Garten Eden hat. :-o Das kommt daher, dass ich den Menschen für das Paradies geschaffen habe und nicht für die gefallene Welt. Aber die Menschen haben ja eine vollkommene Beziehung mit mir ausgeschlagen, weil sie sich meinem Willen nicht unterordnen wollten. Stattdessen haben sie diese Beziehung abgebrochen und mussten in die gefallene Welt der Selbstbestimmung gehen. >:-(
Da ich dich für das Paradies und nicht bloß für die materielle Welt um dich herum geschaffen habe, kannst du die Trennung tief in deinem Herzen spüren. Du fühlst die Leere der weltlichen Dinge, und du sehnst dich nach einer Lösung für diese Disharmonie in deiner Seele. Mein Sohn Jesus Christus ist die Brücke ins Paradies. Er ist die Rückfahrkarte zu einer ungebrochenen Beziehung mit mir. In ihm kannst du wahren Frieden haben, weil du am Ende dort leben wirst, wo du hingehörst. Eden ist nicht mehr nur ein Ort; es ist eine Beziehung. :-)
Ich warte auf dich,
>Gott

Du bist sehr gut

Dann betrachtete Gott alles, was er geschaffen hatte, und es war sehr gut!

1. Mose 1,31

14. Januar

Ich bin's wieder mal!
>Als ich die Welt geschaffen hatte, sah ich mir alles an, was vor mir lag, und sagte: «Das ist sehr gut!» Du bist ein Teil dessen, was ich gemacht habe. Deshalb bist du auch ein Teil all der Dinge, die ich «gut» nenne. Ja, von allem, was ich gemacht habe, bin ich auf dich besonders stolz. Warum? Du bist nach meinem Bilde geschaffen. Du bist mir ähnlich. :-o
Ich habe eine Menge Überlegung, Kreativität und Liebe aufgewandt, um dich zu dem zu machen, was du bist. Ich habe einen Plan und einen Sinn für dein Leben. Selbst wenn du es vermasselst, liebe ich dich noch. Du kannst Fehler machen, aber das macht *dich* noch lange nicht zu einem Fehler. Wenn du also hinfällst, dann denke daran, dass ich dir wieder aufhelfen und dir einen Neuanfang schenken kann.
Du bist «sehr gut»!
Dein dich liebender Schöpfer,
>Gott

Mit dir in der Wüste

«Am Berg Horeb werde ich vor dir auf einem Felsen stehen. Schlag mit dem Stab an den Felsen! Dann wird Wasser aus dem Stein herausströmen, und das Volk kann trinken.» Vor den Augen der Sippenoberhäupter Israels tat Mose, was der Herr ihm befohlen hatte.

2. Mose 17,6 | 15. Januar

Schalom!
>Lange Zeit war das verheißene Land genau dies: eine Verheißung. Die Israeliten hatten viele Jahre als Gefangene in Ägypten gelebt, nur um danach für etliche weitere Jahre in eine glühende Wüste geführt zu werden. So habe ich auch dich aus deiner geistlichen Gefangenschaft herausgeführt. Aber manchmal findest auch du dich in einer geistlichen Wüste wieder. :-o
Nun ja, manchmal führt der Weg ins verheißene Land eben durch die Wüste. Aber glaube mir: Selbst wenn ich dich nicht immer dorthin führe, wo alles leicht und einfach ist, kann ich dich doch auch in den Wüstenzeiten auf wunderbare Weise versorgen. :-o
Wenn du meinst, du seist im Moment in einer geistlichen Wüste, dann beklage dich nicht darüber, dass du nicht sofort im verheißenen Land abgesetzt worden bist. Rufe mich stattdessen an, und lass mich mein erfrischendes Wasser sogar an den trockensten Orten deines Lebens ausgießen. Ich bin bei dir, auch und gerade in der Wüste.
Das lebendige Wasser,
>Gott

Du bist ein geistliches Wesen

Das wissen wir: Wenn unser Leib einmal zerfallen wird wie eine baufällige Hütte, werden wir einen neuen Leib erhalten, ein festes Haus, das nicht von Menschen errichtet ist. Gott hält es im Himmel für uns bereit, ein Haus, das ewig bleibt.

2. Korinther 5,1–2

16. Januar

Ich grüße dich!
>Viele Menschen, die einem begegnen, sagen gerne, sie hätten eine «geistliche Erfahrung» gemacht. Aber die Menschen wurden ja eigentlich dazu geschaffen, in diesem geistlichen Reich zu leben und mir ständig zu begegnen. Das Regelmäßige sollte das Normale sein, nicht das Periodische. :-o
Du kennst mich ja; ich möchte, dass du deine Einstellung zu der Frage, welchen Rang das Geistliche in deinem Leben einnimmt, änderst. Du bist kein Mensch, der eine geistliche Erfahrung gemacht hat. Du bist jetzt vielmehr ein geistliches Wesen, das eine menschliche Erfahrung gemacht hat. :-o Auch wenn deine vorübergehende Post-Adresse zur Zeit auf der Erde zu finden ist, bist du letztlich für den Himmel bestimmt und wirst zurückkehren, um dort auf ewig im geistlichen Reich zu leben. Wenn du mich mit einer anbetenden Lebensweise suchst, kannst du schon jetzt beginnen, das geistliche Leben zu erfahren, für das du geschaffen wurdest.
Dein Schöpfer,
>Gott

Geschaffen, um mich zu lieben

Darauf hat uns Gott vorbereitet, indem er uns als sicheres Pfand dafür schon jetzt den Heiligen Geist gab. Deshalb sind wir jederzeit zuversichtlich, auch wenn wir Gott in unserem irdischen Leib noch nicht unmittelbar nahe sein können.

2. Korinther 5,5–6

17. Januar

Hallo!
>Manchmal spürst du in dir eine tiefe Traurigkeit, die du vielleicht nicht verstehen oder erklären kannst. Es ist eine Sehnsucht nach mir. Du bist geschaffen für die Gemeinschaft mit mir, und nichts außer meiner Freundschaft wird diese Leere in deinem Innern je ausfüllen können.
Im Laufe deines Lebens wirst du viele andere Freunde haben. Das ist auch gut so. Ich will, dass du deine Freude an ihnen hast. Aber du musst wissen, dass es in deinem Herzen ein Gott-förmiges Loch gibt, das nichts außer meiner Liebe zu dir je ausfüllen kann.
Und jetzt kommt etwas, das dich vielleicht überraschen wird: Es gibt auch ein du-förmiges Loch in *meinem* Herzen, das nichts außer deiner Liebe zu mir je ausfüllen kann. Egal, wie viele andere Menschen mich lieben oder mir nachfolgen, ich werde nie aufhören, auf deine Liebe zu warten. Du bist für mich geschaffen.
Dein Freund,
>Gott

Setz meine Brille auf

Wir beurteilen auch niemanden mehr nach rein menschlichen Maßstäben.

2. Korinther 5,16

18. Januar

Schalom, halte durch!
>Heute möchte ich, dass du in der Schule, an der Uni, auf der Arbeit oder beim Einkaufen ein Experiment machst. Tu so, als hätte ich dir eine Brille mit ganz besonderen Gläsern gegeben. Wenn du Leute durch diese Brille anschaust, siehst du sie so, wie ich sie sehe. Der so genannte Volltrottel, den du so peinlich findest, ist in Wirklichkeit tapfer und einfühlsam. Der Dummkopf, der deiner Meinung nach außer Fußballspielen nichts auf dem Kasten hat, hat ein Herz, das zu großer Weisheit fähig ist. Die Rechtsanwaltstochter, die auf dich immer so eingebildet wirkt, ist in Wirklichkeit schüchtern und unsicher und braucht eine gute Freundin. :-o
Nichts ist mehr so, wie es schien, bevor du die Brille aufgesetzt hast. Auf einmal merkst du, dass es eigentlich gar keine Volltrottel, Dummköpfe und Snobs gibt – nur Leute. Menschen, die ich geschaffen habe. Und wenn du sie erst einmal so siehst wie ich, dann helfe ich dir auch, ihnen mit meiner Liebe zu begegnen. Also, setz meine Brille auf und schau dich um!
Ich habe ganz bestimmt den Durchblick, ;-)
>Gott

Einer ist vollkommen

Was für ein Gott! Sein Handeln ist vollkommen, und was er sagt, ist wahr ... Darum will ich dich loben, Herr. Alle Völker sollen es hören! Zu deiner Ehre will ich singen.

2. Samuel 22,31 und 50

19. Januar

Ich hab mal eine Frage:
>Wenn du einen Fehler gemacht hast, hast du da schon einmal gesagt: «Keiner ist vollkommen»? Nun, wenn du das nächste Mal diesen Satz sagen willst, dann denke vorher bitte einmal nach. Der Satz stimmt nämlich überhaupt nicht. :-o
Einer ist nämlich vollkommen, und dieser Eine bin ich. Alles an mir ist zu einhundert Prozent richtig, wahr und ohne Fehler. Meine Ideen sind vollkommen. Meine Pläne sind vollkommen. Meine Worte sind vollkommen. Und jetzt kommt das eigentlich Interessante: Alles, was ich geschaffen habe, ist vollkommen. Und damit meine ich auch dich. Sicher, die Sünde kann in ein Leben kommen und meine vollkommene Schöpfung verderben. Aber Jesus ist gestorben, um dir zu vergeben. Und sobald du deine Sünden bekennst, gebe ich dir die vollkommene Vergebung. Versprochen!
Wenn du das nächste Mal wieder sagen willst: «Keiner ist vollkommen», dann denk mal daran. Ich bin vollkommen, und ich tue mein vollkommenes Werk in dir. Auch wenn du das nie vollkommen verstehen können wirst! ;-)
Wie schon erwähnt: Was ich sage, ist wahr, >Gott

Nimm dir Zeit für den Frieden

Unser Herr, von dem aller Friede kommt, schenke euch seinen Frieden immer und überall. Er sei mit euch allen!

2. Thessalonicher 3,16

20. Januar

Na, wie ist dein Tag bis jetzt?
>Wenn du auf der Suche nach irgendeiner tollen Sportausrüstung wärst, dann würdest du dir wahrscheinlich jemanden suchen, der eine Menge von deiner Sportart und der Ausrüstung dafür versteht und sie zu günstigen Preisen verkauft. Habe ich Recht?
Nun, wenn du mehr Frieden in deinem Leben haben möchtest – wenn du weniger gestresst, dafür aber ruhiger und zuversichtlicher werden willst –, dann gibt es jemanden, mit dem ich dich in Kontakt bringen möchte. Sein Name ist Jesus. Er ist mein Sohn, und er weiß alles über Frieden und Ruhe und Zuversicht. Er ist nicht nur der Herr des Friedens. Er ist selbst der Friede. Wenn du dich mit Jesus anfreundest und Zeit mit ihm verbringst, garantiere ich dir, dass du eine Menge Stress in deinem Leben loswirst. :-)
Wenn du mit Jesus redest und auf ihn hörst, wird er mehr Frieden in dein Leben hineinbringen, als du es für möglich hältst. Nimm dir Zeit für den, der selbst der Friede ist und Friedefürst genannt wird.
Der Vater von Jesus,
>Gott

Ich bin beständig

Ich pries den höchsten Gott, ich lobte den, der ewig lebt. Seine Herrschaft hört niemals auf, sein Reich bleibt für alle Zeiten bestehen.

Daniel 4,31

21. Januar

Schalom, ich grüße dich!
>Die Welt, in der du lebst, ist heute real da und wird morgen vergehen. Politiker bekleiden ihr Amt nur von einer Wahl zur nächsten. Börsenspekulanten können zwar reich werden, wenn die Kurse steigen, aber sie können auch alles verlieren, wenn sie fallen. Berühmte Filmstars müssen erleben, wie sich ihre Popularität in nichts auflöst, sobald jemand daherkommt, der noch cooler und schöner und betörender und besser ist als sie. Musiker an der Spitze der Hitlisten setzen zum Sturzflug an, wenn sich die musikalischen Trends verändern und sie nichts Neues mehr produzieren können. :,-(
Aber ich stehe seit Anbeginn an der Spitze, und da bleibe ich auch. :-o Mein Reich hat eine Beständigkeit, wie du sie sonst nirgendwo finden wirst. Und wenn du mir dein Leben anvertraust, gehört diese Beständigkeit dir. Ich gebe dir eine stetige Stärke, eine bleibende Kraft, eine unzerstörbare Freude, einen ewigen Frieden – Dinge, die dir niemand wegnehmen kann.
Dein ewiger Herr,
>Gott

Die schlichte Wahrheit

Schon vor Beginn der Welt, von allem Anfang an, hat Gott uns, die wir mit Christus verbunden sind, auserwählt ... Aus Liebe zu uns hat er schon damals beschlossen, dass wir durch Jesus Christus seine eigenen Kinder werden sollten.

Epheser 1,4–5

22. Januar

Du hast wieder Post!
>Auf einer Pressekonferenz wurde der berühmte Theologe Karl Barth einmal gefragt: «Was ist die tiefste Wahrheit, die Sie bei all Ihren Studien entdeckt haben?» Mit entwaffnender Schlichtheit antwortete Professor Barth: «Jesus liebt mich.» :-)
Vielleicht bist du gerade erst mit der Schule fertig geworden und hast eine Lehre oder ein Studium begonnen. Vielleicht absolvierst du einen Zivil- oder Militärdienst oder gehst noch zur Schule oder hast einen Abendkurs an der Volkshochschule belegt. Aber ganz egal, wie lange du dich in Studien über irgendein Thema vertiefst: Du wirst niemals eine gleichermaßen das Leben verändernde Wahrheit entdecken wie die Wahrheit, dass mein Sohn dich liebt. Wenn du bis zum Hals in dauernden großen Herausforderungen steckst, wenn du mit deinen Freunden und Freundinnen nur Stress hast oder wenn du mit dir selbst unzufrieden bist, dann klammere dich an diese felsenfeste Wirklichkeit: Jesus liebt dich. Mein Plan war es schon immer, dich durch seine wunderbare Liebe in meine Familie aufzunehmen.
>Gott.

Was würde man sagen?

Geht liebevoll miteinander um, so wie auch Christus euch seine Liebe erwiesen hat.

Epheser 5,2

23. Januar

Na, alles klar bei dir?
>Wenn du heute Nacht sterben würdest, wie würde man sich an dich erinnern? Würde man sagen: «Sie wollte immer unbedingt bei den Siegern sein»? Oder: «Er war ganz versessen auf Fußball und öffentliche Lobreden»? Würde man sagen: «Ach ja, ich glaube, sie ist auch ab und zu in die Kirche gegangen»? Oder wäre es ganz anders? Würde jemand aufstehen und sagen: «Sie ist an meinem ersten Tag im Büro sehr nett zu mir gewesen. Alle anderen ließen mich links liegen, aber sie lud mich ein, mich in der Pause zu ihr zu setzen. Das werde ich ihr nie vergessen.» Würde jemand anderes sagen: «Er hat mir immer Mut gemacht, beim Lauftraining nicht aufzugeben. Seinetwegen bin ich mein bestes Rennen gelaufen»?
Lebst du ein Leben der Liebe, das wirklich etwas bewirkt? Oder lebst du ein Leben, das kaum eine Rolle spielt? Wenn alles andere verblasst, hat die Liebe, die du anderen erweist, immer noch Bestand. :-o Also lebe ein Leben der Liebe.
Ich selbst bin dein Beispiel,
>Gott

Das Kreuz ist eine Kraft

Dass Jesus Christus am Kreuz für uns starb, muss freilich all denen, die verloren gehen, unsinnig erscheinen. Wir aber, die gerettet werden, erfahren gerade durch diese Botschaft vom Kreuz die ganze Macht Gottes.

1. Korinther 1,18

24. Januar

Du, ich bin's wieder!
>Mein Sohn Jesus wurde nie zum König gewählt. Während der letzten drei Jahre seines Lebens war er ohne Zuhause und ohne Arbeit. Am Ende verließen ihn all seine Freunde, und die Obrigkeit brachte ihn um wie einen gemeinen Verbrecher. >:-(
Ergibt es einen Sinn, jemanden wie Jesus anzubeten? Kommt dir das vernünftig vor? Wenn du meinen Sohn nicht kennst, kapierst du das vermutlich nicht. Wenn Jesus dir ein Fremder ist, kommt dir das Kreuz wahrscheinlich ziemlich verrückt vor.
Aber wenn du ihn erst einmal kennen lernst, wirst du anfangen, seine Macht zu erkennen. Du wirst begreifen, dass das Kreuz der Ort ist, wo Jesus starb, damit du eine Beziehung zu mir haben kannst. Das Kreuz ist der Ort, wo Jesus den großen Widersacher besiegt hat. Das Kreuz ist der Ort, wo Jesus meine Liebe zu dir sichtbar machte und dir einen Platz in meiner Familie erworben hat. Ich hoffe, du kapierst das. Es liegt mir viel daran.
Dein Vater,
>Gott

Zu klug für die Wahrheit

Hat Gott ihre Weisheiten nicht als Unsinn entlarvt? Denn Gott in seiner Weisheit hat es den Menschen unmöglich gemacht, mit Hilfe ihrer eigenen Weisheit Gott zu erkennen. Stattdessen beschloss er, alle zu retten, die einer scheinbar so unsinnigen Botschaft glauben.

1. Korinther 1,20–21

25. Januar

Hast du dir das schon mal überlegt?
>Brillante Mathematiker und Physiker können komplexe mathematische Probleme lösen. Hochgebildete Genetiker wissen viel über den genetischen Code des Menschen. Erfahrene Architekten und Ingenieure können erstaunliche Gebäude erstellen. Aber selbst die klügsten unter diesen Genies können den dümmsten Fehler der Welt machen – sie können die Wahrheit über meine Existenz leugnen. :-(
Weil der Glaube an mich Vertrauen, aber niemals Formeln verlangt, schreiben ihn viele Menschen als Märchen oder Legende ab. Weil mich zu kennen nicht nur eine Sache des Kopfes, sondern eben auch des Herzens ist, kann es jemanden verwirren, der nur mit Kopfwissen etwas anfangen kann. Ich habe nichts gegen eine gute Ausbildung und nichts gegen das Lernen. Aber ich möchte, dass du vor allem mich kennen lernst. Suche mich mit deinem ganzen Verstand, deinem ganzen Herzen und all deiner Kraft, und du wirst mich kennen lernen. Mach bitte nicht den dümmsten Fehler der Welt.
Ich bin die Wahrheit in Person, :-)
>Gott

Über Gott stimmt man nicht ab

Was Gott getan hat, übersteigt alle menschliche Weisheit, auch wenn es unsinnig erscheint; und was bei ihm wie Schwäche aussieht, übertrifft alle menschliche Stärke.

1. Korinther 1,25

26. Januar

Du, ich möchte dir etwas sagen:
>Ich bin die weiseste Person, der du je begegnen wirst. Ich bin stärker als der stärkste Mensch, der je lebte. Darum muss ich mich niemandem gegenüber beweisen. Wer ist so schlau, dass er über mich urteilen könnte? Wer ist so stark, dass er gegen mich kämpfen könnte? In früheren Zeiten habe ich versucht, mit den Leuten zu diskutieren, aber sie wollten nicht auf mich hören. Obwohl ich ihnen alles genau erklärte und jede Debatte gewann, kümmerten sie sich nicht darum.
Also habe ich aufgehört zu diskutieren und stattdessen meinen Sohn gesandt, damit er für euch stirbt. Seine Liebe macht klar, wer ich bin. Jesus am Kreuz ist der Beweis, dass ich existiere und dass ich euch liebe. Ich hoffe, du kannst das glauben, denn es ist die Wahrheit. Ich bin, der ich bin.
Der Allmächtige,
>Gott

Wie isst du deine M&M's?

So verschieden die Gaben auch sind, die Gott uns gibt, sie stammen alle von ein und demselben Geist.

1. Korinther 12,4

27. Januar

Hast du dir darüber schon mal Gedanken gemacht?

>Es gibt viele Arten, wie man M&M's essen kann. Manche stopfen sich eine ganze Hand voll auf einmal in den Mund. Einige essen sie langsam, eines nach dem anderen. Und wieder andere essen sie nach Farben geordnet. Wie man sie isst, hängt von der Persönlichkeit des Essers ab. :-o Es gibt auch viele Arten, dein Christsein zu leben. Es gibt Leute, die es wie Petrus nicht erwarten können, meinen Willen zu tun. Sie sind Menschen der Tat, die sich gerne das ganze Leben auf einmal vornehmen. Dann gibt es solche wie Thomas, die es gern ein bisschen langsamer angehen lassen. Und es gibt Wissenschaftler wie Lukas, den Arzt, die sich gerne viele Gedanken machen. Auf jeden Fall gibt es aber Dinge, die sich alle Christen vornehmen sollten, z. B. den Glauben an Jesus und ein demütiges Herz. Aber nicht jeder Christ soll gleich aussehen oder gleich handeln wie der andere. Ich habe dich einzigartig gemacht. Versuch nicht, mit aller Gewalt so zu sein, wie andere es von dir erwarten. Suche lieber mich, und ich will dir zeigen, wie ich möchte, dass du bist.

Der Vater der Einzigartigkeit, :-)

>Gott

Game Over: Bald ist Schluss

Denn eins steht fest, Brüder und Schwestern: Wir haben nicht mehr viel Zeit ... Denn diese Welt mit allem, was wir haben, wird bald vergehen.

1. Korinther 7,29 und 31

28. Januar

Hallo, ich bin's erneut!
>Ob du's glaubst oder nicht, die Welt wird einmal ein Ende haben. Ich bin nicht einer von diesen verrückten Straßenpredigern, die sich hinstellen und «Das Ende ist nahe!» brüllen. Ich bin Gott. Und in meiner Bibel sage ich: «Die Zeit ist kurz. Das Ende ist nahe.» Hattest du vor, erst mal ein bisschen Spaß zu haben mit Sex, Drogen, Alkohol und Partys? Dachtest du, mit mir könntest du dann später noch ganze Sache machen? Nun, für solche Spielchen ist eigentlich keine Zeit mehr. :-(
Ich habe dich geschaffen, damit du große Dinge tust; Dinge, die dir und anderen zum Segen werden sollen. Dinge, durch die die Welt besser werden soll. Ich warte darauf, dass du dich ganz auf mich einlässt. Ich bin auf der Suche nach Leuten, die «verrückt» genug sind, diese Dinge auf meine Weise anzugehen – nicht morgen, sondern jetzt. Bist du dabei oder nicht? Wenn du meinst, dein Leben hätte keinen Einfluss, dann irrst du dich. Niemand sonst kann tun, was ich für dich zu tun habe. Das hier ist kein Spiel. Es ist Wirklichkeit, und die Zeit wird knapp.
Der, der dich unermüdlich anspornt,
>Gott

Putzkraft oder Juniorchef?

Gottes Verheißung ist wie ein Testament rechtsgültig ... Würde Gott jetzt seine Zusage von der Erfüllung des Gesetzes abhängig machen, so wäre seine frühere Verheißung aufgehoben. Aber Gott hat Abraham seine Zusage ausdrücklich ohne jede Bedingung gegeben.

Galater 3,17–18

29. Januar

Hast du etwas Zeit für mich?
>Wenn deine Familie ein großes Unternehmen besitzen würde, würdest du sicherlich nicht jeden Tag in die Hauptverwaltung gehen, um dort Staub zu saugen und zu putzen, in der Hoffnung, dafür bezahlt zu werden. Du würdest doch wissen, dass du in diesem Unternehmen eine bestimmte Stellung, Sicherheit und Anerkennung hast.
Leider sind unter meinen Kindern einige, die bereits den vollen Erbanspruch auf mein Reich haben, aber immer noch meinen, sie müssten sich einen Platz in der Firma verdienen. Sie putzen und saugen immer noch außerhalb meines Herzens Staub und versuchen, das zu verdienen, was ihnen doch schon längst gehört. :,-(Mit deinen guten Taten solltest du nicht den Zweck verfolgen, meine Anerkennung zu erlangen. Sie sollten vielmehr zum Segen für andere eingesetzt werden. Die geistlichen Prinzipien, die du auf dein Leben anwendest, sollen dir zum Segen dienen und deinen inneren Reifungsprozess fördern.
Du hast bereits meine ganze Liebe!
Der Vater der Verheißung,
>Gott

Reine Nervensache

Denn Gott hat uns keinen Geist der Furcht gegeben, sondern sein Geist erfüllt uns mit Kraft, Liebe und Besonnenheit.

2. Timotheus 1,7

30. Januar

Schalom!
>Wer ist eigentlich dieser Heilige Geist, den ich meinen Kindern gebe? Stell dir vor, du könntest ihn in ein Labor bringen und wissenschaftlich analysieren. ;-) Was würdest du herausfinden?
Als Erstes würdest du entdecken, dass er Kraft enthält – genug Kraft, um dich auf den Beinen zu halten, auch wenn der Weg beschwerlich wird; genug Kraft, um dir beim Kampf gegen das Böse zu helfen, auch wenn es dich noch so sehr täuschen will; genug Kraft, um jedes Hindernis zu überwinden. Du wirst auch eine gute, ausgewogene und ebenso einfühlsame wie pralle, farbige, uferlose, universale, schöpferische Energie und Dynamik vorfinden. Vor allem aber wirst du Liebe finden – Liebe, die nicht stolz oder neidisch oder ungeduldig ist; Liebe, die beschützt und vertraut und niemals aufhört. Aber du kannst suchen, so lange du willst, eines wirst du in meinem Heiligen Geist niemals finden: Furcht. Ich werde dir niemals einen Geist der Furcht geben.
Der dir Liebe, Kraft und einen klaren Verstand gibt,
>Gott

Wähle das Leben!

Himmel und Erde sind meine Zeugen, dass ich euch heute vor die Wahl gestellt habe zwischen Leben und Tod, zwischen Segen und Fluch. Wählt das Leben, damit ihr ... nicht umkommt!

5. Mose 30,19

31. Januar

Friede sei mit dir!
>Ich möchte, dass du das Leben wählst. Das Leben wählen heißt, das Leben mit Hoffnung und Liebe zu betrachten statt mit Furcht und Zweifel.
Das Leben wählen heißt, sich um andere zu kümmern, statt sich nur um sich selbst zu drehen. Das Leben wählen heißt, einen Sonnenuntergang zu betrachten oder einem Freund Mut zuzusprechen, statt jeden Abend vor dem Fernseher herumzuhängen. Das Leben wählen heißt, mir zu vertrauen, dass ich dir helfe, die schweren Dinge zu tun, anstatt aufzugeben, bevor du es auch nur versuchst. Das Leben wählen heißt, mit den positiven Menschen zu lachen, statt mit den Skeptikern zu zweifeln. Das Leben wählen heißt, deine eigenen Gaben zu feiern, statt andere um ihre Gaben zu beneiden.
Das Leben wählen heißt, für das einzutreten, was richtig und wahr ist, selbst wenn andere dich deswegen für einen Volltrottel halten. Das Leben wählen heißt, mich zu lieben. :-)
Dein fürs ganze Leben,
>Gott

Wissen ist nicht alles

Wir wissen zwar, dass wir alle die Fähigkeit haben zu erkennen, was richtig ist. Doch richtige Erkenntnis allein führt leicht zum Hochmut, Liebe dagegen baut die Gemeinde auf.

1. Korinther 8,1

1. Februar

Na, wieder online?
>Was denkst du, was mir lieber ist – dass du alles Mögliche weißt oder dass du die Menschen liebst? Klar, es ist gut, wenn man was im Kopf hat, aber wenn dich das dann eingebildet und hochmütig macht, wozu ist es dann gut? Mich kannst du mit deinem Wissen nicht beeindrucken. Es gibt haufenweise Leute, die alles Mögliche über mich wissen, aber wo sind die Leute, die andere in meinem Namen segnen und lieben?
Schau dir die biblischen Gestalten an. Was wussten die schon groß? Petrus war ein einfacher Fischer, der Prophet Amos war ein Schafhirte, und Johannes der Täufer predigte in der Wüste und ernährte sich von Heuschrecken und wildem Honig. Sogar Jesus war «nur» ein Zimmermann. Du brauchst keine akademischen Lorbeeren, um mir zu gefallen. Wenn du anderen Leuten den Rücken stärkst, ihnen hilfst und dich um sie kümmerst, dann bin ich wirklich beeindruckt. :-o
Dein Mutmacher,
>Gott

Die Liebe spricht sanft

Wenn ich in allen Sprachen der Welt, ja, mit Engelszungen reden kann, aber ich habe keine Liebe, so bin ich nur wie eine dröhnende Pauke oder ein lärmendes Tamburin.

1. Korinther 13,1

2. Februar

Ich möchte dir etwas sagen:
>Hast du schon einmal die Stimme der Liebe gehört? Die Liebe spricht sanft, freundlich, manchmal sogar schweigend. Die Liebe beteiligt sich nicht an einem Schreiwettbewerb mit den arroganten, fordernden Stimmen einer lärmenden Welt. Sie bewegt sich still durch den Tag, erfüllt Bedürfnisse ohne großes Tamtam. Die Liebe schafft ein Klima, in dem Menschen jeden Alters gefahrlos reden können. Sie wird stiller, damit sie die Frage eines Kindes, die Geschichten eines alten Menschen, die Enttäuschung eines Teenagers, das Seufzen einer vom Geliebten Enttäuschten hören kann. Die Liebe sagt auf Millionen von fürsorglichen Arten: «Du bist wichtig für mich.» Sie sagt auch ohne viel Brimborium: «Gott liebt dich, und ich liebe dich auch.» :-)
Wenn du also durch diesen geschäftigen Tag gehst, sprich in der Sprache, die jedes Herz hören kann. Sprich in Liebe.
Der Herr der Liebe,
>Gott

Was echte Liebe ist

Liebe ist geduldig und freundlich. Sie ist nicht verbissen, sie prahlt nicht und schaut nicht auf andere herab. Liebe verletzt nicht den Anstand und sucht nicht den eigenen Vorteil, sie lässt sich nicht reizen und ist nicht nachtragend. Sie freut sich nicht am Unrecht, sondern freut sich, wenn die Wahrheit siegt.

1. Korinther 13,4–6

3. Februar

Schalom!
>Liebe ist mehr als ein schönes Gefühl. Sie ist mehr als eine körperliche Beziehung. Sie bedeutet Hingabe, Ehrerbietung und Fürsorge. :-o
Die Liebe ist ein Läufer, der sein Rennen niemals aufgibt, auch wenn er erschöpft ist. Die Liebe ist ein Soldat, der einem Freund seinen Mantel gibt, obwohl er selbst vor Kälte zittert. Die Liebe ist eine arme Frau, die ihre reiche Nachbarin in ihrem feudalen Haus besucht und nicht denkt: «Ich wünschte, das würde alles mir gehören.» Die Liebe ist der Fußballcrack, der einen Pokal gewinnt und vor seinem unbeweglichen, unsportlichen Freund nicht damit angibt. Die Liebe ist eine Autofahrerin, die im Verkehrsstau steckt und trotzdem einen anderen Wagen vor sich einscheren lässt. Die Liebe ist ein Vater, der sein Kind mit Fairness und ohne Zorn maßregeln kann. Die Liebe freut sich, wenn die Wahrheit gesagt wird, und sie feiert das Gute an anderen Menschen. Die Liebe ist ein Lied, das nie aufhört.
In Liebe immer dein Vorbild,
>Gott

Erwarte Vollkommenheit

Denn unsere Erkenntnis ist bruchstückhaft, ebenso wie unser prophetisches Reden. Wenn aber das Vollkommene da ist, wird alles Vorläufige vergangen sein.

1. Korinther 13,9–10

4. Februar

Ich grüße dich!
>Auch wenn du weißt, dass du in einer unvollkommenen Welt voller unvollkommener Menschen lebst, scheinst du doch diese Sehnsucht nach einem vollkommenen Leben nicht stillen zu können. Weil ich diese Sehnsucht in dich hineingepflanzt habe. :-o Du weißt ja, ursprünglich warst du als vollkommener Mensch geplant. Der Schmerz in deinem tiefsten Inneren ist eine unbewusste Erinnerung an einen Ort namens Eden, in dem die Liebe und das Leben für einen kleinen Augenblick vollkommen waren.
Eden ist jetzt vergangen, aber mach dir keine Sorgen. Während du durch diese unvollkommene Welt gehst, bewegst du dich beständig auf die vollkommene Liebe und ein vollkommenes Leben zu, wo jede Träne getrocknet wird und die Sehnsucht in deinem Herzen ihre Erfüllung findet. Also, vergib dir und anderen, wenn die Liebe zu kurz kommt. Und sei zufrieden mit der Hoffnung auf den Himmel. Der wird vollkommen sein. :-)
Der Schöpfer Edens,
>Gott

Strebe nach der Liebe

Die Liebe soll euer höchstes Ziel sein.

1. Korinther 14,1

5. Februar

Hallo, du!
>Viele Leute streben in ihrem Leben ein konkretes Ziel an. Es ist, als ob sie einen Punkt auf der Landkarte des Lebens einkreisen und dann diese Richtung anpeilen. Sie werden ihr Ziel vielleicht nicht erreichen, aber sie verbringen ihr ganzes Leben damit, es zu versuchen.
Manche Leute wissen vielleicht gar nicht, dass sie sich ein Ziel gesetzt haben, aber das haben sie gleichwohl getan. Ein Punkt auf der Landkarte heißt «Beliebt», einer heißt «Reich», einer heißt «Intelligent», einer heißt «Rebell», ein anderer «Klassenkasper». Und dann ist alles, was sie in ihrem Leben tun, auf dieses Ziel ausgerichtet. :-o
Okay, nun möchte ich, dass du einen anderen Punkt auf der Landkarte deines Lebens einkreist: «Liebe.» Peile diese Richtung an, und strebe nach diesem Ziel, als ob dein Leben davon abhinge – denn das tut es! Liebe die Menschen in deinem Leben und liebe mich. Dazu bist du da. Liebe ist das Ziel, nach dem zu streben sich lohnt. Lass die Liebe dein höchstes Ziel sein!
Dein liebevoller Führer,
>Gott

Gib dein Bestes

Meine lieben Brüder und Schwestern, bleibt fest und unerschütterlich in eurem Glauben! Setzt euch mit aller Kraft für den Herrn ein, denn ihr wisst: Nichts ist vergeblich, was ihr für ihn tut.

1. Korinther 15,58

6. Februar

Ich hab da eine Bitte an dich:
>Wenn du etwas für mich tust, dann möchte ich, dass du dich voll reinhängst. Wenn ich dir sage: «Geh ins Altersheim und hör den alten Leuten dort zu», dann sitz nicht nur da und verdreh die Augen, um dann nach fünf Minuten wieder zu verschwinden. Sei aufmerksam, sei positiv und lass dich wirklich auf die Leute ein. Ich habe dir gesagt, dass du deinen Vorgesetzten gehorchen sollst, also sag nicht nur: «Ja ja, Chef, schon gut», sondern sag: «Ja, Chef, mache ich.» Und dann tu rasch, was er dir aufgetragen hat. ;-)
Wenn du Christ bist, beobachten dich die Leute ziemlich genau bei der Arbeit. Sie wollen wissen, ob an dir etwas anders ist. Wirst du auch immer nur herummosern, wenn's um eher unangenehme Aufgaben geht, wie so viele andere es tun? Wirst du das Brett an der dünnsten Stelle durchbohren und deinen Job halbherzig machen? Nein, bitte arbeite hart und gib dein Bestes. Du sollst bei der Arbeit MICH widerspiegeln. :-)
Ich mache auch nichts Halbherziges,
>Gott

Eigentlich ganz einfach

Zu guter Letzt lasst uns das Wichtigste von allem hören: Begegne Gott mit Ehrfurcht, und halte seine Gebote! Das gilt für jeden Menschen.

Prediger 12,13

7. Februar

Hallo, ich bin's wieder!
>Im Grunde ist es ganz einfach, als Christ zu leben. Du musst nur eines tun – meine Gebote halten. Das ist deine einzige Aufgabe. In einem alten amerikanischen Lied heißt es: «Vertraue und gehorche, das ist der einzige Weg, um in Jesus glücklich zu sein.» Auf meiner Seite ist der Job natürlich ein bisschen komplizierter. Ich liebe dich und bin Tag und Nacht auf Achse, um dich zu schützen, dich weise zu machen, dir Frieden zu schenken, deine Gebete zu beantworten, dein Herz mit Freude und Frieden zu erfüllen, dein Freund zu sein und eine Million anderer toller Sachen zu erledigen. :-o
Indem du mir gehorsam bist, versetzt du dich selbst in die Lage, all die guten Dinge zu empfangen, die ich für dich bereithalte. Natürlich kannst du dir nicht mit Gehorsam meine Liebe verdienen (ich liebe dich ja sowieso schon), aber du wirst dadurch fähig, meine Liebe zu empfangen. Und was für Gebote sind das, die du halten sollst? Liebe mich und liebe die Menschen um dich her. Auch das ist wieder ganz einfach. :-)
Deine oberste Priorität,
>Gott

Ich frage dich: Wirst du gehen?

Du sorgst für das Recht der Unterdrückten und Waisen, jeder Gewaltherrschaft auf Erden machst du ein Ende.

Psalm 10,18

8. Februar

Meine guten Gedanken sind mit dir!
>Auf den Straßen von Kalkutta bettelt genau in diesem Augenblick ein zwölfjähriges Mädchen um etwas zu essen. Arundatha hat keine Eltern. Sie ist krank und unterernährt. Man hat sie schon so oft sexuell missbraucht, dass es inzwischen ganz normal für sie ist. Sie ist nur eines von Millionen verwaister Straßenkinder in den Städten dieser Welt. Wo wird sie Mitleid finden? :,-(
Warum ich dir das erzähle? Weil es überall Menschen gibt, denen es schlecht geht. Frag mich bitte danach, inwiefern dich das etwas angeht: Wie du dich engagieren, wem und wo du helfen könntest. Vielleicht möchte ich dich finanziell segnen, damit du mithelfen kannst, Missionare in die Welt auszusenden. Vielleicht möchtest du aber auch selbst mit anpacken. Auf jeden Fall kannst du beten. Lass uns Zeit zusammen verbringen, damit ich dir deutlich machen kann, was ich mit deinem Leben im Sinn habe. Ich verspreche dir, es wird dir mehr Freude machen, als du dir je erträumt hast. Und wie es beim Geben immer ist: Du wirst viel mehr zurückbekommen, als du je geben könntest. >Gott.

Du bist nur ein Mensch

Denn er weiß, wie vergänglich wir sind; er vergisst nicht, dass wir nur Staub sind.

Psalm 103,14

9. Februar

Hallo, du!
>Ich denke, ich bekäme in Biologie eine Eins plus, denn ich habe das Leben erfunden. Ich weiß nicht nur, wie dein Körper funktioniert, sondern ich verstehe auch all deine Emotionen und Denkprozesse. Da ich dich geschaffen habe, kenne ich dich in- und auswendig. Ich weiß, wozu du imstande bist und wozu nicht. Ich erwarte nichts Unmögliches von dir. An vielen Dingen wirst du scheitern, das weiß ich. Du bist nur ein Mensch. Darum sei nicht so hart mit dir selbst. Oftmals verlangst du selbst viel mehr von dir, als ich es tue. :-o
Wenn ich in dir lebe, werde ich niemals versagen. Das Unmögliche ist mein Job, nicht deiner. Dein Job ist es, mein Freund zu sein. Das machst du großartig, und ich bin stolz auf dich. Nimm dich selbst nicht so an die Kandare! ;-)
Dein Schöpfer,
>Gott

Mach die Scheinwerfer an

Herr, dein Wort bleibt für immer und ewig. Schon als du den Himmel erschufst, war es gültig ... Dein Wort ist wie ein Licht in der Nacht, das meinen Weg erleuchtet.

Psalm 119,89 und 105

10. Februar

Ich bin's wieder!
>Hast du schon mal versucht, dich in der Dunkelheit ohne Taschenlampe auf einem schmalen Pfad zurechtzufinden? Besonders schnell kommst du dabei nicht voran, stimmt's? Über jeden Stein und jede Wurzel stolperst du. Und du weißt nicht einmal genau, ob du überhaupt noch in die richtige Richtung gehst. Wer weiß, vielleicht gehst du ja schon seit Stunden immer im Kreis herum! :-o
Genauso ist es, wenn du versuchst, dich ohne das Licht meines Wortes durchs Leben zu schlagen. Du kannst gar nicht anders, als dich zu verirren – ein Leben voller Unebenheiten, Umwege und falscher Abzweigungen ist dir sicher. Doch wenn du mein Wort liest, ist das so, als ob du die Scheinwerfer einschaltest. Plötzlich siehst du im Flutlicht alles ganz deutlich! Und wenn du auch nicht sehen kannst, wo der Weg endet, wirst du doch sehen können, wo du gerade bist und wo es weitergeht. Also, nimm mein Wort zur Hand und mach die Scheinwerfer an. ;-)
Ich mache deinen Weg hell,
>Gott

Der Sonntag sollte froh machen

Wie sehr habe ich mich gefreut, als man zu mir sagte: «Komm mit, wir gehen zum Tempel, zum Haus des Herrn!»

Psalm 122,1

11. Februar

Ich bin's! Geht's dir gut?
>Für manche Leute ist der Kirchgang eine lästige Pflicht. Sie denken sich das etwa so: «In der Kirche ist es langweilig, aber wenn ich hingehe, kann Gott mich besser leiden.» Was für ein Blödsinn! :-(Ich kann dich jetzt schon unendlich gut leiden; wieso sollte sich da an meinen Gedanken über dich etwas ändern, wenn du häufiger in den Gottesdienst gehst? :-o
Der Gottesdienst sollte nicht etwas sein, das du zähneknirschend über dich ergehen lässt, weil es nun einmal gut für dich ist, ganz ähnlich wie Spinat essen. Der Gottesdienst ist dazu da, dich froh zu machen. Er soll ein Ort sein, wo du deine Beziehung zu mir richtig ausleben kannst – ein Ort, wo meine Kinder sich treffen, um einander zu ermutigen, miteinander zu beten und mich zu feiern. Wenn du christliche Gemeinde nicht so erlebst, dann gehst du in die falsche Gemeinde. Komm, such dir einen Ort, um mich zu feiern!
Deine Freudenquelle, :-)
>Gott

Sei treu mit deinem Leben

Dafür halte uns jedermann: für Diener Christi und Haushalter über Gottes Geheimnisse. Nun fordert man nicht mehr von den Haushaltern, als dass sie für treu befunden werden.

1. Kor. 4,1–2 (Luther 99)

12. Februar

Hallo, wie geht's dir heute?
>Wenn die Bibel von einem «Haushalter» spricht, dann meint sie nicht einen, der in einem Haushalt kocht, wäscht und bügelt. Ein Haushalter ist jemand, der sich um die Sachen eines anderen Menschen kümmert. Ein Haushalter kümmert sich um das Eigentum seines Chefs und versucht, das Beste daraus zu machen. Was einen Haushalter (oder auch Verwalter) so richtig verderben kann, ist etwas ganz Bestimmtes: Wenn er anfängt zu glauben, dass die Sachen, um die er sich kümmert, seine eigenen seien. Dann wird er egoistisch und fängt an, seinen Job schlecht zu machen. :-(
Du bist mein Haushalter auf der Erde. Ich bin der Schöpfer und Eigentümer der Erde und von allem, was darauf ist. Und dazu gehört auch DEIN Leben. Einer der schlimmsten Fehler, die du machen kannst, ist, wenn du glaubst, dass dein Leben und das ganze Drumrum allein dir gehört. Ich habe dir tolle Gaben geschenkt und eine Menge Verantwortung. Nun ist es an dir zu entscheiden, wie du dein Leben organisieren willst. Ich hoffe, dass du es zum Guten und mir zu Ehren einsetzt.
Der, dem alles gehört – auch du! >Gott

Feiere deine Einzigartigkeit

Alles, was du besitzt, hat Gott dir doch geschenkt. Hat er dir aber alles geschenkt, wie kannst du dann damit prahlen, als wäre es dein eigenes Verdienst?

1. Korinther 4,7

13. Februar

Schalom!
>Es gibt keine größere Zeitverschwendung, als dich mit anderen zu vergleichen. Irgendjemand wird immer besser dastehen als du, und das wird dich nur eifersüchtig machen. Oder jemand wird schlechter dastehen als du, und das wird dich stolz und überheblich machen. Glaub mir, diese schlechten Einstellungen bringen dir nichts. Sie werden deine Freude ersticken, wie eine Schaufel Sand ein Feuer erstickt. :-(
Hör zu: Ich habe dich als den Menschen gemacht, der du bist. Du bist unersetzlich! Ich habe dir wunderbare Gaben gegeben, und nur du kannst den Plan ausfüllen, den ich für dich habe. So wie jede Schneeflocke anders ist, so ist auch jeder Mensch einzigartig und kostbar für mich. Und so wie ich Tausende Arten von Fischen und Blumen in allen Farben des Regenbogens geschaffen habe, so habe ich auch Menschen der verschiedensten Hautfarben und Rassen geschaffen. Ich liebe die Vielfalt! Darum feiere deine Einzigartigkeit! :-)
Dein einzigartiger Schöpfer,
>Gott

Spiel mit dem Team

Wenn ihr dagegen in enger Verbindung mit dem Herrn lebt, werdet ihr mit ihm eins sein durch seinen Geist.

1. Korinther 6,17

14. Februar

Hast du darüber schon mal nachgedacht?
>Du könntest einem Handballverein beitreten. Du könntest die Aufnahmegebühr bezahlen, das Trikot besorgen, zum Training gehen und bei allen Spielen dabei sein. Aber wenn deine Mannschaft nicht gelernt hat, wie man als Team spielt, dann werdet ihr verlieren. Du siehst, es ist ein großer Unterschied, ob man in einer Mannschaft ist oder wirklich als Mannschaft spielt. :-o
So ist es auch mit deinem Glauben. Wenn du an Jesus und mich glaubst und wenn du uns bittest, in dein Leben zu kommen, dann bist du dem christlichen Team beigetreten. Aber du musst immer noch jeden Tag Entscheidungen treffen. Willst du meinem Team zur Hand gehen und in meiner Mannschaft in diesem Spiel namens Leben mitspielen? Willst du mich jeden Tag nach dem Spielplan fragen? Willst du mit mir und deinen christlichen Teamkollegen an die Arbeit gehen für das Beste, was das Leben zu bieten hat? Oder willst du weiter als Solokünstler nur dein eigenes Ding machen und das Spiel verlieren? Ich mache dir Mut. Sei nicht nur dabei. Komm jeden Tag zu mir, und lass uns als Team spielen.
Dein bester Trainer, >Gott

Verlasse «Sündenstadt»

Sofort eilte Lot zu den Verlobten seiner Töchter und rief ihnen zu: «Schnell, verschwindet aus dieser Stadt, denn der Herr wird sie vernichten!» Aber sie lachten ihn nur aus.

1. Mose 19,14

15. Februar

Schalom!
>Das Kino kreierte ein Klischee von einem christlichen Unheilspropheten mit Schaum vor dem Mund und einer apokalyptischen Botschaft auf einem Schild, das er um den Hals trägt. Diese karikierte Figur soll in den Filmen anscheinend komisch wirken. >:-(Aber lass dich dadurch nicht davon abhalten, mir zuzuhören, wenn ich dir im echten Leben einmal sage: «Geh weg von diesem Ort; es wird sonst dein Tod sein.»
Mit solchen Dingen mache ich keine Witze. Die Sünde ist real, und ihre Auswirkungen auf dich sind genauso real. Ich würde niemals zulassen, dass du in deiner Sünde stirbst. Ich werde dich immer warnen und für einen Ausweg aus «Sündenstadt» sorgen. Wenn du diese Warnung aber nicht ernst nimmst, wenn du nicht bereust und auch nicht schnell reagierst, dann musst du echte (oder sogar tödliche) Konsequenzen erleiden. :,-(
Sünde ist nichts, worüber man lachen sollte. Wenn du meine Warnung hörst, dann bereue deine Verfehlungen und geh weg aus «Sündenstadt».
Ich sorge für einen Ausweg,
>Gott

Zufriedenheit garantiert

Eines habe ich begriffen: Das größte Glück genießt ein Mensch in dem kurzen Leben, das Gott ihm gibt, wenn er isst und trinkt und es sich gut gehen lässt bei aller Mühe. Das ist sein einziger Lohn!

Prediger 5,17

16. Februar

Friede sei mit dir!
>Dass dein Job immer leicht sein soll, hat keiner behauptet, aber zumindest solltest du Zufriedenheit darin finden. Viele denken, es wäre ganz normal, wenn man seinen Job hasst. Das stimmt nicht. Du wirst sicher nicht mit jeder Stelle, die du je haben wirst, ganz und gar happy sein, aber insgesamt solltest du doch zufrieden sein können mit deinem Beruf. :-) Wenn du schon jahrelang in einem Job tätig bist und schrecklicherweise jeden Morgen lieber in ein Fass mit siedendem Öl springen als dich wieder einen Tag auf der Arbeit herumquälen willst, dann ist es wahrscheinlich Zeit, dass du dir einen neuen Job suchst. :,-(
Ich sage nicht, dass du reich werden wirst. Ich sage nicht, dass dein Job immer easy sein wird. Aber ich habe dich nicht in die Welt geschickt, damit du deinen Job hasst. Da habe ich was Besseres für dich: Es nennt sich «berufliche Zufriedenheit». :-) Sie ist ein Geschenk von mir. Wenn du mit deiner Arbeit unzufrieden bist, dann bitte mich um Zufriedenheit. Ich werde dich entweder zufrieden machen oder einen anderen Job für dich finden.
Der, der dich sehr gut kennt, >Gott

Der Schlüssel zum Glück

Preist ihn! Rühmt ihn! Denn der Herr ist gut zu uns, seine Gnade hört niemals auf, für alle Zeiten hält er uns die Treue.

Psalm 100,4–5

17. Februar

Ich bin's wieder mal!
>Hast du dir schon mal gewünscht, du hättest den Schlüssel zum Glück? So etwas gibt es. Jetzt schüttelst du vielleicht den Kopf und sagst: «Quatsch. Das kann gar nicht funktionieren.» Aber vertrau mir. Meine Kinder benutzen diesen Schlüssel schon seit Tausenden von Jahren, und er führt tatsächlich zum Glück. Neugierig?
Danke mir allezeit in allem. Du hast richtig gehört: allezeit – in allem. Ich höre schon, wie du sagst: «Er kann ja wohl nicht von mir erwarten, dass ich ihm auch für die schlechten Dinge danke.» Nun, ich habe vorhin auch nicht gesagt: für alles. Ich sagte: *in allem*. Ich bin ein guter Vater. Ich bin damit beschäftigt, alles zu deinem Besten wirken zu lassen – auch das Schlechte. Der Teufel ist derjenige, der alles Schlechte verursacht. >:-(Aber wenn du mich sogar mitten in den schlimmen Dingen, die dir passieren, lobst und mir dankst, dann ist das der Schlüssel, um meinen Segen aufzuschließen. Ich kann selbst das Unglück zu deinem Besten wenden. Also dreh den Schlüssel um und preise mich. :-)
Der Schlüsselmeister,
>Gott

Folge mir auf Schritt und Tritt

Und Henoch wandelte mit Gott ... Und weil er mit Gott wandelte, nahm ihn Gott hinweg und er ward nicht mehr gesehen.

1. Mose 5,22ff (Luther 99)

18. Februar

Ich hab da 'nen Gedanken für dich:
>Wenn ich mir eine Sache für dein Leben wünschen könnte, was wäre das wohl? Die Antwort besteht aus fünf Worten: Dass du mich kennen lernst. Nicht nur, dass du Dinge über mich weißt, sondern dass du mich richtig kennst. :-o
Bei Henoch war das so. Er kannte mich. Er wandelte mit mir. Was ich damit meine? Henoch lernte, mir auf Schritt und Tritt zu folgen. Er kannte mich so gut, dass er genau wusste, wann ich einen Zahn zulegen und eine Sache anpacken wollte und wann ich vorhatte, es ruhiger angehen zu lassen und eine Weile innezuhalten. Er glich das Tempo seiner Schritte dem Tempo meiner Schritte an. Er kannte jeden Stein und jedes Schlagloch auf den Wegen, die ich ging. Die Art, wie er mich kannte, hatte nichts mit Reli-Unterricht oder Sonntagsschule zu tun. Er erlebte meine Gegenwart im Alltag, in den ganz gewöhnlichen Situationen seines Lebens. Ich möchte, dass du mit mir wandelst, wie Henoch es tat. Bist du bereit? :-)
Dein Freund und «Pacemaker»,
>Gott

Lass uns dein Leben richtig bauen

Noah lebte so, wie es Gott gefiel, und hörte auf ihn. Er tat nur, was in Gottes Augen gut war ... Noah führte alles so aus, wie Gott es ihm aufgetragen hatte.

1. Mose 6,9 und 22

19. Februar

Geht's dir gut heute?
>Wir sind Geschäftspartner beim Bau deines Lebens. Ich bin der Architekt, und – ob du es glaubst oder nicht – du bist der Bauunternehmer. :-o Ich habe den Plan, und ich führe dich so, wie du bauen sollst. Aber ich kann dein Leben nicht für dich aufbauen. Als du noch für dein Leben selbst verantwortlich warst, da hast du versucht, zugleich der Architekt und der Bauunternehmer zu sein. Aber nun, da du mir die Kontrolle übergeben hast, ist es Zeit, dass du dich gemäß meinen Blaupausen an die Arbeit machst. Vielleicht sage ich dir, dass du Dinge wieder abreißen musst, die du nach deinen eigenen Plänen gebaut hast, oder ich fordere dich auf, dein ganzes Leben noch einmal ganz neu zu verkabeln; aber du musst mir vertrauen.
Wenn wir erst einmal die Dinge abgerissen haben, die nicht in Ordnung waren, ist es Zeit, dass wir uns meinem vollkommenen Plan zuwenden, um das aufzubauen, was schön, dauerhaft und stabil ist. Ich werde dir helfen und dich leiten, dass du einen Ziegel nach dem anderen setzt. :-)
Der Architekt eines wunderbaren Lebens,
>Gott

Nur auf der Durchreise

Ihr betet zu Gott als eurem Vater und wisst, dass er jeden von euch nach seinem Verhalten richten wird; er bevorzugt oder benachteiligt niemanden. Deswegen führt euer Leben in Ehrfurcht vor Gott, solange ihr als Fremde mitten unter den Menschen lebt, die nicht an Christus glauben.

1. Petrus 1,17

20. Februar

Friede sei mit dir!
>Wenn du auf eine Wochenendfreizeit fährst, weit weg von zu Hause, kannst du dich in der Regel anders als sonst benehmen. Du kannst den Leuten Sachen über dich selbst sagen, die du den Leuten in deiner Umgebung nie erzählen würdest. Du kannst mehr riskieren. Warum? Weil du die anderen Teilnehmer der Freizeit möglicherweise nie wiedersehen wirst. ;-)
Genau wie diese Wochenendfreizeit ist auch dieser Planet nicht für immer dein Zuhause. Selbst wenn du hundert Jahre hier lebst, ist das aus meiner Sicht gar nicht so lange. Du bist in diesem Leben nur auf der Durchreise. Wenn du stirbst, wirst du – falls du mir erlaubt hast, dich in meine Familie aufzunehmen – den Rest der Ewigkeit bei mir im Himmel verbringen. Denk daran und binde dich nicht zu sehr an diese Welt. Mach dir keinen Kopf, was die Leute über dich denken. Halt dich lieber an mich und meine Meinung. Auf mich kommt es an, denn ich werde für immer bei dir sein. :-)
Dein ewiger Vater,
>Gott

Ein Hirte mit einem Plan

Früher seid ihr herumgeirrt wie Schafe, die sich verlaufen hatten. Aber jetzt habt ihr zu eurem Hirten zurückgefunden, zu Christus, der euch auf den rechten Weg führt und schützt.

1. Petrus 2,25

21. Februar

Hallo, wie geht's?
>Stell dir einen unwegsamen, gefährlichen, auf keiner Karte verzeichneten Pfad vor, der hinauf in die zerklüfteten Berge führt, wo wilde Tiere leben. Und nun stell dir dich selbst vor, schutzlos wie ein Lamm: ohne Waffe, ohne Landkarte und ohne Führer – unsicher, wo du bist oder wohin du gehst. :-(
Kein sehr tröstliches Bild! Aber es gibt ziemlich genau die Situation wieder, in der du warst, bevor Jesus in dein Leben trat. Wie anders ist da das Bild, das er von deinem Leben malen möchte, wenn du ihn lässt! Er kennt dich, er liebt dich, und er hält ein neues Leben für dich bereit. Er hat eine Karte von dieser gefährlichen Berglandschaft. Er möchte dich an einen Ort des Friedens, der Freude und des Glücks in meiner Nähe führen. :-o
Jesus ist dein Hirte, und er wartet darauf, dich zu führen. Willst du ihm nicht vertrauen und folgen?
Dein Vater,
>Gott

Rezept für ein gutes Leben

Wer sich am Leben freuen und gute Tage erleben will, der achte auf das, was er sagt. Keine Lüge, kein gemeines Wort soll über seine Lippen kommen. Vom Bösen soll er sich abwenden und das Gute tun. Er setze sich unermüdlich und mit ganzer Kraft für den Frieden ein.

1. Petrus 3,10–11

22. Februar

Schalom!
>Willst du ein Rezept für ein gutes Leben? Ich weiß eines, aber erwarte jetzt nicht irgendeinen Zaubertrick. Es ist ganz simpel und naheliegend: Verkneif dir üblen Klatsch und gedankenloses Gerede. Mit dem, was du sagst, kannst du anderen Menschen sehr wehtun. >:-(
Wenn du siehst, dass deine Freunde dabei sind, sich in Schwierigkeiten zu bringen, mach kehrt und renn in die andere Richtung. Es lohnt sich nicht, mit zur Clique zu gehören, wenn die Clique gerade dabei ist, sich in den Abgrund zu stürzen. Man muss kein Genie sein, um sich auszurechnen, dass leichtsinnige, gefährliche Entscheidungen zu einem leichtsinnigen, gefährlichen Leben führen.
Lauf weg von dem, was schlecht für dich ist, und jage dem nach, was gut ist. Als Lohn dafür bekommst du Frieden und Glück, und es wird nicht viel geben, was du bereuen musst. Vertrau mir! :-)
Der, von dem der gesunde Menschenverstand stammt,
>Gott

Tu das Richtige

Und wer sollte euch Böses tun, wenn ihr euch mit ganzer Kraft für das Gute einsetzt? Doch selbst wenn ihr leiden müsst, weil ihr nach Gottes Willen lebt, kann man euch glücklich nennen. Darum fürchtet euch nicht vor dem Leid, das euch die Menschen zufügen, und lasst euch von ihnen nicht einschüchtern.

1. Petrus 3,13–14

23. Februar

Hallo, du!
>In der Bibel ist die Rede von einem Mann namens Stephanus, der mich liebte. Eines Tages stand er vor einer Menge von aufgebrachten Leuten und erzählte von mir, als plötzlich alle Zuhörer auf ihn einstürmten. Sie trieben ihn aus der Stadt, nahmen Steine in die Hand und bewarfen ihn damit, bis er tot war. Doch kurz bevor Stephanus starb, ging plötzlich ein strahlendes Lächeln über sein Gesicht. Das brachte die wütenden Leute natürlich nur noch mehr auf die Palme. Warum lächelte Stephanus wohl, als er getötet wurde? Weil er mich im Himmel auf ihn warten sah, und da wusste er, dass er das Richtige tat. :-o
Wenn du leiden musst, weil du das Richtige tust, bist du ein Glückspilz. Ich weiß, das klingt verrückt, aber es stimmt. Ich bewundere Leute, die das Richtige tun, selbst wenn es ihnen keine Vorteile oder Annehmlichkeiten bringt. Im Himmel warte ich schon darauf, dir persönlich dafür zu danken. Tu das Richtige, was es auch kostet.
Derjenige, der Bescheid weiß,
>Gott

Du bist nicht ohne Grund begabt

Jeder soll dem anderen mit der Begabung dienen, die ihm Gott gegeben hat. Wenn ihr die vielen Gaben Gottes in dieser Weise gebraucht, setzt ihr sie richtig ein.

1. Petrus 4,10

24. Februar

Ich hab da eine Frage:
>Denkst du manchmal an die vielen Milliarden Menschen, die ich schon geschaffen habe, und fragst dich, wozu ich dich auch noch brauchte? Hat dein Leben einen echten Sinn? Vertrau mir, ich habe jedem Menschen ganz besondere Gaben gegeben – auch dir. Vielleicht hast du deine noch nicht herausgefunden, aber das wirst du noch. ;-)
Manche Leute sind gute Manager. Manche sind gute Künstler, Sportler, Lehrer oder Schriftsteller. Ich habe alle Menschen so geschaffen, dass sie mit ihren Gaben anderen dienen können. Das Problem ist nur, dass viele Leute sich keinen Pfifferling um andere scheren. Sie nutzen die Talente, die sie haben, bloß, um sich selbst ein schöneres Leben zu machen. Ich hoffe, dass du die Sache nicht so siehst. Lass dir von mir helfen, deine Gaben zu entdecken, und lass mich dir zeigen, wie du sie für andere einsetzen kannst. Du bist aus gutem Grund begabt! :-)
Dein Schöpfer,
>Gott

Du bist ein Kind des Lichts

Als Christen sind wir Kinder des Lichts, Kinder des hellen Tages; wir gehören nicht zur Nacht mit ihrer Finsternis. Darum lasst uns nicht schlafen wie die anderen! Wir wollen hellwach und nüchtern bleiben!

1. Thessalonicher 5,5–6

25. Februar

Wusstest du das schon?

>Ich bin ganz Licht – ohne Dunkelheit, ohne Finsternis, ohne schwarze Schatten. Und da ich mein Leben in dir lebe, bist du ein Kind des Lichts. Sollst du dann deine Welt als Platz im Schatten sehen? Sollst du deine Arbeit als Schinderei, dein Leben als düster, deine Probleme als unlösbar betrachten? Sollst du aus Angst und Hoffnungslosigkeit heraus handeln? Soll Niedergeschlagenheit dein Motto sein? Natürlich nicht! ;-)

Das Kind des Lichts hat von mir meinen Charakter, mein Wesen, meine Sicht von der Welt geerbt. Es betrachtet seine Arbeit als aufregende Herausforderung, sein Leben als Abenteuer, seine Probleme als glaubensfördernd. Es handelt nicht aus Angst heraus und auch nicht aus Hoffnungslosigkeit, sondern aus Zuversicht. In jeder Situation möchte ich, dass du das Licht wählst, mein Kind.

Der Vater des Lichts, :-)

>Gott

Zeig's den anderen!

Gott, mit unseren eigenen Ohren haben wir's gehört; unsere Väter haben uns erzählt, was für große Taten du zu ihrer Zeit vollbracht hast ...

Psalm 44,2

26. Februar

Mein Friede sei mit dir!
>Wenn du mich einmal kennen gelernt hast, gehört es zum Besten, was du tun kannst, dass du anderen Leuten davon erzählst, wie und was ich in deinem Leben wirke. Vielleicht warst du früher oft deprimiert, aber seit du dich mir anvertraut und angefangen hast, in meinem Wort zu lesen, wächst immer mehr Hoffnung in dir. Vielleicht bist du dir immer wie ein Außenseiter vorgekommen, aber seit du mir vertraust, gehörst du zu einer neuen Familie – einer Familie, die mit Begeisterung sieht, was ich tue. Das sind die ganz persönlichen Wunder, die du erlebt hast. :-)
Ich weiß, die Teilung des Schilfmeers war ein Wunder. Aber glaub mir, ein Meer der Niedergeschlagenheit zu teilen, ist ein ebenso großes Wunder! Klar, den Planeten Erde zu erschaffen war ziemlich aufregend. Aber eine neue Gruppe von Freunden zu erschaffen ist auch ganz schön anspruchsvoll. Darum erzähle anderen von mir. Tratsche nach Herzenslust über die Gute Nachricht. ;-) Die anderen haben es genauso nötig wie du, mich kennen zu lernen.
Ich will nicht verschwiegen werden!
>Gott

Es ist meine Welt

Denn alle Tiere gehören mir ohnehin: das Wild in Wald und Feld, die Tiere auf den Bergen und Hügeln. Ich kenne jeden Vogel unter dem Himmel ... Selbst wenn ich Hunger hätte, würde ich dich um nichts bitten; denn die ganze Welt gehört mir und alles, was auf ihr lebt.

Psalm 50,10–12

27. Februar

Ich dachte gerade an dich!
>Die Erde gehört mir, und ich habe alles geschaffen, was darin ist. Ganz persönlich habe ich jedes einzelne Atom im Universum gemacht! Ja, mir gehört alles, sogar die Dinge, von denen du meinst, dass sie dir gehören. :-o
Der Grund, warum ich dich bitte, mir deine Zeit und dein Geld zu geben, ist, dass dies uns beiden beweist, dass du mich als Person mehr liebst als die Gaben, die ich dir geben kann. Deine Prioritäten erkenne ich daran, wie du deine Zeit und dein Geld einsetzt. Weißt du, was in deinem Leben an erster Stelle kommt?
Die gute Nachricht für dich ist, dass ich dich liebe und für dich sorgen werde. Du brauchst keine Angst zu haben, dass du Pleite gehst. Deinem Vater gehört alles! :-)
Der Schöpfer,
>Gott

Sei ehrlich zu mir

Hat der Herr uns für alle Zeiten verstoßen? Wird er nie wieder freundlich zu uns sein? Ist seine Gnade für immer zu Ende? Gelten seine Zusagen nicht mehr? Hat Gott vergessen, uns gnädig zu sein? Warum verschließt er uns im Zorn sein Herz?

Psalm 77,8–10

28. Februar

Hallo, Post für dich!
>Selbst wenn du dich von mir verlassen fühlst, bin ich trotzdem immer noch da. Sicher, manchmal musst du durch harte Zeiten hindurch. Aber ich helfe dir dabei, sie zu überwinden, und das wird dich stärker machen. Manchmal bist du niedergeschlagen, deprimiert oder total verwirrt. Aber ich bin immer bei dir. Stell dir vor, bei einem Auto geht der Tacho kaputt. Das Auto fährt noch, auch wenn der Tacho Null anzeigt. :-o
Vielleicht ist es bei uns beiden im Moment ja auch so. Du weißt, dass ich da bin, aber du kannst mich nicht spüren. :-(Versuch mal, aufs Armaturenbrett zu hauen. Im Ernst, schrei nach mir. Es ist völlig okay, wenn du mir sagst, wie du dich fühlst. Wenn du dir verloren vorkommst, sag: «Vater, wo bist du?» Wenn du verwirrt bist, sag ungeniert: «Gott, ich kapiere überhaupt nichts mehr.» Ich will einfach, dass du ehrlich zu mir bist. Ich bin hier. Ich werde dich hören, und ich werde antworten. Halt durch.
Der Retter deiner Seele,
>Gott

Es ist für dich geschehen

Denn das steht unumstößlich fest, darauf dürfen wir vertrauen: Jesus Christus ist auf diese Welt gekommen, um uns gottlose Menschen zu retten.

1. Timotheus 1,15

[29. Februar]

Schalom, auf ein Neues!
>Warum ist mein Sohn auf dem Planeten Erde aufgetaucht? Warum führte er das Leben eines normalen jüdischen Jungen? Warum wuchs er bei einfachen Eltern in einem Dorf auf, lernte einen Beruf, ging zur Synagogenschule? Warum zog er über staubige Straßen, um zu Fischern und Zöllnern, Bauern und Hausfrauen zu sprechen? Warum ließ er stillschweigend eine demütigende Verhaftung und einen Schauprozess über sich ergehen, obwohl er gar nichts verbrochen hatte? Warum erlitt er einen qualvollen Tod am Kreuz, dem Hinrichtungsinstrument für gemeine Verbrecher? :,-(
Es geschah für die gottlosen Menschen, für die Sünder. Wer ein Sünder ist? Jeder, der je versagt hat. Jeder, dem es nicht gelungen ist, ein vollkommenes Leben zu führen. Kurzum, jeder Einzelne. Auch du! Für dich hat er gelebt, für dich ist er gestorben und wieder auferstanden, damit du die Möglichkeit hast, als mein Kind zu leben. Mein Geschenk des Heils ist für jeden da, der es annimmt.
Nimmst du Jesus an, nimmst du mich an.
>Gott

Herr, du Gott Israels! Es gibt keinen Gott wie dich – weder im Himmel noch auf der Erde. Du hältst den Bund, den du mit deinem Volk geschlossen hast, und erweist allen deine Güte und Liebe, die dir von ganzem Herzen dienen.

2. Chronik 6,14

1. März

Hast du etwas Zeit für mich?
>Warum sind die Bilder von Vincent van Gogh so viel wert? Weil jedes davon ein Original ist. Van Gogh hat eben nur eine bestimmte Anzahl von Bildern gemalt, und dann ist er gestorben. Es wird nie wieder ein neues Gemälde von van Gogh geben. Es wird auch nie wieder einen Vincent van Gogh geben. :-o
Und nun überleg dir mal Folgendes: Wer hat eigentlich van Gogh «gemalt»? Wer hat diesen großen Künstler geschaffen? Ich war es. Man könnte sagen, ich bin so etwas wie ein Überschöpfer. Das bedeutet, ich erschaffe Dinge, die wiederum andere Dinge erschaffen. So kreativ bin ich. Ich bin das Original. :-) Ich war die erste Person von allen. Nichts existierte vor mir. Alles, was existiert, existiert nur meinetwegen. Wie kannst du mich also mit Gegenständen und Götzen und imaginären Göttern vergleichen? >:-(Nichts ist mit mir zu vergleichen.
Ich halte den Bund in Liebe und Güte,
>Gott

Trau dich!

Übt euer Amt in Verantwortung vor dem Herrn aus! Seid gewissenhaft und unparteiisch! ... Geht nun entschlossen an die Arbeit! Wenn ihr recht handelt, wird der Herr bei euch sein.

2. Chronik 19,9 und 11

2. März

Hallo, da bin ich wieder!
>Lass dich nicht durch geistliche Unentschlossenheit lähmen. Im Leben geht es genauso sehr um Taten, die durchs Gebet getragen werden, wie um das Gebet selbst. Jesus verbrachte Zeit allein mit mir, aber er traf auch an Ort und Stelle ziemlich schwierige Entscheidungen, mitten unter vielen Menschen. Er ließ sich nicht von Unentschlossenheit lähmen, weil er wusste, dass er mit mir in Verbindung war. :-)
Ich möchte, dass du über Entscheidungen, die für dich anstehen, betest. Aber ich will nicht, dass du dich davor fürchtest, eine schnelle, vielleicht auch schwierige Entscheidung zu treffen, wenn es nötig ist. Wenn du dich mir unterstellt hast und meiner Führung folgen willst, dann brauchst du dich nicht davor zu scheuen, Entscheidungen zu treffen. Du hast die Berechtigung dazu. Suche mich im Gebet und in der Bibel. Lebe dein Leben für mich, und ich ermächtige dich, zuversichtliche Entscheidungen zu treffen.
Ich bin für immer deine Zuversicht,
>Gott

Bleib nicht in der Furcht stecken

Ein Bote kam und meldete dem König: «Ein riesiges Heer zieht von der Ostseite des Toten Meeres von Edom her gegen uns heran ...» Diese Nachricht jagte Joschafat Angst ein. Er wandte sich an den Herrn um Hilfe ...

2. Chronik 20,2–3

3. März

Du hast wieder Post!
>Was kannst du von einem König lernen, der vor Tausenden von Jahren gelebt hat? Eine Menge! Joschafat, der König des alten Juda, hatte etwas begriffen, was auch du begreifen solltest. Die Lage war folgende: Ein Bote kommt vor Joschafats Thron gerannt und ruft ihm die Nachricht zu, dass die übermächtige Armee Edoms unterwegs ist, um Juda anzugreifen. Die erste Reaktion Joschafats ist ganz natürlich: Er gerät in Panik! Aber er braucht nur einen Moment, um sich wieder in den Griff zu kriegen und seinen Blick auf mich zu richten. Joschafat wusste eben, wo er Hilfe finden würde, und er verlor keine Zeit. :-o
Was ich damit sagen will? Es ist völlig okay, wenn du dich mal fürchtest. Jeder hat ab und zu die Hosen voll. Aber bleib nicht in der Furcht stecken. Verlier keine Zeit, sondern bete! Ich stehe schon bereit, um dir zu helfen, wann immer du mich brauchst.
Der, der auf deiner Seite ist, :-)
>Gott

Näher als das Telefon

Wir selbst können nichts ausrichten gegen dieses riesige Heer, das gegen uns heranzieht. Wir sehen keinen Ausweg mehr, doch wir vertrauen auf dich!

2. Chronik 20,12

4. März

Schalom!
>Ich weiß, das Leben kann manchmal ganz schön verwirrend sein. Wenn du nicht mehr ein und aus weißt, wäre es dann nicht praktisch, wenn es ein Video-Spiel namens «Easy Answers» (Leichte Antworten) für deinen Gameboy oder dein Handy gäbe? Du startest es einfach, und schon sagt es dir, was du tun sollst. Oder wie wär's, wenn jemand, der weise und erfahren ist, dir eine kostenlose 24-Stunden-Telefon-Hotline anbieten würde, so dass du dir jederzeit und für jede Situation Rat bei ihm holen könntest? ;-)
So einfach ist das Leben auf diesem Planeten natürlich nicht. Es ist manchmal ganz schön schwer. Aber mein Buch, die Bibel, steckt randvoll mit Antworten. Lies darin. Du wirst es sehen. Und mein Sohn Jesus ist dir auf dem Hindernisparcours des Lebens vorausgegangen. Halte den Blick auf ihn gerichtet, wenn du nicht weißt, was du tun sollst. Rede mit ihm, wann immer du ratlos bist. Du wirst merken, er ist dir noch näher als dein Telefon oder dein Gameboy. Genau wie ich. :-)
Ich will diese Beziehung zu dir,
>Gott

Ich werde dich befreien

[Die Gefangenen] sollen den Herrn preisen für seine Gnade und für seine Wunder, die er uns Menschen erleben lässt. Denn er hat die gepanzerten Türen zerschmettert und die eisernen Riegel aufgebrochen.

Psalm 107,15–16

5. März

Sei gegrüßt!
>Ich hoffe, du kriegst nie ein Gefängnis von innen zu sehen. Aber stell dir einmal vor, wie das wohl wäre. Du bekommst zum Beispiel Lust, ins Kino zu gehen. Nix da, Pech gehabt, du sitzt im Knast. Appetit auf Pizza? Schade eigentlich, hier gibt's nur Eintopf. Du bist hier im Knast, klar? :-(
Als die amerikanischen Kriegsgefangenen aus Nordvietnam entlassen wurden und nach Amerika zurückkehrten, küssten viele von ihnen den Erdboden, sobald sie aus dem Flugzeug gestiegen waren. So dankbar waren sie dafür, wieder frei zu sein. Aber Gefängnisgitter sind nicht das Einzige, was dir die Freiheit rauben kann. Zorn, Eifersucht, Sorge und Angst können dich ebenso in Ketten legen. :-(
Ich möchte dich von diesen negativen Emotionen befreien, die dich im Schwitzkasten halten. Gib diese Gefühle an mich ab, ich werde dich befreien.
Bitte vertraue mir,
>Gott

Wenn der Sturm kommt

Wenn der Herr nicht das Haus baut, dann ist alle Mühe der Bauleute umsonst.

Psalm 127,1

6. März

Friede sei mit dir!
>In manchen Teilen der Welt, wo es regelmäßig heftige Stürme gibt, bauen die Leute ihre Häuser aus Bambus und Papier. So ungefähr jedes Jahr kommen Stürme und machen alles platt. Weil die Leute schon wissen, dass ihre Häuser sowieso wieder weggeblasen werden, vergeuden sie ihre Zeit und Kraft nicht damit, starke Häuser bauen zu wollen. Das ist clever. :-o
Ein starkes, erfolgreiches Leben kannst du nicht aus eigener Kraft aufbauen. Ohne mich wirst du dich anstrengen, dein Leben gut aussehen zu lassen, aber irgendetwas wird immer kommen und alles einstürzen lassen. Ich bin der Einzige, der genug Macht und Weisheit hat, um ein Leben zu bauen, das den Stürmen standhalten kann.
Also sei clever. Vergiss deine eigenen Pläne. Lass mich dir meine Pläne zeigen und dir helfen, ein starkes, erfolgreiches Leben zu bauen. Was ich mache, das bleibt stehen. :-)
Dein bester Architekt,
>Gott

Ich habe das Auto gebaut

Ja, Herr, du wirst dich auch in Zukunft um mich kümmern, deine Gnade hört niemals auf! Was du angefangen hast, das führe zu einem guten Ende!

Psalm 138,8

7. März

Hallo, du!
>Ich habe ein persönliches Interesse an deinem Erfolg. Du bist mein Geschöpf – ein einmaliges Original. Ich habe Kreativität, Hoffnung und Energie investiert, um dich zu der Person zu machen, die du bist, und ich habe nicht vor, dich jetzt aufzugeben. Du bist wie ein sorgfältig eingestellter Rennwagen, den ich gebaut habe. Meinst du nicht, dass ich diesen Wagen am Tag des großen Rennens zum Sieg steuern werde? Ganz bestimmt werde ich ihn nicht irgendwo am Straßenrand stehen lassen. Ich gehöre auf den Fahrersitz deines Lebens. Darum lass mich dorthin, indem du an mich glaubst und mir vertraust. Ich kenne die Schleifen und Kurven der Rennstrecke. ;-)
Ich habe einen Plan für dein Leben, mein Freund, und mir liegt sehr viel am Ergebnis deines Rennens. Mach dir keine Sorgen. Ich habe dich bisher nicht im Stich gelassen, und das werde ich auch weiterhin niemals tun.
Dein Ingenieur, Boxenchef und Fahrer, ;-)
>Gott

Nicht einmal ein Tastendruck

Höre auf meinen Hilfeschrei, denn ich bin völlig verzweifelt! Rette mich vor meinen Verfolgern, denn ich bin ihnen hilflos ausgeliefert!

Psalm 142,7

8. März

Schalom!
>Wenn du ins Internet gehst, stehen dir auf einen Tastendruck hin alle möglichen Informationen zur Verfügung. Ganz schön praktisch, wenn du einen Hauskreis vorbereiten oder ein Referat schreiben musst. Aber angenommen, du kriegst Heimweh. Angenommen, deine beste Freundin oder dein bester Kumpel benimmt sich total blöd und verletzt deine Gefühle. Angenommen, du bist niedergeschlagen, weil du zu irgendeiner Unternehmung nicht eingeladen wirst. Wird dir das Internet dann helfen? Nein. Das Einzige, was bei einem gebrochenen Herzen oder verletzten Gefühlen noch hilft, ist ein guter Freund. Ich bin der beste Freund, den du je haben wirst. Wenn du mich brauchst, bin ich da. Du brauchst nicht einmal eine Taste zu drücken oder meine Adresse zu kennen. Ich bin immer bei dir. Ich spüre deinen Schmerz, ich kenne deine Bedürfnisse, und ich höre deine Hilfeschreie. Also ruf meinen Namen an, wenn du mich brauchst, und ich bin mit Liebesgeschwindigkeit bei dir. ;-)
Dein Freund und Vater,
>Gott

Du betrittst Kriegsgebiet

[Die Waffen Gottes sind mächtig,] einfach alles zu vernichten, was sich stolz gegen Gott und seine Wahrheit erhebt. Alles menschliche Denken nehmen wir gefangen und unterstellen es Christus.

2. Korinther 10,5

9. März

Wieder mal eine Mail von mir!
>Stell dir vor, du hörst Sirenen heulen und aus den Lautsprechern kommt die Nachricht, dass du angegriffen wirst. Du würdest dich wahrscheinlich darauf vorbereiten. Bloße Fantasie? Nein. Heute wirst du tatsächlich in einen Kampf verwickelt. Das Schlachtfeld sind deine Gedanken. Aber du bist bereits mit der Wahrheit ausgerüstet. Du weißt, dass du mein Kind bist, und nichts kann dich von meiner Liebe trennen.
Vielleicht hörst du aber heute in deinem Kopf kleine Lügen, die einen Krieg gegen diese Wahrheit anzetteln. Sie könnten versuchen, dir zu sagen, ich sei nicht real, oder ich liebte dich nicht, oder ich könnte dir nicht vergeben. Das sind die Worte des Feindes. >:-(Wenn du ihn hörst, schalte um zu mir und rufe mich. Ich werde deinen Glauben stärken, damit du seine Lügen zerstören und jeden deiner Gedanken in die Hände meines Sohnes legen kannst.
Die überwältigende Wahrheit,
>Gott

Schwachheit als Chance

Aber er hat zu mir gesagt: «Meine Gnade ist alles, was du brauchst! Denn gerade wenn du schwach bist, wirkt meine Kraft ganz besonders an dir.» Darum will ich vor allem auf meine Schwachheit stolz sein. Dann nämlich erweist sich die Kraft Christi an mir.

2. Korinther 12,9

10. März

Ein herzlicher Gruß für dich!
>Nirgends auf der Welt kann meine Kraft besser sichtbar werden als bei Leuten, die bereit sind zuzugeben, dass sie Hilfe brauchen. Immer wenn ich eines meiner Kinder sagen höre: «Gott, hilf mir! Ich komme hier nicht klar!», bin ich sofort zur Stelle, und meine Kraft powert gleich los. ;-)
Wenn ein muskulöser Riese mit einem IQ von 200 etwas Tolles zustande bringt, sagen alle nur: «Klar, hast du was anderes erwartet?» Keiner ist überrascht. Selbst wenn ich ihm dabei geholfen hätte, würde niemand an mein Zutun glauben. Sie würden seine Leistungen einfach nur seiner eigenen Kraft und Intelligenz zuschreiben. Aber wenn jemand, der bisher immer schwach war, plötzlich stark wird und auch offen sagt: «Das war Gott! Gott hat das in mir bewirkt!», dann spitzen alle die Ohren. Manche, die so etwas miterleben, werden sich zu mir hinwenden und anfangen zu glauben. Also danke mir für deine Schwächen. Sie können auch Chancen sein! :-)
Deine Kraft, gerade in Schwachheit,
>Gott

Liebe in Aktion

Die Liebe Christi haben wir daran erkannt, dass er sein Leben für uns opferte. ... Und so lautet Gottes Gebot: Wir sollen seinem Sohn Jesus Christus vertrauen und einander so lieben, wie Christus es uns aufgetragen hat.

1. Johannes 3,16 und 23

11. März

Mein Friede sei mit dir!
>Jesus war die Liebe in Aktion. Du kannst eine Ahnung meiner Liebe bekommen, indem du einfach sein Leben betrachtest: Er hörte den Leuten zu. Er half ihnen, er heilte sie, und er gab ihnen Hoffnung. Das sagt bestimmt viel über mich aus.
Doch das eindrücklichste Bild seiner Liebe war sein Tod am Kreuz. Niemand nahm Jesus das Leben. Nein, er gab es für dich auf. Der beste Weg, ihm dafür zu danken, besteht darin, seine Liebe anzunehmen. Bitte ihn, andere durch dich zu lieben. Er wird es tun! :-)
Such dir ein paar Leute aus, die so aussehen, als hätten sie seine Liebe dringend nötig. Versuche nicht, sie mit deiner eigenen Liebe zu lieben. Lass die Liebe von Jesus in dir herrschen. Du wirst staunen, welche Freundlichkeit und Fürsorge anderen durch dich zuteil werden wird. :-o
Dein liebender Vater,
>Gott

Geh das Risiko ein

Zu dieser Anschuldigung der Juden sagte Jesus: «Ich sage euch die Wahrheit: Von sich aus kann der Sohn gar nichts tun, sondern er tut nur das, was er auch den Vater tun sieht. Was aber der Vater tut, das tut auch der Sohn!»

Johannes 5,19

12. März

Bist du fit?
>Viele Leute glauben, Jesus hätte so eine Art großen Einsatzplan für sein Leben gehabt – er wäre quasi jeden Morgen aufgewacht und wäre schnurstracks von Punkt A über Punkt B zu Punkt C gegangen. Falsch!
Jesus wusste von einer Minute zur anderen oft nicht, was er als Nächstes tun würde! Er hielt einfach nur seinen Blick auf mich gerichtet, und ich gab ihm seine Liste für den Tag. Jeden Morgen wachte er auf, ohne immer genau zu wissen, was der Tag bringen würde. Doch er war immer bereit, auf mich zu hören und die Dinge auf meine Art zu tun. Was damals von meinem Wort schon aufgeschrieben war, kannte er vorwärts und rückwärts.
Ein Leben dieser Art möchte ich auch dir geben, und deshalb fängst du am besten damit an, die Bibel zu lesen. Übe dich darin, deinen Blick auf mich gerichtet zu halten. Und wenn ich dir dann zeige, was du tun sollst, dann geh das Risiko ein und tu es. Vertrau mir. Meine Träume für dich sind noch größer als alles, was du je erbitten oder dir vorstellen könntest.
Dein Lebensplaner, >Gott

Taten sprechen lauter als Worte

Ihr selbst seid doch der beste Empfehlungsbrief für uns. Er ist in unser Herz geschrieben und kann von allen gelesen werden.

2. Korinther 3,2

13. März

Wie geht es dir?
>Was beeindruckt dich mehr – wenn jemand eine aufrüttelnde Rede über den Hunger in der Welt hält oder wenn jemand sein Geld dafür einsetzt, eine hungernde Familie mit Essen zu versorgen? Beeindruckt es dich mehr, wenn jemand einen Zeitungsartikel gegen den Rassenhass schreibt oder wenn jemand einem Menschen hilft, der aufgrund seiner Hautfarbe – oder weil er von einem anderen ethnischen Hintergrund kommt – benachteiligt oder sogar angegriffen wird? Ist es nicht so, dass Taten immer lauter sprechen als Worte? Ich finde schon. ;-)
In deiner Umgebung gibt es viele Menschen, die vielleicht nie die Bibel lesen würden. Was sie aber lesen, das ist der Brief, den dein Leben schreibt. Und dann werden sie hoffentlich sagen: «Irgendetwas an dieser Person ist anders. Aber was? Ich will das in meinem Leben auch haben!» Darum schreib meine Worte in dein Herz, wo sie etwas in deiner Welt bewirken können. :-)
Der Verfasser deines Lebens,
>Gott

Ein geistlich empfindsames Wesen

Auf unnütze und schädliche Vorhaben lasse ich mich niemals ein. Ich hasse es, wenn sich Menschen bewusst über Gottes Gebote hinwegsetzen. Mir selbst soll das niemand nachsagen!

Psalm 101,3

14. März

Ich grüße dich!
>Bist du schon einmal durch einen Schweinestall gelaufen? Wenn ja, dann wirst du das sicher niemals vergessen. Der Geruch der Tiere hängt noch an dir, wenn du schon lange wieder draußen bist. Genauso ist es mit abartigen und perversen Beschreibungen in Büchern und geschmacklosen Szenen in Filmen oder im Fernsehen. Du denkst vielleicht, du kannst einfach das Buch schließen oder den Fernseher ausschalten und das, was du gelesen, gehört oder gesehen hast, einfach abblocken. Leider geht das nicht. Solche Szenen und Darstellungen bleiben an deinem Geist hängen wie der Dreck von einem Bauernhof an deinen Schuhen. :-(
Von Natur aus bist du ein geistlich empfindsames Wesen. So habe ich dich geschaffen. Aber ich habe dich so gemacht, damit du meine Güte aufsaugen kannst – und nicht den Schmutz der Welt. Bitte sei vorsichtig mit dem, was du dir ansiehst und anhörst.
Der Heilige,
>Gott

Bitte nicht stolpern!

Großen Frieden haben, die dein Gesetz lieben; sie werden nicht straucheln.

Psalm 119,165 (Luther 99)

15. März

Hallo, ich bin's mal wieder!
>Wenn du wandern gehst, ziehst du dann lieber derbe Wanderstiefel oder glatte Sonntagsschuhe an? Blöde Frage, hm? Mit den Wanderstiefeln kommst du durch jedes Gelände. Wenn du mal im Wasser landest, kein Problem – gute Stiefel sind wasserdicht. Wenn du auf eine dicke Wurzel trittst, macht das nichts – Stiefel federn den Aufprall ab. Wenn du dagegen mit deinen schicken Sonntagsschuhen wandern gehst, liegst du höchstwahrscheinlich dauernd auf der Nase. ;-)
Mein Wort ist wie ein Paar Wanderstiefel. Halte dich an mein Wort und gehorche ihm, und du bist gut gerüstet, um durchs Leben zu wandern. Du brauchst dir nie Gedanken darüber zu machen, ob du mir vielleicht gerade ungehorsam bist. Denn du weißt ja, was ich will, und du tust es auch. Und deshalb kannst du treten, wohin du willst. Leute, die auf mein Wort pfeifen, rutschen und stolpern unsicher durchs Leben, wissen nie genau, ob sie falsch oder richtig gehen, und müssen sich ständig fragen, ob ich sauer auf sie bin. Glaub mir, die Reise wird viel angenehmer, wenn du die Stiefel meines Wortes anziehst. >Gott.

Ich kenne dich so gut

Herr, du durchschaust mich, du kennst mich durch und durch. Ob ich sitze oder stehe – du weißt es, aus der Ferne erkennst du, was ich denke. Ob ich gehe oder liege – du siehst mich, mein ganzes Leben ist dir vertraut.

Psalm 139,1–3

16. März

Schalom!
>Manchmal hast du das Gefühl, dass niemand dich versteht – dass niemand es sieht, wenn du glücklich bist, und dass sich niemand darum schert, ob du traurig bist. Vielleicht scheint es, als ob dein Ehepartner viel zu beschäftigt ist. Deine Angehörigen haben ihre eigenen Probleme. Selbst deine Freunde scheinen keine Antenne dafür zu haben, wie du dich fühlst. :-(
Aber ich weiß es. Ich kenne dich so gut! Schon immer. Ich verstehe dich durch und durch – deine Freude und deinen Kummer. All die Gedanken, die du so gerne ausdrücken möchtest, aber nicht ausdrücken kannst – ich höre sie, denn ich kann auf dein Herz hören. Ich sehe dich, ich nehme Anteil an dir, ich verstehe dich. Komm her. Rede heute mit mir.
Dein liebender Vater,
>Gott

Du bist meine Angelegenheit

Er hat die Zahl der Sterne festgelegt und jedem einen Namen gegeben. Wie groß ist unser Herr und wie gewaltig seine Macht! Unermesslich ist seine Weisheit.

Psalm 147,4–5

17. März

Sei gegrüßt!
>Ich bin kein viel beschäftigter Vater, der in sein Himmelsbüro davonbraust, wo er sich mit wichtigeren und bedeutenderen Dingen zu beschäftigen hat als mit dir. Oft denken die Leute: «Gott muss sich um das ganze Universum kümmern. Ich will ihn nicht noch mit etwas belästigen, das ich vielleicht selbst herausfinden oder erarbeiten kann.» Aber hör mir zu: Ich möchte nicht, dass du so denkst. Ich möchte in jeden Aspekt deines Lebens mit einbezogen werden. Ich sehne mich danach, dir bei jeder Entscheidung und beim Lösen jedes Problems meine Führung zu geben. Durch mich hast du Zugriff auf unendliche Weisheit. Lass uns zusammensitzen und eine Vorstandssitzung über dein Leben abhalten. :-)
Du bist meine Angelegenheit. Du brauchst dich nie wieder allein mit einem Problem herumzuschlagen. Wende dich zu mir, und bitte um meine Führung. Du hast mein Ohr und meine Aufmerksamkeit. Immer.
Ich lasse dich nie allein,
>Gott

Ich arbeite immer noch an dir

Mit dem «Herrn» ist Gottes Geist gemeint. Und wo der Geist des Herrn ist, da ist Freiheit ... Der Herr verändert uns durch seinen Geist, damit wir ihm immer ähnlicher werden und immer mehr Anteil an seiner Herrlichkeit bekommen.

2. Korinther 3,17–18

18. März

Hallo, E-Mail für dich!
>Schmetterlinge gehören zu den tollsten Dingen in meiner Schöpfung. Ihre Flügel sind kleine Kunstwerke, mit vielen verschiedenen Farben und Mustern. Schmetterlinge haben keine besonders kunstvolle Flugtechnik wie Vögel. Sie machen einfach ihr eigenes Ding. Sie flattern und segeln durch die Luft in völliger Freiheit. :-o
Aber Schmetterlinge sind nicht von Anfang an so bunt und frei. Sie fangen als langweilige, eher unschöne Raupen an, die draußen herumkrabbeln. Lange Zeit verbringen sie dann in einem Kokon, wo sie wachsen und sich verändern.
Sei nicht ungeduldig, wenn du dich manchmal so langweilig und unschön findest wie eine Raupe. Denk daran: Sogar Schmetterlinge fangen auf diese Weise an! Lass mich an deinem Leben arbeiten, und ich werde dich in einen schönen, farbenprächtigen und freien Menschen verwandeln.
Deine schützende Hülle, dein Kokon, ;-)
>Gott

Sprung in der Schüssel?

Diesen kostbaren Schatz tragen wir in uns, obwohl wir nur zerbrechliche Gefäße sind. So wird jeder erkennen, dass die außerordentliche Kraft, die in uns wirkt, von Gott kommt und nicht von uns selbst.

2. Korinther 4,7

19. März

Hier ist ein Gedanke für dich!
>Wenn du erst einmal an mich glaubst, komme ich, um mein Leben in dir zu leben. Eine meiner liebsten Beschäftigungen ist es, in vielen unterschiedlichen Menschen zu leben. Dadurch bekommt mich die Welt in einer erstaunlichen Vielfalt menschlicher Verpackungen zu sehen: dick, dünn, jung, alt, groß, klein, gebildet und ungebildet. Es ist, als ob man eine köstliche aromatische Flüssigkeit in lauter unterschiedliche Behälter gießt: Tonkrüge, Porzellantassen, Plastikbecher, Kristallkaraffen und Keramikhumpen. Gefüllt sind sie alle mit demselben Inhalt – meinem Geist –, und doch ist jeder davon ganz einfach einzigartig. :-o
Manche meiner Behälter haben sogar ein paar Löcher oder Sprünge. Aber ich liebe auch meine Leute mit einem Sprung in der Schüssel! :-) Sie lassen meinen Geist hinaus zu den Leuten in ihrer Umgebung sickern! Lass mich dich füllen, bis du überfließt.
Deine Quelle und dein Vorrat,
>Gott

Warum also Christ werden?

Die Schwierigkeiten bedrängen uns von allen Seiten, und doch werden wir nicht von ihnen überwältigt. Wir sind oft ratlos, aber nie verzweifelt. Von Menschen werden wir verfolgt, aber bei Gott finden wir Zuflucht. Wir werden zu Boden geschlagen, aber wir kommen dabei nicht um.

2. Korinther 4,8–9

20. März

Hallo, du!
>Paulus war ein Christ, der ein ziemlich schwieriges Leben führte, während er die gute Nachricht von Jesus ausbreitete. Einmal wurde er sogar gesteinigt, so dass er fast gestorben wäre. Paulus verbrachte einige Jahre seines Lebens im Gefängnis, und er kannte nichts anderes, als unter Lebensgefahr zu stehen. :-(
Manchmal scheinen die äußeren Umstände des Lebens noch schlimmer zu werden, wenn man Christ wird. Warum also sollte man dann Christ werden? Weil du, wenn ich in dir lebe und du für mich lebst, den Umständen deines Lebens bestens gewachsen bist. Während Paulus im Gefängnis saß, sang er Lieder. Nachdem man ihn gesteinigt hatte, ging er zurück und wandte den Leuten, die ihn gesteinigt hatten, seine Liebe zu.
Ich habe die Macht, deine Situation zu ändern. Aber noch besser ist, dass ich dir die Macht gebe, jede Situation zu überwinden. Das ist eine gute Nachricht!
Dein Kraftgeber,
>Gott

Wie im Himmel

Deine Güte und Liebe werden mich begleiten mein Leben lang; in deinem Haus darf ich für immer bleiben.

Psalm 23,6

21. März

Ich habe dich nicht vergessen!
>Was meinst du, wie es im Himmel aussieht? Stellst du dir bauschige Wolken vor und pummelige, Harfe spielende Putten, die mit winzigen Flügeln herumflattern? ;-) Das ist bizarr! Lass mich dir ein anderes Bild vom Himmel malen. Stell dir dein Traumhaus vor: vielleicht ein großes Blockhaus in der Einsamkeit der Berge, umgeben von wogender Wildnis. Vielleicht eine große Villa am Strand mit einer Glasfront zum Meer hin, von wo aus du eine leuchtend blaue Bucht und menschenleere Strände überblicken kannst. Wie auch immer, stell dir das gemütlichste Haus vor, das du dir denken kannst.
Nun stell dir vor, dass all deine besten Freunde und liebsten Menschen dort sind. Die Tische biegen sich unter den erlesensten Köstlichkeiten. Es gibt tolle Musik. Du hast einen Spaß wie noch nie im Leben. Und das alles wird möglich, weil *ich* der Gastgeber bin. Der Himmel ist ein Ort, den ich für dich gemacht habe. Wenn du meinen Sohn Jesus gebeten hast, die Herrschaft in deinem Leben zu übernehmen, ist im Himmel ein Platz für dich reserviert. Für immer in meinem Haus leben – das ist der Himmel.
>Gott.

Wie wär's mit einem neuen Start?

Glücklich sind alle, denen Gott ihre Sünden vergeben und ihre Schuld zugedeckt hat!

Psalm 32,1

22. März

Friede sei mit dir!
>Viele Leute tun so, als gäbe es kein Richtig oder Falsch. Sie haben die Einstellung, dass man tun soll, was immer einem gerade am besten gefällt. Aber ich garantiere dir, wenn dieselben Menschen gegen ihr eigenes Gewissen verstoßen, dann fühlen sie sich schuldig. Sie lassen es sich vielleicht nicht anmerken, aber sie tun es. Diese Schuldgefühle versuchen sie tief in ihr Inneres hineinzustopfen, und das Ergebnis ist, dass sie wütend auf mich werden. Die Schuld nagt an ihnen, und deshalb nehmen manche von ihnen Tabletten oder fangen an zu trinken, um meine Stimme zu ertränken. :,-(
Aber der einzige Weg, um Schuld wirklich loszuwerden, ist, mich um Vergebung zu bitten. Ich bin der Einzige, der dir die Last von den Schultern nehmen kann. Die gute Nachricht ist, dass ich alles, was du falsch gemacht hast, auslöschen kann und auslöschen werde. Du kannst von vorne anfangen, so als wäre es nie geschehen. Wenn du dich also wegen irgendwelcher Dinge, die du getan hast, schuldig fühlst, dann bring sie einfach vor mich. Ich werde dir immer vergeben.
Dein bester Freund, >Gott

Jetzt nicht aufgeben!

Warum nur bin ich so traurig? Warum ist mein Herz so schwer? Auf Gott will ich hoffen, denn ich weiß: Ich werde ihm wieder danken. Er ist mein Gott, er wird mir beistehen!

Psalm 42,12

23. März

Mein Segen sei mit dir!
>Es gibt eine Menge Dinge, die dir die Stimmung verhageln können. Zum Beispiel, wenn du dir wie ein Versager vorkommst. Unfreundliche Worte können deinen Stolz verletzen und auf deinen Gefühlen herumtrampeln, so dass du dich am liebsten in ein Schneckenhaus verkriechen möchtest, damit dir nie wieder jemand wehtun kann. :,-(
An solchen Tagen möchte ich, dass du, statt dich zu verstecken, Folgendes tust: Denk daran, dass Selbstmitleid noch nie ein Problem gelöst hat. Also richte dich gerade auf, hebe den Kopf und hör mir zu: Du bist wertvoll – sogar unermesslich kostbar! Du bist ein Kind des höchsten Gottes. Alle Macht des Himmels ist heute auf deiner Seite. Nur jetzt nicht aufgeben! Ich möchte, dass du deiner eigenen Seele gut zuredest, wie David es tat. Sage: «Kopf hoch, Seele! Jetzt ist Schluss mit dem Gejammer, jetzt wird Gott gelobt! Jetzt wird sich am Riemen gerissen und wieder ins Getümmel gestürzt.» :-)
Der, dem du unendlich wertvoll bist,
>Gott

Du bist Salz und Licht

Ihr seid für die Welt wie Salz. Wenn das Salz aber fade geworden ist, wodurch soll es seine Würzkraft wiedergewinnen? Es ist nutzlos geworden, man schüttet es weg, und die Leute treten darauf herum. Ihr seid das Licht, das die Welt erhellt. Eine Stadt, die hoch auf dem Berg liegt, kann nicht verborgen bleiben.

Matthäus 5,13–14

24. März

Schalom!

>Hast du schon einmal eine Speise gekostet, die überhaupt nicht gewürzt war? So etwas ist fad und geschmacklos. Genau diesen Geschmack haben Leute auf der Zunge, wenn sie sich Tag für Tag von einem Leben ohne meine Liebe nähren. Meine Liebe fügt den Geschmack hinzu, um das Leben würzig und köstlich zu machen. Wenn du mir nachfolgst, bist du Salz für eine freudlose und geschmacklose Welt. :-)

Bist du schon einmal in ein dunkles Zimmer gegangen und musstest umhertasten, um den Lichtschalter zu finden? So fühlen sich viele Leute jeden Tag in einer Welt ohne mein Licht. Wenn du an mich glaubst, wirst du zu einer Taschenlampe, die mit meinem Licht die Dunkelheit durchdringt, so dass die Leute nicht stolpern und fallen.

Du kannst Licht bringen, indem du mit meiner Wahrheit in die Aufgeblasenheit, in die Halbwahrheiten und in die glatten Lügen hineinleuchtest, die in dieser Welt so gut gedeihen. Willst du mein Salz und mein Licht sein?

Das Licht der Welt,

>Gott

Warum Jesus leiden musste

Doch er wurde blutig geschlagen, weil wir Gott die Treue gebrochen hatten; wegen unserer Sünden wurde er durchbohrt. Er wurde für uns bestraft – und wir? Wir haben nun Frieden mit Gott! Durch seine Wunden sind wir geheilt.

Jesaja 53,5

25. März

Das muss ich dir unbedingt sagen:
>Jesus ließ sich nichts schenken. Römische Soldaten peitschten ihn aus, bis er beinahe verblutete. Dann ließen sie ihn einen riesigen Holzbalken tragen, an dem sie ihn später aufhängten, indem sie Nägel durch seine Hände und Füße trieben. An diesem Kreuz ließen sie ihn stundenlang leiden, bis er schließlich starb. >:-(
Warum? Warum ließ mein Sohn sich von ihnen so grausam foltern? Weil er dich liebt. Auf diese Weise machte er es möglich, dass du der Strafe für dein verkehrtes Handeln entrinnen kannst. Er machte es möglich, dass du für immer bei uns im Himmel leben kannst. :-o
Am Kreuz erwarb Jesus das ewige Leben für dich. Es war ein Platztausch: Er hat mit dir den Platz getauscht. Nutze es!
Der Vater des Gekreuzigten,
>Gott

Lerne von den Bauern

Ich bin davon überzeugt: Wer wenig sät, der wird auch wenig ernten; wer aber viel sät, der wird auch viel ernten.

2. Korinther 9,6

26. März

Hallo, da bin ich wieder!
>Bauern wissen etwas, das du auch unbedingt wissen solltest. Was du säst, das wirst du auch ernten, wenn deine Pflanzen wachsen. Wenn du nur wenig und schlechtes Saatgut ausstreust, dann wirst du nicht viel ernten. :,-(Aber wenn du viel gutes Saatgut ausstreust, dann wirst du eine riesige Ernte haben. Genauso ist es mit deinem Leben. Wenn du Gehässigkeit, Sorgenfalten und Knauserigkeit in dein «Freundschaftsfeld» säst, dann werden daraus nicht viele Freunde wachsen. :-(Aber wenn du freundliche Worte, Lächeln, Mitgefühl und Großzügigkeit in dein Freundschaftsfeld säst, dann werden viele Freundschaften anfangen zu wachsen.
Lerne die Lektion vom Säen und Ernten, vom Pflanzen und Reifen. Setze das Allerbeste, was du hast, in dein Leben, und du wirst feststellen, dass das Leben dir das Beste zurückgibt, was es zu bieten hat.
Der Herr der Ernte, :-)
>Gott

Öffne dem Feind nicht die Tür

Macht euch keine Sorgen! Ihr dürft Gott um alles bitten. Sagt ihm, was euch fehlt, und dankt ihm! Gott wird euch seinen Frieden schenken, den Frieden, der ... unsere Herzen und Gedanken im Glauben an Jesus Christus bewahrt.

Philipper 4,6–7

27. März

Schalom!
>Die Sorge ist ein Feind, der als Freund verkleidet vor deiner Tür steht. Wenn du Probleme hast, sagt die Sorge: «Bleib bei mir, Kind, bleib bei mir. Ich helfe dir, damit fertig zu werden.» Was für eine dreiste Lüge! Die Sorge kann niemals irgendetwas Positives beitragen. Sie ist ein Denkmuster, das sich immer im Kreis dreht, das nur zu noch mehr Sorgen führt, und am Ende lässt sie dich stehen, und dir liegt ein Stein auf der Seele. Und du hast keine Ahnung, was du als Nächstes tun sollst. :-(
Wenn du also hörst, wie die Sorge an deine Tür klopft, dann mach nicht auf. Bete stattdessen. Bitte mich um Hilfe. Vertraue mir. Danke mir. Ich werde dir meine Lösung zeigen, und ich werde meinen Frieden als Wachposten vor die Tür deines Herzens stellen, damit die Sorge draußen bleibt.
Ich schenke dir Frieden,
>Gott

Wie viel ist «genug»?

Begehre auch nichts von dem, was deinem Mitmenschen gehört: weder sein Haus noch sein Feld, seinen Knecht oder seine Magd, Rinder, Esel oder irgendetwas anderes, was ihm gehört.

5. Mose 5,21

28. März

Na, wie steht's?
>Neid ist eine üble Sache. Klar ist es okay, wenn du den neuen Computer eines anderen cool findest. Kritisch wird es aber, wenn du nachts wach liegst und nur noch daran denken kannst, dass du diesen Computer für dich haben willst. Wenn du dir wünschst, die Sachen eines anderen würden dir gehören, ist es nicht mehr weit bis zum Stehlen. Aber selbst wenn es nicht so weit kommt – unzufrieden wirst du dadurch allemal. :-(
Stell dir vor, du schenkst deiner kleinen Tochter eine tolle Puppe, die du für sie ausgesucht hast, und sie sagt bloß: «Die ist aber anders als die im Fernsehen! Ich will die Puppe aus dem Fernsehen!» Wie würdest du das finden? :,-(Ehrlich, ich bin ziemlich gefrustet, wenn du mit dem, was ich dir gebe, nicht zufrieden bist. Passt dir deine Haarfarbe nicht? Findest du deine Nase zu groß? Hättest du lieber den Körper von jemand anderem? Ich wünsche mir, dass du mit deinem Leben zufrieden bist. Ich liebe dich so, wie du bist. Weißt du, wie du zufrieden werden kannst? Indem du mir für das dankst, was du hast. :-)
Dein dich immer liebender Vater,
>Gott

Schuld und Überzeugung

Jetzt aber kehrt um und wendet euch Gott zu, damit er euch die Sünden vergibt ... Gott hat Jesus zu euch geschickt und ihn beauftragt, euch zu segnen. Er wird euch helfen, umzukehren und euer Leben zu ändern.

Apg. 3,19 und 26

29. März

Hallo, da bin ich wieder!
>Hast du gewusst, dass es ein großer Unterschied ist, ob man sich schuldig fühlt oder ob man davon überzeugt ist, dass man falsch gehandelt hat? Sich schuldig zu fühlen ist, als ob man dasitzt und sich selbst ohrfeigt. Davon wirst du kein besserer Mensch. Du denkst nur ständig: «Ach, ich bin kein guter Mensch. Ich kann genauso gut aufgeben. Warum sollte ich es denn überhaupt noch versuchen?» Der Teufel liebt es, wenn du dich immer nur schuldig fühlst. Einfach weil er nicht will, dass du mit mir ins Reine kommst. >:-(
Wenn du überzeugt bist, dass du falsch gehandelt hast, dann tut dir leid, was du getan hast. Du bist dann motiviert, mit mir wieder ins Reine zu kommen. Wenn du von deinem Fehler überzeugt bist, dann möchtest du dich von dem Schlechten trennen. Du willst um meine Vergebung bitten und sie auch bekommen, stimmt's? Wenn du sündigst, dann möchte ich dir vergeben. Wenn du etwas falsch gemacht hast, dann komm zu mir und sage: «Ich weiß, dass ich alles vermasselt habe. Aber nun bin ich bereit, mit dir weiterzumachen, Vater.»
Also lass uns weitermachen, >Gott

Leben auf den letzten Drücker

Nach meiner Meinung kann es nur gut für euch sein, wenn ihr nun endlich ... beginnt. Nur solltet ihr ... die Sache auch tatsächlich zu Ende führen, damit es nicht bei guten Vorsätzen bleibt.

2. Korinther 8,10–11

30. März

Na, alles klar?
>Genauso wie Fallschirmspringer und Bergsteiger süchtig werden nach einem Adrenalinkick, werden manche Menschen süchtig danach, alles auf den letzten Drücker zu erledigen. Diese Menschen lieben die Aufregung, die sich auf diese Weise einstellt, und die Herausforderung, es mit Hängen und Würgen doch noch zu schaffen. Aber am Ende werden sie krank durch den unnötigen Druck in ihrem Leben. :-(
Alles immer bis zum Geht-nicht-mehr hinauszuschieben, das ist der Fluch eines Lebens, das in Unordnung ist. Aber wenn du dein Leben unter meine Herrschaft stellst, dann hast du meine Ordnung.
Denk mal darüber nach: Was wäre, wenn Jesus es hinausgeschoben hätte, sein Leben für dich zu geben?
Ich warte nicht bis zur letzten Minute, um dir in diesem Bereich deines Lebens zu helfen. Wenn du dich an ein Leben auf den letzten Drücker gewöhnt hast, dann bring es im Gebet zu mir. Ich werde beginnen, dein Leben zu ordnen. Ich gebe dir Frieden, Prioritäten und Produktivität – etwas, das ein «Hinausschiebe-Süchtiger» niemals kennen lernen wird.
Der Schöpfer der vollkommenen Ordnung, >Gott

Kühle niemals ab

Zeige deine Macht den Stämmen Ephraim, Benjamin und Manasse!
Komm und hilf uns! O Gott, richte uns, dein Volk, wieder auf!
Wende dich uns in Liebe zu, dann sind wir gerettet!

Psalm 80,3–4

31. März

Schalom!
>Hast du dir schon einmal richtig gute heiße Schokolade zubereitet, aber als du endlich dazu gekommen bist, sie zu trinken, war sie schon abgekühlt? Das kann ganz schön enttäuschend sein. :-(
Ich weiß, wie das ist, denn ich habe dich geschaffen, damit du ganz für mich entflammt bist. Und es enttäuscht mich schon sehr, wenn ich sehe, wie du abgekühlt bist und dich gar nicht mehr um meine Angelegenheiten kümmerst.
Wenn du in deinem christlichen Glauben abgekühlt bist, dann möchte ich dich wieder aufwärmen. Aber ohne Ofen kann man natürlich nichts wärmen. Du musst schon zu mir kommen, der Quelle aller geistlichen Hitze. Gib einfach zu, dass du kalt geworden bist, und bitte mich, dich mit meinem Geist wieder aufzuwärmen. Wenn du spürst, wie in dir wieder die Aufregung für meine Angelegenheiten aufsprudelt, dann weißt du, dass dein Glaube wieder heiß ist. Lass deine Liebe nicht wieder abkühlen.
Dein geistliches Feuer, :-)
>Gott

Ich fange dich auf

Sooft ich dachte: «Jetzt ist alles aus!», halfst du mir in Liebe wieder auf.

Psalm 94,18

1. April

Grüß dich, ich bin's schon wieder!
>Hast du schon mal Steilwandklettern gemacht? Dabei wirst du mit einem Seil an einem Flaschenzug festgehakt, und dann kletterst du los. Es geht mächtig steil die glatte Wand hinauf. Manchmal hast du nur einen winzigen Griff, an dem du dich festhalten kannst. Bis du den nächsten Halt gefunden hast, musst du dich mit den bloßen Fingerspitzen daran festklammern.
Manchmal rutschst du mit dem Fuß oder mit den Fingern ab oder greifst nach einem zu kleinen Griff, der keinen Halt bietet. Dann fällst du. Aber das Gute ist, du fällst nicht weit, denn das Seil fängt dich auf, und du kannst einfach weiterklettern. Ohne so eine Sicherheitsleine wäre es der pure Wahnsinn, an so einer Steilwand herumzuklettern. Es wäre viel zu gefährlich, denn selbst die besten Kletterer rutschen immer mal wieder ab und fallen. Auch das Leben ist wie eine Steilwand, und meine Liebe ist wie dein Seil. Klettere, so gut du kannst. Und wenn du dich nicht mehr festhalten kannst, wird meine Liebe dich auffangen.
Deine verlässliche Sicherheitsleine, :-)
>Gott

Ich bin «verrückt» nach dir

Gott hat jedem von uns unterschiedliche Gaben geschenkt.

Römer 12,6

2. April

Na, wie läuft es bei dir?
>Von einem Elefanten würdest du nicht erwarten, dass er sich von Ast zu Ast schwingt, oder? Von einem Affen würdest du auch nicht erwarten, dass er durch die Lüfte schwebt wie ein Adler. ;-) Du nimmst meine Geschöpfe einfach so, wie sie sind. Du freust dich über das, was sie können, und verurteilst sie nicht für das, was sie nicht können. Warum kannst du dich selbst nicht genauso selbstverständlich annehmen? Ich habe dir Gaben gegeben, die ganz allein dir gehören. Wenn du irgendetwas gut kannst, ist das ein starker Hinweis auf die Aufgabe, für die ich dich geschaffen habe. Vergeude deine Zeit nicht damit, zu versuchen, dich selbst neu zu erfinden. Das ist nicht dein Job. Das habe ich schon getan, und ich habe meine Sache ganz einfach prima gemacht, wenn ich das mal so sagen darf! Weißt du, ich bin wirklich «verrückt» nach dir, so, wie ich dich geschaffen habe. Dein Job ist es, deine Gaben, deine Fähigkeiten zu entdecken, die Dinge, die du gern tust, und dich an die Arbeit zu machen und diese Dinge für mich und mein Reich einzusetzen.
Dein Schöpfer,
>Gott

Jesus macht dich unschuldig

Wer nun mit Jesus Christus verbunden ist, wird von Gott nicht mehr verurteilt. Denn für ihn gilt nicht länger das Gesetz der Sünde und des Todes. Es ist durch ein neues Gesetz aufgehoben, nämlich durch das Gesetz des Geistes Gottes, der durch Jesus Christus das Leben bringt.

Römer 8,1–2

3. April

Hallo, du!
>Ich möchte etwas sehr Ernstes mit dir besprechen. Weil mein Sohn Jesus für all deine falschen Gedanken, Worte und Taten gestorben ist, bist du nicht mehr schuldig. Aber der Teufel möchte, dass du dich immer noch schuldig fühlst, und deshalb klagt er dich an. Mit anderen Worten, er bringt dich dazu, ein schlechtes Gewissen zu haben, ohne dass es einen konkreten Grund dafür gibt. :-(
Manchmal, wenn du etwas falsch machst, werde ich dafür sorgen, dass du wegen dieser einen Sache ein schlechtes Gewissen hast, damit du mir sagst, dass es dir leidtut. Aber ich werde dir niemals das Gefühl geben, einfach nur schlecht zu sein. Das ist etwas anderes. Ich liebe dich so, wie du bist, und wenn du meinen Sohn gebeten hast, in deinem Herzen zu wohnen, dann wirst du meine Liebe auch spüren.
Ich möchte, dass du frei bist von dem Gefühl, einfach nur schlecht zu sein, und frei davon, schlechte Dinge zu tun. Dazu ist Jesus für dich gestorben – um dich frei zu machen! Meine Liebe wird dich immer aufrichten!
Der Herr der Freiheit,
>Gott

Tauche alles unter

Ein Mann, er hieß Ananias, verkaufte zusammen mit seiner Frau Saphira ein Grundstück. Sie war damit einverstanden, dass er einen Teil des Geldes behielt und nur den Rest zu den Aposteln brachte.

Apostelgeschichte 5,1–2

4. April

Hast du etwas Zeit für mich?
>Während der Kreuzzüge im zwölften Jahrhundert heuerten einige der Kreuzritter Söldner an, die an ihrer Stelle kämpfen sollten. Weil es ein «frommer» Krieg war, verlangten die Kreuzritter, dass die Söldner sich taufen ließen, bevor sie in den Kampf zogen. Bei der Taufe ließen sich die Söldner zwar untertauchen, aber sie hielten ihre Schwerter aus dem Wasser heraus, weil sie nicht wollten, dass der Einsatz ihres Schwertes Jesus unterworfen wurde.
Was hältst *du* in deinem Leben als Christ aus dem Wasser heraus? Was ist es, wovon du meinst, dass du es besser machen könntest als ich? Du hast nichts zu fürchten, denn du weißt doch eigentlich, dass ich nur das Beste für dich im Sinn habe. Ich möchte all jene mir vorenthaltenen und noch trockenen Bereiche deines Lebens ins Wasser der Taufe bringen und sie so benutzen, dass sie dir zum Segen dienen und dir nicht schaden. :-)
Dein Vater,
>Gott

Wissen macht mutig

Aber die vom Volk, die ihren Gott kennen, werden sich ermannen und danach handeln.

Daniel 11,32 (Luther 99)

5. April

Friede mit dir!
>Ich möchte, dass du mich so gut kennst, dass alle Zweifel, die du je an mir hattest, sich völlig in Luft auflösen. Ich möchte, dass du einen tiefen, festen, kindlichen Glauben an mich hast, der durch nichts zu erschüttern ist. So einen Glauben kannst du nur haben, wenn du mich so kennen lernst, wie ich wirklich bin – wenn du anfängst zu verstehen, dass ich 1. auf deiner Seite bin, dass ich 2. darauf brenne, mich vor dich zu stellen, wenn andere gegen dich sind, und dass 3. meine Liebe zu dir keine Grenzen hat. :-)
Wenn du all das weißt, wirst du staunen, wie mutig und kühn du auf einmal bist und wie entschieden du in Situationen handeln kannst, in denen dir früher vor Angst die Knie geschlottert hätten. Dein Mut wird aber nicht aus deiner eigenen Kraft kommen, sondern aus dem Wissen, dass meine Gegenwart dich in jedem Augenblick beschirmt, beschützt und behütet. Der Schlüssel zum Mut besteht darin, mich zu kennen.
Dein Freund und Vater,
>Gott

Mach dich schlau

Weise und Verständige aus dem Volk werden vielen den richtigen Weg zeigen.

Daniel 11,33

6. April

Na, wie geht es dir heute?
>Je mehr Zeit du mit mir verbringst, desto weiser wirst du werden. Meine Weisheit führt dich zu Lösungen für deine Probleme und hilft dir, gute Entscheidungen zu treffen. Das ist ungefähr so, als wenn du im Nebel herumgeirrt wärst – wenn du dann anfängst, meinen Spuren zu folgen, verzieht sich der Nebel, und du kannst wieder klar sehen. :-o Warum ich dir Weisheit, Einsicht und Verständnis gebe? Um dir zu helfen, den richtigen Weg einzuschlagen? Na klar! Das ist einer der Gründe. Aber das ist noch nicht alles. Wenn ich eines meiner Kinder weise mache, dann tue ich das auch, damit es denjenigen helfen kann, die immer noch im Nebel herumlaufen. Wie du helfen kannst? Jedenfalls nicht, indem du andere herumkommandierst oder so tust, als hättest du die Weisheit mit Löffeln gegessen. Aber indem du anderen ein Freund bist, für sie betest und dir von mir Möglichkeiten zeigen lässt, feinfühlig von deinem Glauben zu erzählen. Vertrau mir. Ich werde dich leiten. :-)
Der, der dir Weisheit gibt,
>Gott

Ich kenne den Weg

Glücklich ist, wer Freude hat am Gesetz des Herrn und darüber nachdenkt – Tag und Nacht. Er ist wie ein Baum, der nah am Wasser steht, der Frucht trägt jedes Jahr und dessen Blätter nie verwelken. Was er sich vornimmt, das gelingt.

Psalm 1,2–3

7. April

Hallo, du!
>Für mich zu leben ist eine praktische Sache. Denk mal darüber nach. Wenn ich die ganze Welt gemacht habe (und das habe ich!) und wenn ich vollkommen und gut bin (und das bin ich!), liegt es dann nicht nahe, dass mein Weg der beste ist?
Meine Methoden sollen dich nicht belasten, frustrieren oder einschränken. Ich möchte, dass du gesegnet bist in allem, was du tust. Die Bibel ist meine Weltkarte. Sie erklärt, wie es da draußen aussieht, und in ihr sind die Wege verzeichnet, von denen ich möchte, dass du sie einschlägst. Achte nicht auf die Wegweiser der Welt. Die werden dich nur in die Irre führen. :-(
Lass mich dich jeden Tag führen. Ich kenne den Weg.
Dein Führer,
>Gott

Du wirst Geduld brauchen

Wie lange noch sollen Sorgen mich quälen, wie lange soll der Kummer Tag für Tag an mir nagen? Wie lange noch wird mein Feind über mir stehen? Herr, mein Gott, wende dich mir wieder zu und antworte mir!

Psalm 13,3–4

8. April

Schalom!
>Das mit der Zeit ist schon komisch. Für mich ist ein Tag wie tausend Jahre, und tausend Jahre sind wie ein Tag. Ich stehe außerhalb der Zeit. Die Zeit ist nur etwas, was ich geschaffen habe und worin du lebst. Ich bin in die Zeit hineingegangen, als ich Jesus auf die Erde sandte. Ich weiß also genau, wie frustrierend die Zeit sein kann.
Aber ich weiß auch, was für dich das Beste ist. Geduld kannst du nur lernen, indem du wartest. Manche Leute beten: «Oh Herr, lehre mich Geduld, aber bitte sofort!» ;-) Aber so hat das keinen Sinn. Um Geduld zu lernen, braucht es Zeit. Ich höre deine Gebete. Bete weiter. Manchmal antworte ich schnell. Aber wenn ich dir beibringen will, mir zu vertrauen, egal was auch passiert, werde ich dich vielleicht auch mal warten lassen. Wenn du lernen kannst, mir zu vertrauen und auf meinen Zeitpunkt zu warten, werde ich durch dich große Dinge bewirken. Willst du mir vertrauen?
Der Zeitlose, ;-)
>Gott

Scheu dich nicht, etwas zu sagen

Aber ihr werdet den Heiligen Geist empfangen und durch seine Kraft meine Zeugen sein in Jerusalem und Judäa, in Samarien und auf der ganzen Erde.

Apostelgeschichte 1,8

9. April

Wie geht es dir?
>Bist du schüchtern und traust dich nicht recht, etwas über deinen Glauben zu sagen? Wundert mich nicht. Wenn der Glaube echt ist, ist eine Menge Gefühl im Spiel, wenn man darüber redet. Aber für deine Gefühle brauchst du dich nie zu schämen. Bete einfach, bevor du etwas sagst, und überlass alles Weitere meinem Heiligen Geist. Er wird dir seine Kraft und seine Klarheit geben. Er wird dir helfen, mit so schlichter, ehrlicher Offenheit zu sprechen, dass diejenigen, die dir zuhören, von dem, was du sagst, bewegt sein werden. Sie werden etwas in deinem Leben sehen, was auch sie in ihrem Leben haben wollen. Mach dir also keine Sorgen, ob du die richtigen, perfekten Worte findest. Vertrau auf meinen Geist und sprich frei von der Leber weg. :-)
Dein «Kommunikationsspezialist»,
>Gott

Falsche Hoffnungen

Setzt euer Vertrauen nicht auf Männer, die Einfluss haben und Macht ausüben! Sie sind vergängliche Menschen wie ihr und können euch nicht erretten.

Psalm 146,3

10. April

Ich hab gerade an dich gedacht!
>Manche Leute gehen völlig in der Politik auf. Sie meinen, wenn sie erst einmal diesen oder jenen zum Regierungschef gemacht haben, würde alles besser. Ich finde es okay, wenn du dich politisch engagierst, aber wenn du dir Hoffnungen machst, ein gewählter Amtsträger könne die Welt verändern, dann machst du dir falsche Hoffnungen. :-(Erwarte nicht von irgendeinem Menschen, dass er die Welt in Ordnung bringt. Vertrau auf mich. Regierungen können so viele Gesetze erlassen, wie sie wollen, aber nur ich kann das Herz eines Menschen verwandeln. Ich verändere Menschen von innen her. Ich arbeite dabei nicht mit Verkehrszeichen und Gewehren und sozialen Programmen, nein, ich verändere sie mit Liebe. :-o Also gib dem besten Kandidaten deine Stimme und bete für die Politiker, aber setz dein Vertrauen auf mich. Die besten Politiker tun das übrigens auch – sie berufen sich nicht nur ausdrücklich auf meine Hilfe, wenn sie ihren Amtseid ablegen, sondern sie stützen sich auch wirklich auf mein Wort und meine Wegweisung.
Alle Macht liegt bei mir,
>Gott

Der Eine und Einzige

Gott allein ist der Herr über alles! Gibt es außer ihm noch einen, der so stark und unerschütterlich ist wie ein Fels?

Psalm 18,32

11. April

Mein Friede sei mit dir!
>Ist dir bewusst, dass ich der einzige Gott bin? Satan ist kein Gott; er ist nur ein geschaffenes Wesen. Ich habe ihn gemacht. Buddha ist kein Gott; er war nur ein Mensch, und jetzt ist er eine Statue von Menschenhand. Zeus ist nicht Gott; er ist nur eine Gestalt aus einer alten Geschichte. Es gibt keinen Gott außer mir. :-o
Manche Leute sagen, es spielt keine Rolle, was du glaubst, solange du nur aufrichtig glaubst. Aber ich sage, da kannst du dich ganz aufrichtig irren! Darum bitte ich dich, lerne mich kennen. Die Bibel ist mein Buch, das dir sagt, wie ich bin. Jesus ist mein Sohn, der dir zeigt, wie ich handle. Der Heilige Geist ist mein Bote, der mich in dein Herz hineinbringt.
Was immer du jetzt alles hörst, am Ende der Zeit, wenn mein Sohn zurückkehrt, wird jede und jeder wissen und sehen, dass ich wirklich der bin, der ich zu sein behaupte: der einzige lebendige, wahre, allmächtige Gott. Und die großartige Nachricht ist, dass ich dich liebe!
Dein himmlischer Vater,
>Gott

Worauf es ankommt

«Unser Gott, dem wir dienen, kann uns aus dem Feuer und aus deiner Gewalt retten. Aber auch wenn er es nicht tut, musst du wissen, o König, dass wir nie deine Götter anbeten oder uns vor der goldenen Statue niederwerfen werden.»

Daniel 3,17–18

12. April

Meine guten Gedanken sind mit dir!
>Einmal versuchte ein König, drei junge Männer dazu zu zwingen, ihn anzubeten. Aber sie wollten nicht. Warum nicht? Weil ich ihnen gesagt hatte, sie sollten niemanden außer mir anbeten.
Das machte den König wütend, und er beschloss, sie zu verbrennen. Da sagten die drei jungen Männer zum König: «Gott wird uns retten, aber selbst wenn er es nicht tut, werden wir ihm trotzdem gehorchen.»
Die Geschichte geht so aus, dass ich sie tatsächlich rettete. Aber worauf es ankommt ist, dass sie bereit waren, mir treu zu sein, ob ich sie retten würde oder nicht. :-o
Ich bin immer noch auf der Suche nach Menschen, die sich zu mir stellen wollen, wie es diese drei taten. Dass du es wirklich ernst mit mir meinst, weiß ich, wenn du mir gehorchst – nicht, weil ich alles Mögliche für dich tun könnte, sondern einfach, weil du mich liebst. Ich liebe dich auch.
Dein Retter,
>Gott

Ein Geschenk, das verändert

Denn nur durch seine unverdiente Güte seid ihr vom Tod errettet worden. Ihr habt sie erfahren, weil ihr an Jesus Christus glaubt. Dies alles ist ein Geschenk Gottes und nicht euer eigenes Werk.

Epheser 2,8

13. April

Hast du ein wenig Zeit?
>Was hält dich manchmal davon ab, mein Geschenk eines neuen Lebens anzunehmen? Meinst du, wenn du es annimmst, musst du dich ändern und von nun an vollkommen sein? Oder meinst du, dass ich wütend werde, wenn du je wieder einen Fehler machst? Nein, so ist es nicht. Es ist sogar genau umgekehrt. Was ich dir anbiete, ist ein Geschenk. Ein Geschenk ist umsonst. Du kannst es dir nicht mit deinem guten Verhalten verdienen. Du musst dich nicht ändern, um dir das Geschenk zu verdienen. Du nimmst das Geschenk an, und es verändert dich! :-)
Was genau ist das für ein Geschenk? Worum geht es bei diesem neuen Leben? Es geht um Vergebung, um Freiheit und um Freundschaft mit mir. Es geht um ein tieferes Glück, als du es je erlebt hast, und ein inneres Gefühl der Ruhe und des Friedens, das du sonst nirgendwo finden kannst. Glaube an mich. Nimm dein Geschenk an!
Dein himmlischer Vater,
>Gott

Ich habe Großes mit dir vor!

Gott hat etwas aus uns gemacht. Wir sind sein Werk, durch Jesus Christus neu geschaffen, um Gutes zu tun. Damit erfüllen wir nur, was Gott schon im Voraus für uns vorbereitet hat.

Epheser 2,10

14. April

Friede mit dir!
>Ich erschaffe nicht einfach Leute, um sie dann isoliert mitten ins Leben zu setzen und zu sagen: «So, jetzt mach was aus dir!» Ich habe einen Plan für jedes Menschenleben, auch für deines. Wahrscheinlich hast du nicht von Anfang an nach meinem Plan gefragt. Die meisten Leute tun das nicht. Vielleicht bist du sogar gerade mitten dabei, deine eigenen Pläne auszuprobieren. Und vielleicht läuft das ja nicht so gut. Vielleicht bist du damit sogar auf die Nase gefallen und hast gemerkt, wie es sich anfühlt, wenn man Schiffbruch erleidet. Das macht nichts. Manchmal muss so etwas erst mal passieren, bevor jemand anfängt, mich zu suchen. :-o
Aber eines sollst du wissen: Der erste Schritt, um meinen Plan für dich zu entdecken, besteht darin, dass du Jesus als deinen Retter annimmst und ihm vertraust. Dann wirst du herausfinden, was für ein tolles Gefühl es ist, das zu tun, wozu du geschaffen bist – nämlich deine Gaben einzusetzen, indem du mit mir gemeinsam anderen hilfst.
Der Planer und der Plan, :-)
>Gott

Nah oder fern?

Christus ist gekommen und hat seine Friedensbotschaft allen gebracht, die fern von Gott lebten, und allen, die nahe bei ihm waren. Durch Christus dürfen jetzt alle, Juden wie Heiden, vereint in *einem* Geist, zu Gott, dem Vater, kommen.

Epheser 2,17–18

15. April

Wie geht es dir heute?
>Weißt du, Jesus ist der Erlöser für alle Menschen. Als er auf die Erde kam, um meine Friedensbotschaft zu bringen, da galt sie nicht nur den Superfrommen. (Die Superfrommen enttäuschten ihn sogar am meisten. :-(Er hat durch ihr frommes Getue hindurch immer ihren verborgenen Stolz bemerkt.) Jesus kam für jeden Einzelnen. Er brachte die Gute Nachricht: nämlich dass jeder eine intakte Beziehung mit mir haben kann.
Bist du mir heute nahe? Weißt du, dass du mein Kind bist? Oder bist du weit weg von mir? Fühlst du dich in meiner Gegenwart unwohl oder sogar unwürdig? Die Wahrheit ist: Wäre Jesus nicht gewesen, könnte gar niemand voller Zuversicht zu mir kommen. Niemand! Aber seinetwegen ist es für jeden möglich. Darum komm heute zu mir, egal wo du innerlich stehst – ob nahe oder fern.
Der, der auf dich wartet,
>Gott

Dreh ruhig ein wenig auf!

Jubelt dem Herrn zu, ihr Völker der Erde! Dient ihm voll Freude, kommt zu ihm mit fröhlichen Liedern!

Psalm 100,1–2

16. April

Hallo, du!
>Bei Rockstars, Filmhelden und berühmten Sportlern werden die Leute richtig laut und extrem – aber sie denken, es wäre respektlos, mir auf diese Weise zuzujubeln. Glaubst du, die einzig angemessene Art, mich anzubeten, wäre die, bei der du tief geneigt oder kniend deine Nase in ein Gesangbuch mit Goldschnitt steckst? Da hat dich aber jemand reingelegt. :-(
Ich wünsche mir, dass du für mich ein wenig aufdrehst. Mein Wort sagt, dass das völlig in Ordnung ist. Ich habe dich so gemacht, wie du bist, und ich habe dich zu einem Teil deiner Generation gemacht. Sicher, bei mir gibt es auch Zeiten zum Knien, aber es gibt auch Zeiten zum Feiern.
Wenn ich also etwas Gutes für dich getan habe oder du etwas an mir erkennst, das dir gefällt, dann jubele mir deinen Dank zu. Wenn du ein Instrument spielst, schreib Lieder für mich und dreh die Lautstärke ohne weiteres auf, wenn du sie spielst. Du hast meine Erlaubnis, laut zu werden. Dreh voll auf! :-)
Der, der den Donner gemacht hat,
>Gott

Lies einfach weiter

Im Leben eines Menschen wird es hell, wenn er anfängt, dein Wort zu verstehen. Wer bisher gedankenlos durchs Leben ging, der wird jetzt klug.

Psalm 119,130

17. April

Wie geht es dir?
>Nicht jeder kann Weltraumforscher sein. Nicht jeder kann Philosoph sein. Nicht jeder kann ein großer Erfinder sein. Aber jeder kann die Bibel lesen. Wenn du die Bibel liest, dann entfaltet sie sich, wie du einen Zettel auseinander faltest. Wenn du einen Zettel öffnest, den dir jemand in die Hand gedrückt hat, siehst du zuerst eine Ecke von dem Geschriebenen, dann die Hälfte, und schließlich siehst du dann die ganze Nachricht. :-o
Wenn du am Anfang nicht gleich alles in der Bibel verstehst, macht das überhaupt nichts. Lerne etwas aus den Dingen, die du verstehst, und lies dann einfach weiter. Allmählich wird die Bibel sich entfalten, und dir wird ein Licht aufgehen. Du wirst sagen: «Ach, jetzt kapier ich das!», und dann wird dein Leben an diesem Punkt nie mehr so sein wie vorher. Du bist vielleicht kein Weltraumforscher, aber weise kannst du trotzdem werden. :-) Lies einfach beständig in meinem Buch.
Bei mir ist Weisheit in Fülle,
>Gott

Sei einfach du

Du hast mich geschaffen – meinen Körper und meine Seele, im Leib meiner Mutter hast du mich gebildet. Herr, ich danke dir dafür, dass du mich so wunderbar und einzigartig gemacht hast! Großartig ist alles, was du geschaffen hast – das erkenne ich!

Psalm 139,13–14

18. April

Du, etwas beschäftigt mich:
>Manchmal gefällt dir dein Aussehen nicht, und du gibst mir dann die Schuld daran. Du fragst: «Warum hast du mir nicht so eine perfekte Haut und so einen perfekten Körper gegeben wie jener anderen Person?»
Du lässt dir von Filmen und Zeitschriften vorschreiben, was gutes Aussehen ist. Du hörst auf die Lügen der geldgierigen Welt. Die Leute wollen dir Hautpflegemittel und Diätbücher verkaufen, und deshalb reden sie dir ein, dass etwas mit dir nicht stimmt.
Weißt du noch, was Jesus tat, als er sah, wie die Geldwechsler im Tempel ihre Geschäfte machten? Er wehrte sich vehement!
Du bist der Tempel, in dem mein Geist Wohnung nehmen will, und es macht mich wütend, wenn ich sehe, wie diese Geld-Haie versuchen, dir eine Lüge anzudrehen. Ich bin derjenige, der dich erdacht hat, und ich liebe das, was ich gemacht habe! Du bist das einzige Exemplar von dir, das ich habe. Also sei einfach du!
Dein Schöpfer,
>Gott

Dein Lebensbuch ist von mir

Als ich gerade erst entstand, hast du mich schon gesehen. Alle Tage meines Lebens hast du in dein Buch geschrieben – noch bevor einer von ihnen begann!

Psalm 139,16

19. April

Wie geht es dir?
>Hast du schon mal einen Film gesehen, der nach einem Buch gedreht wurde, das du schon gelesen hattest? Selbst die spannendsten Stellen in so einem Film bringen dich nicht ins Schwitzen, weil du ja schon weißt, wie die Sache ausgeht. Nun, das Buch deines Lebens habe ich nicht nur schon gelesen, ich habe es geschrieben! Du fragst dich vielleicht, wie dieses oder jenes wohl ausgeht, aber ich frage mich das nie. :-o
In einem alten Lied heißt es: «All das Denken an das Morgen raubt mir manchmal den Verstand; doch ich weiß, Gott hält das Morgen und auch mich in seiner Hand.»
Ich möchte dir Mut machen, meine Hand zu ergreifen und dich von mir in die Zukunft führen zu lassen. Wenn dir das Leben Angst macht und ungewiss erscheint, komm zu mir und lass mich dir Ruhe geben. Nimm meine Hand und vertrau mir. Denk daran, ich habe das Buch geschrieben. :-)
Dein hoffentlich bevorzugter Autor,
>Gott

Ein volles Menu, ganz umsonst

[Der Herr] befreite mich. So viel bin ich ihm wert!

Psalm 18,20

20. April

Friede sei mit dir!
>Wann immer ich Leute sagen höre: «Ach, unter den gegebenen Umständen geht es mir ganz gut», möchte ich am liebsten antworten: «Was machst du denn da unter den Umständen? Komm sofort darunter hervor!» ;-)
Ich möchte, dass dein Leben besser ist als nur so lala. Ich will, dass es spitzenmäßig ist! Ich weiß, jeder hat mal harte Tage. Aber worum es mir geht, ist, dass es immer besser wird. Wenn du beinahe am Verhungern bist, dann schmeckt ein Brötchen mit Erdnussbutter und Marmelade prima, aber ein Menü mit allem Drum und Dran schmeckt noch besser. :-) Ich will dich aus deiner Situation befreien. Es kann eine Weile dauern, aber wenn du dich an mich hältst, werde ich dich hoch über die Umstände hinausheben. Ich möchte dich segnen.
Dein Vater, der dich nicht enttäuschen wird,
>Gott

Beten und abwarten

Harre des Herrn! Sei getrost und unverzagt und harre des Herrn!

Psalm 27,14 (Luther 99)

21. April

Friede sei mit dir!
>Kennst du das Gebet um Gelassenheit? Es steht zwar nicht in der Bibel, aber es ist trotzdem ein ziemlich gutes Gebet: «Gott, gib mir die Gelassenheit, die Dinge zu akzeptieren, die ich nicht ändern kann, den Mut, die Dinge zu ändern, die ich ändern kann, und die Weisheit, das eine vom anderen zu unterscheiden.» Wenn du alles getan hast, was du kannst, um deine Situation zu verändern, und sie sich immer noch nicht ändert, hast du zwei Möglichkeiten: 1. Du rennst mit dem Kopf gegen die Wand, kommst ins Rotieren, machst dir Sorgen, rackerst dich ab und scheiterst; oder 2. Du wartest auf mich. :-o
Warten heißt nicht, dass du aufgibst. Du kannst immer noch beten und auf mich hören, während du wartest. Du kannst sogar stark und voller Hoffnung sein, während du wartest. Es ist nun einmal so, dass du nicht alles in der Hand hast, was dir passiert. Sonst wärst du ja Gott, und ich wäre arbeitslos. ;-)
Dein Job ist es, mir zu vertrauen, und ich werde dir meinen Frieden geben und bei dir sein, während du wartest.
Deine Gelassenheit,
>Gott

Versuch es einfach!

Alle sollen nun wissen, dass Gott seinen ewigen Plan durch unseren Herrn Jesus Christus verwirklicht hat. Jetzt können wir zu jeder Zeit furchtlos und voller Zuversicht zu Gott kommen, weil wir an ihn glauben.

Epheser 3,11–12

22. April

E-Mail für dich!
>Man kann prima den Experten spielen, wenn man von der Seitenlinie aus zusieht. So leicht ist gesagt: «Ich könnte das auch.» Es ist so leicht, das Leben auf der sicheren Seite zu leben, damit möglichst nichts schief geht. Aber ich hätte lieber einen Menschen, der etwas versucht und dann eben auch mal etwas «in den Sand setzt». Das ist mir lieber als eine Million Menschen, die gar nichts wagen. :-(
Ich möchte, dass du dieser eine Mensch bist, der etwas versucht. Lebe dein Leben nicht so, dass du dich vor jedem Scheitern schützt. Lebe dein Leben so, dass du nach dem absolut Besten strebst, das ich dir zu bieten habe, und gib dich nicht mit weniger zufrieden. Wenn du das Gefühl hast, dass ich dich rufe, um etwas wirklich Schwieriges zu tun, dann sitz nicht herum und denk dir Gründe aus, warum es nicht funktionieren kann. Geh los und trau dich. Vielleicht gelingt es dir nicht ganz, aber wenn du nichts riskierst, dann erreichst du auch nichts. Lebe dein Leben nicht auf der sicheren Seite. Mach einen Schritt nach vorn und vertraue mir.
Und dann mach dich an die Arbeit! :-)
>Gott

Die Fülle Gottes

... und Christus durch den Glauben in euch lebt. In seiner Liebe sollt ihr fest verwurzelt sein. Denn nur so könnt ihr mit allen anderen Christen das ganze Ausmaß dieser Liebe erfahren, die wir doch mit unserem Verstand niemals fassen können.

Epheser 3,17–19

23. April

Ich grüße dich!
>Du möchtest wissen, wie du ganz mit meiner Liebe erfüllt werden kannst? Nun ja, das ist nichts, was du in der Schule lernen könntest. Es ist auch nichts, das du in einem weit entfernten Land suchen müsstest. Es ist etwas, das in deinem Innern geschieht, wenn sich bei dir die gewaltige Erkenntnis einstellt, wie sehr ich dich liebe. :-) Dazu ist ein Wunder des Verstehens notwendig, denn das Ausmaß meiner Liebe ist weit umfangreicher, als Menschen erfassen könnten. Ich schicke eine übermenschliche Liebe in ein menschliches Gefäß. Dies ist keine an Bedingungen geknüpfte Liebe; es ist keine Liebe, die dir nur auf halbem Weg entgegenkommt. Es ist vielmehr eine alles verzehrende, alles mit einbeziehende Art von Liebe, die jeden Winkel deiner Seele erreicht. Und nur meine Liebe öffnet dir die Tür zu meiner Fülle.
Bete dafür, dass du meine Liebe ganz verstehst. Wenn du einmal dein Herz öffnest, um mehr zu bekommen, und deinen Geist, um über seine Grenzen hinauszugehen, dann bist du auf bestem Weg, mit meiner Fülle beschenkt zu werden.
Der Liebhaber deiner Seele, >Gott

Die Welt ist ein Dschungel!

Wenn aber aufrichtige Menschen zu ihm rufen, hört er sie und rettet sie aus jeder Not.

Psalm 34,18

24. April

Du, ich bin's wieder!
>Die Leute blicken oft nicht durch, wie ich arbeite. Sie denken, es wäre mein Job, ihnen alle Probleme vom Hals zu schaffen. Ich soll jede schwierige Situation in Ordnung bringen und für rundum perfekte Zustände sorgen. :-o
Tut mir leid. Das ist nicht mein Job. Ich werde manche deiner Umstände in Ordnung bringen, aber ein paar Probleme wirst du immer noch haben. :-(Die gute Nachricht ist, dass du, je besser du mich kennen lernst, desto mehr merken wirst, dass ich immer bei dir bin. Ich werde dich durch all deine Nöte führen und am Ende auch aus ihnen herausbringen.
Stell dir dein Leben vor wie einen Dschungel, und ich bin dein Führer. Ich werde den Dschungel für dich nicht in Disneyland verwandeln. Aber ich werde dich durch den Dschungel hindurchführen. Wenn es in deinem Leben drunter und drüber geht, dreh nicht gleich durch. Bleib einfach in meiner Nähe. Ich bringe dich da durch. :-)
Dein geistlicher Führer,
>Gott

Besser als Krafttraining

Ein breiter, mächtiger Strom belebt die Stadt Gottes, die Wohnung des Höchsten, den heiligen Ort. Gott ist in ihrer Mitte und beschützt sie schon früh am Morgen; nie wird sie zerstört.

Psalm 46,5–6

25. April

Na, sind wir Freunde?
>Das Reich Gottes ist überall dort, wo mein Heiliger Geist wohnt. Das bedeutet: Wenn du dich mir als deinem Gott und Jesus als deinem Retter anvertraut hast, dann ist das Reich Gottes in dir! Und geradewegs durch das Zentrum deines Seins fließt ein Strom – ein großartiger, mächtiger, glitzernder Strom des Lebens. Es ist ein Strom, der dich stark machen wird, wie dich alle Vitamine, alles Krafttraining und alle Marathonläufe der Welt nicht stark machen können. Es ist ein Strom, der geistliche Stärke durch deine ganze Persönlichkeit fließen lässt, um damit dein ganzes Wesen zu erfüllen.
Mach dir also bewusst, wer du in mir bist und wer ich in dir bin. Dein Herz beherbergt meinen Geist, und ich bin der Strom des Lebens, der dich durchfließt. Lebe in dieser Wirklichkeit, dann kann dich nichts mehr umhauen! :-)
Ich bin der Unzerstörbare,
>Gott

Lebe lieber ungewöhnlich

Ist er nicht euer Vater? Hat er euch nicht geschaffen? Ja, er ist euer Schöpfer, euer Leben kommt aus seiner Hand.

5. Mose 32,6

26. April

Na, wieder auf Empfang?
>Manchmal höre ich Leute sagen: «Musik ist mein Leben.» Andere sagen: «Mein Freund ist mein Leben.» Wieder andere finden: «Computer sind mein Leben.» Wenn etwas dein Leben ist, dann bedeutet dir dieses Etwas alles. Es ist dann wichtiger als alles andere. Und ohne dieses Etwas ist dein Leben schnell völlig sinnlos.
Aber wer sagt schon: «Gott ist mein Leben»? :-(Ich bin der, der dich geschaffen hat, und ich habe dich gemacht, damit du mich kennen lernst. Ich will mit dir zusammen sein. Ich will dir Dinge sagen, will dir grandiose Sachen zeigen, will mit dir reden, mit dir lachen, mit dir weinen, mit dir tanzen, mit dir singen. Das Tollste, Beste, Größte, was man überhaupt erleben kann, ist eine echte Beziehung zu mir. Trotzdem leben und sterben viele Leute, ohne mich je kennen gelernt zu haben. Und das macht mich total traurig. :,-(Möchtest du, dass ich dein Leben bin? Ich garantiere dir: Du wirst es nicht bereuen!
Dein volles Leben,
>Gott

Zeit für eine Renovierung

Du freust dich, wenn ein Mensch von Herzen aufrichtig und ehrlich ist; verhilf mir dazu, und lass mich weise handeln.

Psalm 51,6

27. April

Alles klar bei dir?
>Als ich dich geschaffen habe, habe ich ein ganz privates Zimmer für dich in dein Leben eingebaut – dein Herz –, und niemand außer dir hat einen Schlüssel dazu. Deine Freunde können nicht in dieses private Herzzimmer hinein, es sei denn, du lädst sie ein. Deine Eltern können auch nicht hinein, und obwohl ich der große, allmächtige Gott bin, kann selbst ich nicht die Tür eintreten und hineinkommen, es sei denn, du willst mich dort haben. Sicher, ich kann durch die Fenster schauen und sehen, was sich da drinnen verbirgt, aber nur du kannst mich einladen, zu dir hereinzukommen. :-o
Wenn ich deine Erlaubnis hätte, würde ich hereinkommen und das Zimmer renovieren. Ich würde das Grau der Heuchelei von den Wänden reißen und sie in den klaren, leuchtenden Farben der Aufrichtigkeit streichen. Ich würde wunderschön gewebte Teppiche der Ehrlichkeit auslegen und dein Herz mit den eleganten, bequemen Möbeln der Weisheit ausstatten. Also, dreh den Schlüssel herum und bitte mich herein. Du wirst staunen, wenn du dein neues Herz siehst! :-)
Der «Innendekorateur» deines Herzens, >Gott

Dies ist nicht das Ende

Erschreckt nicht in dunklen Tagen! Verlasst euch auf den Herrn, auch wenn ihr nirgends einen Hoffnungsschimmer seht, denn er hält euch fest!

Jesaja 50,10

28. April

Hallo, du!
>Hast du manchmal das Gefühl, dass alles Mögliche über dir zusammenbricht und du einfach keinen Durchblick mehr hast? Vielleicht ist diese Woche alles schief gegangen. Du hast mal wieder Krach mit deinem Ehepartner, jemand hat dich versetzt oder du hast vom Arzt eine schlechte Nachricht bekommen. Was immer es ist: Wenn du das Gefühl hast, alles sei dunkel und keine Hoffnung sei in Sicht, dann ist das genau der richtige Moment, um dich an mich zu wenden. :-o
Mein Sohn Jesus hat das alles auch schon durchgemacht ... und noch Schlimmeres. Alle seine Freunde haben ihn im Stich gelassen. Er wurde zu Unrecht angeklagt und verhaftet. Er wurde gefoltert und an ein Kreuz genagelt. Als Jesus dort am Kreuz hing, sah für ihn alles hoffnungslos aus. :,-(Aber drei Tage später ist er von den Toten auferstanden. Jesus lebt! Er hat seinen dunkelsten Moment hinter sich gebracht, und jetzt ist er da, um auch dich durch schwierige Zeiten hindurchzuführen. Bete einfach: «Jesus, hilf mir, mir geht es unheimlich mies.» Er weiß, was zu tun ist. Ich habe dich sehr lieb. Halt durch.
Dein Ausweg und dein Fixpunkt, >Gott

Bei SOS – aber nicht nur dann!

Er wird dich behüten wie eine Henne, die ihre Küken unter die Flügel nimmt. Seine Treue schützt dich wie ein starker Schild.

Psalm 91,4

29. April

Himmel an Erde! Himmel an Erde!
>Bist du schon mal in ein richtig heftiges Gewitter geraten? Innerhalb von Sekunden warst du klatschnass, und überall krachte es nur so vor Blitz und Donner. Da kann man es schon mal mit der Angst zu tun bekommen! Vielleicht hast du auch schon mal eine echte Unwetterkatastrophe erlebt, zum Beispiel einen Hurrikan oder einen Tornado. Weißt du, dass ich bei solchem Wetter viel mehr von den Leuten höre als zu beinahe allen anderen Zeiten? ;-)
Ich mag es, wenn meine Kinder nach mir rufen. Ich beantworte auch gern deine SOS-Gebete, weil das eine Möglichkeit ist, um dir zu beweisen, dass ich wirklich da bin. Wenn du in Schwierigkeiten bist und zu mir rufst und ich dir antworte, dann stärkt das deinen Glauben mächtig! Darum lass mich dich vor allen möglichen Dingen behüten; nicht nur vor schlechtem Wetter, sondern auch vor verletzten Gefühlen, zerbrochenen Beziehungen und schlimmen Umständen. Ich behüte und bewahre dich und nehme dich unter meine Flügel. :-)
Ich bin so gerne dein Beschützer,
>Gott

Glaube kennt auch Zweifel

Wenn das geschieht, werden wir im Glauben immer mehr eins werden und Jesus Christus, den Sohn Gottes, immer besser kennen lernen. Wir sollen zu mündigen Christen heranreifen, zu einer Gemeinde, in der Christus mit der ganzen Fülle seiner Gaben wirken kann.

Epheser 4,13

30. April

Etwas ist mir wichtig:
>Wenn du Auto fährst oder mit dem Flugzeug unterwegs bist, dann glaubst du, dass du sicher an deinem Ziel ankommen wirst. Selbst wenn du während der Reise im Flugzeug Angst bekommst oder an deiner sicheren Ankunft zweifelst, hält dich doch dein Glaube davon ab, alle Hoffnung zu verlieren, den Notausstieg zu suchen und hinauszuspringen. Tatsache ist: Der Glaube nimmt dir den Zweifel nicht weg. Er stellt sich jedoch *über* allen Zweifel und schenkt dir Vertrauen, bis du am angepeilten Ziel angekommen bist.
Wenn du auf der Reise des Lebens Turbulenzen erlebst und dich unterwegs fürchtest, dann mach dich nicht selbst fertig, weil du manchmal Zweifel hast. Das ist normal! Es gehört dazu. Geh einfach weiter mit dem Glauben, der dich an der Reise festhalten lässt. Wir werden sicher an unserem Ziel ankommen. Halte den Glauben fest.
Der Herr der Reise,
>Gott

Sei keine geladene Kanone

Stattdessen wollen wir die Wahrheit in Liebe leben und zu Christus hinwachsen, dem Haupt der Gemeinde.

Epheser 4,15

1. Mai

Hallo, du!
>Die Wahrheit kann wie eine Kanonenkugel sein. Wenn sie ohne Rücksicht auf dessen Gefühle auf das Herz eines Menschen abgefeuert wird, dann kann sie tödlich wirken. Hast du schon einmal jemanden kennen gelernt, der wie eine «geladene Kanone» daherkommt? Wenn diese Person den Mund aufmacht, dann visiert sie irgendjemanden an und hinterlässt nur verletzte Menschen im Kielwasser ihrer Worte. Sie handelt sogar so, als ob ihre Ehrlichkeit geradezu eine Tugend wäre. :-(
Aber Ehrlichkeit ohne Liebe ist bei weitem keine Tugend. Ich rede nicht so mit dir, und ich möchte auch nicht, dass du mit anderen so redest. Wenn ich dir die Wahrheit sage – auch wenn es harte Worte sind –, dann kommt sie immer im Mantel der Ermutigung zu dir. Lass mich dir helfen, den Menschen in deinem Leben die Wahrheit in Liebe zu sagen.
Die Wahrheit und Liebe in Person,
>Gott

Bitte nicht hamstern!

Seid vielmehr freundlich und barmherzig, und vergebt einander, so wie Gott euch durch Jesus Christus vergeben hat.

Epheser 4,32

2. Mai

Darf ich dich etwas fragen?
>Kennst du jemanden, der ein Hamsterer ist? Das ist jemand, der alles sammelt und anscheinend nichts wegwerfen kann. Ein solcher Mensch behält alles, weil er glaubt, es eines Tages gebrauchen zu können. Schon bald platzt die Wohnung eines Hamsterers vor lauter Krimskrams aus allen Nähten. :-o Wusstest du, dass man auch ein *emotionaler* Hamsterer sein kann? Wenn man alle seine verletzten Gefühle und seinen Groll festhält und hamstert, dann wird das Herz schon bald vor Schmerzen und Traurigkeit platzen. Oder du wirst vor Zorn explodieren. :,-(Ich möchte aber nicht, dass du an Ärger und Schmerz festhältst. Ich möchte dir bei der «Entsorgung» helfen. Wenn jemand dich verletzt hat, dann komm zu mir und sprich mit mir darüber. Gib mir den Schmerz, und lass mich dich heilen. Wenn du immer noch das Gefühl hast, du müsstest zu diesem Menschen gehen und mit ihm darüber sprechen, dann geh. Aber geh in Liebe. Schließlich sollst du denen vergeben, die dich verletzt haben. Bring mir all deinen Groll. Ich helfe dir, den Schrank deines Herzens auszuräumen.
Der, der dich am besten kennt, >Gott

Du bist für diesen Job angestellt

Arbeitet mit Freude als Christen, die nicht den Menschen dienen, sondern dem Herrn. Er wird jedem den verdienten Lohn geben, ganz gleich, ob jemand Sklave ist oder frei.

Epheser 6,7–8

3. Mai

Meine Gedanken sind mit dir!
>An einem Tag, an dem die Arbeit scheinbar nicht enden will, wenn dein Chef hohe Ansprüche an dich stellt und deine Lieben undankbar sind, dann willst du sicher manchmal nur noch weglaufen. Überleg mal. Du kannst deinen Job von zwei Seiten aus betrachten. Einerseits dienst du Menschen – deinem Chef, den Kunden, deiner Familie. Aber auf einer höheren Ebene dienst du mir. Ich bin es, der dich an diese Stelle gesetzt hat, und ich versorge dich mit allem, was du brauchst, um diese Herausforderung zu bewältigen. :-)
Dies ist also deine Mission, wenn du sie annehmen willst. Knie, stelle oder setze dich jeden Morgen hin und sage: «Okay, Gott, ich lebe diesen Tag für dich und zu deiner Verherrlichung. Tanke mich auf. Rüste mich aus. Hilf mir, dass ich meine Arbeit für dich heute gut mache.»
Dein Stellenberater, :-)
>Gott

Sei vorbereitet

Greift zu den Waffen Gottes, damit ihr alle heimtückischen Anschläge des Teufels abwehren könnt! Denn wir kämpfen nicht gegen Menschen, sondern gegen Mächte und Gewalten des Bösen, die über diese gottlose Welt herrschen und im Unsichtbaren ihr unheilvolles Wesen treiben.

Epheser 6,11–12

4. Mai

Schalom!
>Was wäre das wohl für ein General, der seine Soldaten ohne Waffen, ohne Strategie und ohne Information über die Bewegungen des Feindes in die Schlacht senden würde? So jemand wäre entweder grausam oder töricht. Vertrau mir, ich bin keins von beidem. Als dein Oberster Befehlshaber möchte ich, dass du vorbereitet bist. Das Leben auf dem Planeten Erde ist buchstäblich ein täglicher Kampf, aber kein körperlicher, sondern ein geistlicher. Es ist ein Kampf zwischen Gut und Böse, Recht und Unrecht, Wahrheit und Lüge. Du brauchst meine Waffenrüstung, um gegen den Feind bestehen zu können. Darum setz den Helm des Heils auf, und leg den Gürtel der Wahrheit, den Brustpanzer der Gerechtigkeit und die Stiefel der Guten Nachricht an. Ergreife den Schild des Glaubens und das Schwert des Geistes. Gewöhne dir an, jederzeit ohne Krampf und voller Vertrauen zu beten. Und jetzt folge mir nach! :-)
Im geistlichen Kampf dein «General»,
>Gott

Steh fest auf dem Boden

Darum nehmt die Waffen Gottes! Nur gut gerüstet könnt ihr den Mächten des Bösen widerstehen, wenn es zum Kampf kommt. Nur so könnt ihr das Feld behaupten und den Sieg erringen.

Epheser 6,13

5. Mai

Sei gegrüßt!
>Eines der schwierigsten, aber auch wichtigsten Dinge im Leben eines Christen ist, stehen zu lernen. Das geschäftige Leben verleitet die Menschen dazu, den «Stillstand» wie eine Plage zu meiden. Manche laufen meinen Plänen davon und machen ihre eigenen Pläne. Manche verlassen sich allein auf ihre eigene Kraft, anstatt auf meine. Manche würden lieber zu einem bequemeren Gestern zurückgehen, als stillzustehen und die Herausforderung zu hören, die ich ihnen genau an diesem Ort geben will. :-(
In einer Welt der Hektik und der Lügen kann es besonders schwierig sein, bewusst stillzustehen. Du sollst die handfesten Belohnungen kennen lernen, die du bekommst, wenn du einen Ort geistlicher Balance gefunden hast. Also, mach ein bisschen langsamer, greif meine Wahrheit auf, nimm deinen Platz in mir ein und steh fest auf dem Boden.
Ich halte dich in der Balance,
>Gott

Gute Entscheidungen

Dann will ich zum König gehen, obwohl ich damit gegen das Gesetz verstoße. Wenn ich umkomme, dann komme ich eben um!

Esther 4,16

6. Mai

Hast du noch etwas Zeit?
>Esther war eine schöne junge Jüdin, die zur Königin von Persien wurde. Doch ihr Mann, der König, wusste nicht, dass sie eine Jüdin war. Als Esther erfuhr, dass ein übler Bursche namens Haman Pläne schmiedete, um alle Juden im Land umbringen zu lassen, wusste sie, dass sie den König über dieses Komplott informieren musste. Aber es war bei Todesstrafe verboten, sich ohne ausdrückliche Aufforderung dem König zu nähern! Esther steckte also in der Klemme: Sollte sie Kopf und Kragen riskieren, um ihr Volk zu retten, oder sollte sie ihren eigenen Hals retten und ihre Leute umkommen lassen? Nun, Esther rettete ihr Volk, und ihr eigenes Leben wurde verschont. :-o Du kannst diese Geschichte in der Bibel nachlesen.
Wie Esther musst auch du im Leben manchmal wichtige Entscheidungen treffen – Entscheidungen, die riskant sein können. Komm zu mir, wenn du die Weisheit und den Mut brauchst, eine gute Entscheidung zu treffen.
Ich bin gerne dein Ratgeber,
>Gott

Mach dich nicht kaputt

Er hat sein Leben für unsere Sünden hingegeben. Er hat uns davon befreit, so leben zu müssen, wie es in dieser vergänglichen, vom Bösen beherrschten Welt üblich ist. Damit erfüllte er den Willen Gottes, unseres Vaters.

Galater 1,4

7. Mai

Mein geliebtes Kind!
>Hast du dich schon einmal dabei ertappt, dass du über andere getratscht hast – abfällige Bemerkungen über einen anderen Menschen gemacht hast, ohne dass du es wolltest? :-(Anschließend überkommt dich dann immer eine geistliche Müdigkeit. Weißt du, warum? Es gibt nichts, das einen Menschen mehr erschöpft als die Sünde. Du wurdest nicht dazu geschaffen, anderen mit Worten oder Taten Schaden zuzufügen. Du wurdest nicht dazu geschaffen, den Charakter eines anderen Menschen anzugreifen. :-o Sündigen heißt, gegen den Strom meines Willens zu schwimmen, und das zehrt dich ganz sicher jedes Mal auf. Mein Weg ist der des Friedens und der Liebe und der Ruhe, und du kannst ihn nur finden, wenn du meinem Sohn vertraust. Mach dich doch nicht kaputt. Die Sünde ist niemals den Preis wert, den du dafür zu zahlen hast.
Ich möchte dich aufbauen,
>Gott

Mach was aus deinen Gaben

Darum soll jeder sich selbst genau prüfen. Dann wird er sich über seine guten Taten freuen können, aber keinen Grund zur Überheblichkeit haben. Denn jeder ist für sein eigenes Tun vor Gott verantwortlich. Das ist schon schwer genug!

Galater 6,4–5

8. Mai

Hallo, ich bin's!
>Ich schätze, dir ist aufgefallen, dass ich keine Welt voller Klone produziert habe. Selbst wenn du in jeder Stadt und jeder Ortschaft auf dem ganzen Planeten suchen würdest, würdest du niemals einen anderen Menschen finden, der genauso ist wie du. Du bist durch und durch ein Original. :-)
Als mein Kind hast du unter anderem die Aufgabe, dich selbst kennen zu lernen – herauszufinden, worin du gut bist und was du besonders gerne machst. Das ist kein Wettbewerb zwischen dir und irgendwelchen anderen Leuten. Ich messe nicht am Durchschnitt. Sei zuversichtlich – das ist dein gutes Recht. Du bist großartig!
Lass mich dir helfen, zu entdecken, wie du die Gaben einsetzen kannst, die ich dir gegeben habe, und wie du eine Arbeit tun kannst, die dich begeistert. Mir geht es darum, dass dein Leben wirklich etwas Großes in Bewegung bringt!
Dein Schöpfer,
>Gott

In deinem Tempel, o Gott, denken wir über deine Güte nach.

Psalm 48,10

9. Mai

Hallo, du!
>Wann hast du das letzte Mal über meine Güte meditiert? Meditieren heißt ganz einfach, sich auf etwas zu konzentrieren und eine Zeit lang intensiv darüber nachzudenken. Wenn du Zeit mit mir verbringst, vergiss nicht das Hören. Ich frage dich: Nachdem du im Gebet zu mir geredet hast, nachdem du darauf gewartet hast, dass ich zu dir rede, nachdem du die Bibel und dieses Buch gelesen hast – was kommt dann als Nächstes? Was schlägst du vor?
Ich bitte dich um Folgendes: Nimm dir gleich jetzt fünf Minuten Zeit, um still dazusitzen und über meine Güte nachzudenken. Ich habe alles gemacht. Ich kann alles tun. Ich habe dich geschaffen. Ich liebe dich so sehr, dass ich meinen Sohn geopfert habe, damit du und ich zusammen sein können. Ich habe mich dir in Jesus Christus gezeigt. Nimm dir einfach Zeit, darüber eine Weile nachzudenken.
Ich werde dir dabei ganz nahe sein,
>Gott

Was manche sagen, ist sagenhaft

Du sollst meinen Namen nicht missbrauchen, denn ich bin der Herr, dein Gott! Ich lasse keinen ungestraft, der das tut.

5. Mose 5,11

10. Mai

Schalom, wie geht es dir?
>Um meinen Namen zu missbrauchen, musst du ihn nicht unbedingt zum Fluchen benutzen; da gibt es noch einen Haufen anderer Möglichkeiten. Wenn du sagst: «Gott hat mir gesagt, ich soll ins Spielcasino gehen», obwohl ich dir das nie gesagt habe, dann missbrauchst du meinen Namen. Oder wenn du sagst: «Gott stört es nicht, wenn ich rauche», obwohl ich dir das nie gesagt habe, dann missbrauchst du meinen Namen. Wenn du sagst: «Gott ist es egal, ob wir an Jesus glauben, solange wir nur unser Vertrauen auf irgendetwas setzen», dann missbrauchst du meinen Namen. >:-(
Es gibt haufenweise Leute, die mir Sachen in den Mund legen, die ich nie gesagt habe, und mich ganz anders darstellen, als ich wirklich bin. Wenn du wissen willst, wie ich tatsächlich bin, lies die Bibel. Ich habe sie schreiben lassen. Dir würde es auch nicht gefallen, wenn jemand herumlaufen und Blödsinn über dich erzählen würde. Mir eben auch nicht. Bevor du jemandem erzählst, wer ich bin, finde bitte erst selbst heraus, wer ich bin. Lies meine Bibel. Lerne mich richtig kennen.
Dein einzig wahrer >Gott

Vergeude keine Zeit

Mach uns bewusst, wie kurz unser Leben ist, damit wir endlich zur Besinnung kommen!

Psalm 90,12

11. Mai

Friede sei mit dir!
>Oft vernehme ich den Satz: «Zeit ist das kostbarste Gut.» Diesen Ausdruck hast du bestimmt auch schon einmal gehört. So schlecht ist er nicht!
Ist dir klar, dass du den heutigen Tag nur ein einziges Mal erleben wirst? Du kannst nicht im Gestern leben, und du kannst nicht im Morgen leben. Du kannst nur jetzt leben. Bedenke das und vergeude keine Zeit. Du hast nur eine bestimmte Menge davon. Vielleicht scheint es dir, als ob du für immer auf der Erde leben würdest, aber das wirst du nicht. Warum solltest du also Zeit für destruktive Gefühle wie Zorn und Bitterkeit vergeuden? Lerne zu vergeben.
Vergeude auch keine Zeit damit, unwichtige Dinge zu tun. Sicher, deinen Spaß sollst du haben ... Entspann dich also ruhig. Aber häng nicht nur herum. Ich habe tolle Dinge für dich, die du erreichen und erleben kannst, und die wirst du nicht entdecken, indem du den ganzen Tag vor dem Fernseher sitzt. Ich habe etwas Besseres für dich. :-)
Der Schöpfer der Zeit,
>Gott

Die Ernte einbringen

Glaubt nur nicht, ihr könntet euch über Gott lustig machen! Ihr werdet genau das ernten, was ihr gesät habt. Wer sich nur auf sich selbst verlässt, den erwartet der ewige Tod. Wer sich aber durch den Geist Gottes führen lässt, dem wird Gott das ewige Leben schenken.

Galater 6,7–8

12. Mai

Wusstest du das schon?
>Du musst nicht auf einem Bauernhof aufgewachsen sein, um zu wissen, dass du keine Rüben anpflanzen darfst, wenn du Mais ernten willst. Was immer du in den Boden hineinsteckst, wird auch wieder herauskommen. So funktioniert das nun einmal. :-o
Nun, genau das gleiche Prinzip gilt auch im geistlichen Bereich (ich sagte es dir einige Seiten vorher schon einmal): Wenn du Unehrlichkeit, Eifersucht, Begierde, Neid und Klatsch anpflanzt, dann wird die Ernte, die du einbringst, nicht nur dir schaden und dich zerstören, sondern auch die Menschen, die dir nahe stehen. :,-(Wenn du dich dagegen bewusst daran machst, Liebe, Glauben, Freundlichkeit, Ermutigung und Barmherzigkeit anzupflanzen, wirst du staunen, was für eine Ernte dir dein Leben einbringt. Du wirst ein überfließendes Leben ernten, das auf ewig bestehen bleibt. :-)
Dein Vater im Himmel,
>Gott

Gib nicht auf

Werdet nicht müde, Gutes zu tun. Es wird eine Zeit kommen, in der ihr eine reiche Ernte einbringt. Gebt nur nicht vorher auf!

Galater 6,9

13. Mai

Hast du noch etwas Zeit?
>Manchmal ist die Versuchung, vollständig aufzugeben, ganz schön stark. Wenn du ganz unten und ausgebrannt bist, scheint es, als ob sich niemand darum schert, ob du dir noch weiter Mühe gibst oder nicht. Deshalb möchte ich dir eines ganz deutlich sagen: Ich schere mich darum! Vergiss das keinen Augenblick lang!
Mitten in deinen Schwierigkeiten bin ich bei dir. Das Leben ist ein großes Tauziehen zwischen der Aufforderung, sich um andere zu kümmern und Gutes zu tun, und der Versuchung, definitiv aufzugeben. Wer aufgibt, der sagt damit, dass alles egal und das Leben ein Wegwerfartikel ist. Wenn du durchhältst und am Ball bleibst, sagst du Ja zu meinem Aufruf an dich, mit deinem Leben ganz konkret etwas zu bewirken. Also pack an und bleib am Ball. Ich schütze dich, und ich lasse dich nicht los. Gib nicht auf! Ich liebe dich. :-)
Für immer dein Mutmacher,
>Gott

Ein Tipp von Jesus

Du zeigst mir den Weg, der zum Leben führt. Du beschenkst mich mit Freude, denn du bist bei mir. Ich kann mein Glück nicht fassen, nie hört es auf.

Psalm 16,11

14. Mai

Ich dachte gerade an dich!
>Kennst du den Autoaufkleber, auf dem es heißt: «Wer am Ende das Meiste hat, gewinnt»? Es gibt eine Menge Leute, die nach diesem Motto leben. Sie glauben, das größte Glück würde ihnen zuteil, wenn sie die größten Autos, Häuser und Bankkonten haben. Dafür schuften sie bis spät am Abend, bekommen aber die Leute, die sie lieben, kaum zu sehen, und sind so beschäftigt, dass sie gar nicht mehr merken, wie sehr ich sie liebe. Am Ende sind sie geistig und körperlich total erschöpft und sehen nicht mehr, was das Leben überhaupt für einen Sinn hat. >:-(Ich möchte nicht, dass du so lebst. Ich möchte dir den Weg zu einem guten, glücklichen Leben zeigen. Hör auf den Tipp, den Jesus dir gibt: Er sagte seinen Nachfolgern, die wahre Erfüllung liege darin, mich und andere Menschen zu lieben. Warte nicht erst ab, bis du überarbeitet und gestresst bist, bevor du entdeckst, dass das wahre Glück nicht in materiellen Dingen oder Geld liegt. Komm in meine Gegenwart, und lass dir von mir jetzt schon Freude schenken.
Dein Schlüssel zum Glück,
>Gott

Lerne, meine Weisungen zu lieben

Das Gesetz des Herrn ist vollkommen, es macht glücklich und froh. Auf seine Gebote kann man sich verlassen. Sie machen auch den klug, der bisher gedankenlos in den Tag hinein lebte.

Psalm 19,8

15. Mai

Schalom! Post für dich!
>Bist du begeistert von Vorschriften? Es gibt nicht viele Leute, die auf einer Couch sitzen und schwärmen: «Oh, ich liebe das Tempolimit! Es ist eine wunderbare Sache!» ;-)
Okay, aber warum sind dann manche Leute trotzdem so begeistert von meinen Vorschriften und Anweisungen in der Bibel? Weil sie immer zu einem besseren Leben führen. Wer eine notwendige Diätkur macht, dem werden vielleicht die Diätvorschriften nicht gefallen. Aber nachdem er siebzig überflüssige Pfunde verloren hat und sich endlich wieder wohl in seiner Haut fühlt, kann er sagen: «Ich liebe diese neue Ernährung!» Niemand liebt die Sicherheitsgurtpflicht, bis er einen Unfall hat und der Gurt sein Leben rettet. :-o
So ist es auch mit meinen Weisungen. Sie sind nicht dazu gedacht, dich einzuengen. Sie sollen dich frei machen und dich beschützen. Darum freue dich über die Grenzen, die ich dir setze!
Ich sorge gut für dich,
>Gott

Hör auf, dich selbst zu prügeln

Wer Gottes Weisungen in den Wind schlägt, der schafft sich Not und Schmerzen. Wer jedoch dem Herrn vertraut, den wird Gottes Güte umgeben.

Psalm 32,10

16. Mai

Mein Friede sei mit dir!
>Ich habe es wirklich nicht nötig, Leute zu bestrafen, die Dinge nicht auf meine Art machen wollen. Früher oder später bestrafen sie sich ohnehin selbst. Sie verfluchen mich; sie sagen, dass sie mich nicht brauchen; sie tun, was ihnen gefällt. Und siehe da, ihr Leben bricht letztendlich völlig zusammen. :-o Bin ich entschlossen, es ihnen heimzuzahlen? Verfluche ich sie? Nein, sie bestrafen sich selbst, indem sie meine Güte in ihrem Leben ausschlagen. Wer in der Trennung von mir lebt, ist wie einer, der Gift trinkt. Es ist letztendlich tödlich, auch wenn es eine Zeit lang vielleicht prima schmeckt. :,-(
Aber wenn du mir vertraust und Dinge auf meine Art tust, dann umgebe und behüte ich dich und helfe dir. Dinge auf meine Art zu tun, ist wie ein kühler Drink an einem heißen Tag. Du hast die Wahl. Aber wenn du dich vor mir verstecken willst, finden dich die Probleme allemal. Bitte, lass mich dich segnen und beschützen.
Dein Schild,
>Gott

Ich weiß, was dich glücklich macht

Gebt ihr dagegen euren selbstsüchtigen Wünschen nach, ist offensichtlich, wohin das führt: zu sexueller Zügellosigkeit, einem sittenlosen und ausschweifenden Leben, zur Götzenanbetung und zu abergläubischem Vertrauen auf übersinnliche Kräfte.

Galater 5,19–20

17. Mai

Ich habe wieder an dich gedacht!
>Der Grund, warum ich nicht will, dass du ein ichbezogenes, selbstsüchtiges Leben führst, ist nicht, dass ich ein Spielverderber oder ein alter Miesepeter bin. Nein, der Grund ist, dass ein solches Leben dich unglücklich machen wird. Garantiert. :-(
Wenn du dich ein Leben lang in den Mittelpunkt deines eigenen Universums stellst, machst du dich zu einer Karikatur niedriger Ideale und erniedrigender Gewohnheiten. Das wird dich im Sumpf des Wettbewerbs versinken lassen, dich in die Falle nie wirklich befriedigter Wünsche locken und dir alle Freuden schlichter Heiterkeit rauben. :-(
Ich habe dich gemacht, und ich weiß, was dir zum Glück verhelfen kann. Du bist dazu geschaffen, andere Menschen und mich zu lieben. Darin liegt dein Glück – nicht in der endlosen Jagd nach selbstsüchtigem Vergnügen. Nimm mich beim Wort.
Dein himmlischer Vater,
>Gott

Positives Wachstum

Wachset aber in der Gnade und Erkenntnis unseres Herrn und Heilands Jesus Christus. Ihm sei Ehre jetzt und für ewige Zeiten!

2. Petrus 3,18 (Luther 99)

18. Mai

E-Mail für dich!
>Wachsen kann man auf viele verschiedene Arten. Du kannst in die Länge wachsen oder in die Breite. ;-) Du kannst aber auch bezüglich Unausstehlichkeit oder Bildung wachsen. Du kannst bezüglich sozialer Reife oder weltlicher Raffinesse wachsen. Du kannst bezüglich Zynismus oder Albernheit wachsen, bezüglich Unabhängigkeit oder Selbstzufriedenheit.
Aber ich bitte dich, viel eher in zwei anderen, sehr wichtigen Punkten zu wachsen: Wachse in der Gnade und in der Erkenntnis deines Herrn und Heilands Jesus Christus. Das ist das Wachstum, das dich wirklich verändert. In seiner Gnade zu wachsen heißt, ein Mensch voller Barmherzigkeit zu werden, genau wie Jesus. In seiner Erkenntnis zu wachsen heißt, eine gute Grundlage zu legen, auf der dein Glaube gedeihen und Früchte tragen kann. Wachse also in geistlichen Dingen – in Jesu Gnade und in seiner Erkenntnis. :-)
Ich freue mich über dein Wachstum,
>Gott

Schreib es auf

Der Herr sprach zu mir: «Was ich dir in dieser Vision sage, das schreibe in deutlicher Schrift auf Tafeln! Jeder soll es lesen können.»

Habakuk 2,2

19. Mai

Schalom!
>Fällt es dir manchmal schwer zu beten? Gehen deine Gedanken dabei auch auf Wanderschaft? Wenn das so ist, dann möchte ich dir einen Vorschlag machen: Versuche doch einfach, deine Worte während des Betens einmal aufzuschreiben. Das funktioniert sicher nicht bei jedem, aber du kannst es doch bestimmt einmal versuchen. Schreib auf, was immer dir in den Sinn kommt, wie: «Guten Morgen, Gott, ich bin's. Ich bete, dass du heute bei mir bist. Ich halte mich an deiner Hand fest. Ich brauche dich. Danke, dass du mich so sehr liebst.» Du kannst auch die Namen von Leuten aufschreiben, für die du beten möchtest. Du kannst auch schreiben: «Was möchtest du mir heute sagen, Gott?» Dann höre auf meine leisen Worte. Wenn du spürst, dass ich zu dir spreche, dann schreibe die Worte auf, die du mich sagen hörst. Wenn du das tust, kann dir das beim Beten helfen, und später hast du großartige Aufzeichnungen, über was wir uns alles unterhalten haben. :-) Du kannst mich dabei ganz einfach Vater oder sogar Papa nennen. Sei nur ehrlich und sei du selbst.
Versuch's doch einfach mal!
Der deine Gebete hört, >Gott

Eine jubelnde Menge

Da wir nun so viele Zeugen des Glaubens um uns haben, lasst uns alles ablegen, was uns in dem Wettkampf behindert, den wir begonnen haben – auch die Sünde, die uns immer wieder fesseln will. Mit zäher Ausdauer wollen wir auch noch das letzte Stück bis zum Ziel durchhalten.

Hebräer 12,1

20. Mai

Wie geht es dir heute?
>Weißt du eigentlich, dass dir all die großen Männer und Frauen des Glaubens im Himmel zujubeln – Mose und Abraham, Ruth und Sara, Petrus und Paulus und auch Jesus selbst? Sie alle schauen von ihrer himmlischen Tribüne aus zu, wie du deinen eigenen Wettlauf des Glaubens bestreitest. Sie alle rufen dir zu: «Los! Lass nicht nach! Du schaffst es!» :-o
Was das für ein Wettkampf ist? Ich habe dich aufgefordert, deinen Glauben mitten in deiner Welt auszuleben. Also genau da, wo du bist: in deiner Familie, in deiner Umgebung, in deiner Straße. Ich habe dich gebeten, dich von den Versuchungen zu lösen, die dich ins Straucheln bringen wollen, damit du voller Liebe Dinge anpacken, voller Barmherzigkeit auf andere zugehen und voller Kraft meine Worte der Hoffnung an verzweifelte Menschen weitergeben kannst. Also auf ins Rennen! Vertrau mir. Du läufst nicht allein. Ich bin hier, direkt an deiner Seite! :-)
Von Herzen gern dein Coach,
>Gott

Weil er die Freude kannte

Dabei wollen wir nicht nach links oder rechts schauen, sondern allein auf Jesus. Er hat uns den Glauben geschenkt und wird ihn bewahren, bis wir am Ziel sind. Weil große Freude auf ihn wartete, erduldete Jesus den verachteten Tod am Kreuz. Jetzt hat er als Sieger den Platz an der rechten Seite Gottes eingenommen.

Hebräer 12,2

21. Mai

Friede sei mit dir!
>Wie war Jesus in der Lage, den unaussprechlichen Horror der Kreuzigung durchzustehen – diese Karikatur der Gerechtigkeit, diesen Spott, diese Grausamkeit? Wie konnte er das Kreuz auf seine geschlagenen und blutigen Schultern heben und den Kreuzweg entlanglaufen, obwohl er nur zu gut wusste, wohin er führte? Wie konnte er die Nägel in Händen und Füßen ertragen, die Stunden der Qual und den Speer in seiner Seite? Und was bei weitem am schlimmsten ist: Wie konnte er alles durchstehen, obwohl er sich in einem Moment sogar von mir verlassen fühlte? :,-(
Er konnte all das tun, weil er die Freude kannte, die vor ihm lag: die Freude, seine Gnade und Liebe auf dich und andere auszudehnen und dann für immer mit dir in meinem Reich zu leben. Darum hat er alles so gemacht – wegen der Freude.
Sein und dein Vater,
>Gott

Erwarte keine Parade

Vergesst nicht, wie viel Hass und Anfeindung er von gottlosen Menschen ertragen musste, damit auch ihr in Zeiten der Verfolgung nicht den Mut verliert und aufgebt.

Hebräer 12,3

22. Mai

Noch ein Gedanke für dich:
>Wenn du dich stark machst für das, was richtig ist, dann wird das manchen Leuten nicht gefallen. Mein Sohn Jesus hat sich gegen die Habgier stark gemacht, als er die Händler aus dem Tempel vertrieb, und die Händler waren stinksauer auf ihn, weil er ihnen die Geschäfte ruiniert hat. Jesus hat sich gegen Vorurteile stark gemacht, als er sich von einem Zolleinnehmer zum Essen einladen ließ, und die selbstgerechten Frommen hassten ihn dafür. :-(
Wenn du gut zu anderen bist, machst du dich unbeliebt bei denen, die gemein sind, denn dein gutes Verhalten ist wie eine Kritik an ihrem miesen Benehmen. Aber lass dich dadurch nicht aufhalten. Irgendwann werden vielleicht manche deiner Gegner deinen Mut bewundern und ihre Meinung ändern. Aber rechne nicht damit, dass alle in Jubel ausbrechen und eine Parade für dich veranstalten, weil du mir nachfolgst. Es gibt keine Parade. Das macht aber nichts. Nimm es nicht persönlich. Es gab auch jede Menge Leute, die Jesus nicht leiden konnten. Es gehört einfach dazu.
In meinem Himmel wird's dann anders sein!
>Gott

Später wirst du mir danken

Mein Sohn, wenn der Herr dich zurechtweist, dann sei nicht entrüstet, sondern nimm es an, denn darin zeigt sich seine Liebe. Wie ein Vater seinen Sohn erzieht, den er liebt, so schlägt der Herr jeden, den er als sein Kind annimmt.

Hebräer 12,5–6

23. Mai

Hallo, ich bin's wieder mal!
>Stell dir einen Marathonläufer und seinen Trainer vor. An manchen Tagen hat der Läufer überhaupt keine Lust zum Laufen, aber der Trainer wird ihn dazu motivieren, es trotzdem zu tun. Während des Trainings kann es sein, dass der Läufer seinen Trainer geradezu hasst. Aber am Tag des Rennens, wenn der Sieg errungen ist, werden Läufer und Trainer gemeinsam jubeln. :-)
Ich bin dein Trainer fürs Leben. Ich fordere dich heraus und diszipliniere dich zur Vorbereitung für den Sieg. Du sollst ein Rennen für mich laufen. Es gibt Dinge, die du für mich erreichen sollst. Ich schätze dich und deinen Erfolg sehr hoch. Ich korrigiere dich, weil ich dich liebe und möchte, dass du am Ende gewinnst. Stell dich deswegen nicht gegen mich. Halt durch und vertrau mir.
Ich bin gern dein Trainer, :-)
>Gott

Discovery Channel

O Herr, welch unermessliche Vielfalt zeigen deine Werke! Sie alle sind Zeugen deiner Weisheit, die ganze Erde ist voll von deinen Geschöpfen.

Psalm 104,24

24. Mai

Friede sei mit dir!
>Möchtest du wissen, wie ich bin? Schau dir einfach einige Tiere an, die ich geschaffen habe. Ein Schnabeltier verbringt die eine Hälfte seiner Zeit im Wasser und die andere Hälfte an Land. Es legt Eier wie ein Vogel, aber es gibt Milch wie ein Säugetier. Was kann dir das Schnabeltier über mich verraten? Dass du mich nicht in ein Schema pressen kannst! Ich bin viel größer als deine fein sortierten Schubladen. Ich bin immer für eine Überraschung gut. :-o Oder sieh dir einen Papagei an. Jede Papageienart hat ihre einzigartige Mischung leuchtender Farben an den Flügeln, am Schnabel, am Schwanz und an den Beinen. Und Papageien können die menschliche Sprache nachahmen. Was verrät dir ein Papagei über mich? Ich bin ausgelassen. Ich bin kreativ. Ich bin witzig. Ich habe Sinn für Humor. Ich sage: «Nimm dich selbst nicht so ernst.» ;-) Nimm dir Zeit, dir meine Schöpfung genauer anzuschauen, und du wirst alles Mögliche über mich entdecken.
Die Schöpfung sagt sehr viel aus über mich,
>Gott

Beziehung statt Religion

Denn Gott hat nur an den Menschen Gefallen, die ihm fest vertrauen. Ohne Glauben ist das unmöglich. Wer nämlich zu Gott kommen will, muss darauf vertrauen, dass es ihn gibt und dass er alle belohnen wird, die ihn suchen.

Hebräer 11,6

25. Mai

Wusstest du das schon?
>Vielleicht überrascht es dich, aber ich habe mit Religion – also mit Traditionen, Kirchengebäuden und Buntglasfenstern – nicht besonders viel am Hut. Darum geht es mir überhaupt nicht. Was ich will, ist vielmehr, dass wir eine Beziehung, eine Freundschaft zueinander haben, dass ich mit dir reden kann und du mit mir reden kannst, jederzeit und über alles. Vielleicht denkst du jetzt, hm, ziemlich schwierig, mit jemandem zu reden, den man nicht einmal sehen kann. Klar, weiß ich. Dazu brauchst du ja den Glauben. ;-)
Glauben heißt, von etwas überzeugt zu sein, das du nicht sehen kannst. Glaube zeigt sich früh am Morgen, wenn du mit der Bibel auf dem Schoß dasitzt und damit rechnest, dass ich dir dort begegnen werde. Und wenn du dich hinsetzt und glaubst, dass ich da sein werde, dann werde ich auch da sein! So wird dein Glaube belohnt. Bitte, verpass das aufregende Abenteuer des Glaubens nicht, das dich erwartet, wenn du lernst, mir zu vertrauen.
Dein Freund, der auf dich wartet, :-)
>Gott

Komm einfach zu mir

Herr, ich bin nicht hochmütig ... Ich maße mir nicht an, deine Geheimnisse und Wunder zu ergründen. Ich bin zur Ruhe gekommen. Mein Herz ist zufrieden und still. Wie ein Kind in den Armen seiner Mutter, so ruhig und geborgen bin ich bei dir!

Psalm 131,1–2

26. Mai

Hallo, du!
>Manche Leute sind sehr neugierig. Sie wollen verstehen, wie alles funktioniert, und das ist auch gut so. Aber niemand wird mich je ganz verstehen. Du kannst ganz leicht dabei verrückt werden, wenn du versuchst, einem anderen zu beweisen, dass ich wirklich existiere!
Aber du musst nicht alles über mich wissen, um mir vertrauen zu können. Denk an einen Lichtschalter. Ich wette, du durchschaust nicht völlig, wie ein Lichtschalter Elektronen durch einen Draht fließen lassen und eine Glühbirne zum Leuchten bringen kann. Selbst Elektriker und Physiker staunen darüber, wie das funktioniert. Aber das hält dich nicht davon ab, das Licht einzuschalten.
Vertrau mir. Ich arbeite für dich. Ich bin real. Darum komm zu mir wie ein kleines Kind und lass mich dir geben, was du brauchst. Du brauchst nicht meine Existenz zu beweisen, um mein Freund zu sein.
Erkenne nur, dass ich bin,
>Gott

Du bist mein Kunstwerk

Herr, ich danke dir dafür, dass du mich so wunderbar und einzigartig gemacht hast! Großartig ist alles, was du geschaffen hast – das erkenne ich!

Psalm 139,14

27. Mai

Na, wie läuft's bei dir?
>Wenn ein großer Künstler ein Meisterwerk malt, merkt er das sofort. Er tritt von der Staffelei zurück, und sein Herz füllt sich mit Stolz und Staunen über sein Werk. So ging es auch mir, als ich dich geschaffen hatte. Ich trat zurück und bewunderte mein Geschöpf. Ich finde dich wunderschön. Ich habe dich mit Sorgfalt, Präzision und Stolz gemacht. :-o
Wenn du je in Versuchung bist, dich selbst herunterzumachen oder dich wegen irgendwelcher Unzulänglichkeiten unsicher zu fühlen, denk einfach daran, dass du in meinen Augen vollkommen bist. Ich bin ganz und gar zufrieden mit meiner Schöpfung. Die Welt ist ein besserer Ort, weil du darin bist. :-)
Wenn ich dich ansehe, sehe ich, wer du bisher warst, wer du bist und wen ich aus dir machen werde. Du als Gesamtwerk bist das, was ich bewundere. Fang an, dich selbst mit meinen Augen zu sehen, dann wirst du auch staunen. Du bist mein vollkommenes Werk, das noch in Arbeit ist.
Der Künstler vor der Staffelei,
>Gott

Totale Selbstsicherheit?

Ich aber vertraue darauf, dass ich am Leben bleibe und sehen werde, wie gut Gott zu mir ist.

Psalm 27,13

28. Mai

Hallo, E-Mail für dich!
>Ist dir schon mal aufgefallen, dass manche Leute eine totale Selbstsicherheit ausstrahlen? Wie kommt man eigentlich zu echter Selbstsicherheit? Durch Aussehen oder Intelligenz, durch Geld oder Kleidung oder vielleicht durch Beliebtheit? Vielleicht überrascht es dich, aber manche Leute, die nach außen hin unglaublich selbstsicher wirken, sind innerlich in Wirklichkeit völlig unsicher. :-o Ich weiß das, weil ich ihre Gedanken lesen kann. Innerlich denken sie immerzu: «Wie sie mich wohl findet?» Oder: «Ob ich mit den Klamotten wohl dick aussehe?» Oder: «Hoffentlich sage ich bloß nichts Falsches!» :-o
Echte Selbstsicherheit kommt daher, dass du mich kennst und weißt, dass ich dich bedingungslos liebe und dich niemals im Stich lassen werde. Wenn dir dieses Wissen in Fleisch und Blut übergegangen ist, dann bist du stark, selbstsicher und unerschütterlich wie ein Felsen. Glaub mir.
Ich mache deine Seele sicher, ;-)
>Gott

Abenteuer und Geheimnis

Mein altes Leben ist mit Christus am Kreuz gestorben. Darum lebe nicht mehr ich, sondern Christus lebt in mir! Mein vergängliches Leben auf dieser Erde lebe ich im Glauben an Jesus Christus, den Sohn Gottes, der mich geliebt und sein Leben für mich gegeben hat.

Galater 2,19–20

29. Mai

Schalom!
>Das ist das allergrößte Geheimnis des Glaubenslebens: Wenn du Jesus als deinen Erlöser annimmst, kreuzigst du damit dein altes Ich. Die ganzen schlechten Gewohnheiten, das negative Denken, die niederen Motive und die schmutzigen Gedanken sind dem Tod ausgeliefert. :-o
Dann musst du niemanden mehr damit beeindrucken, was für ein toller Typ du bist – du bist ja tot! Wer läuft dann aber in deinen Jeans herum? Es ist Jesus in dir, der Jesus-Entscheidungen trifft, der Jesus-Gedanken denkt und der mit seiner Lebenskraft in jede Alltagssituation hineinwirkt! Also sag deinem alten Ich, dass es mausetot ist und dass du ab jetzt als «Christus-Behälter» lebst. :-) Was für ein Abenteuer!
Der Herr in dir,
>Gott

Die Gabe der Zufriedenheit

Seid nicht hinter dem Geld her, sondern seid zufrieden mit dem, was ihr habt. Denn Gott hat uns versprochen: «Ich lasse dich nicht im Stich, nie wende ich mich von dir ab.»

Hebräer 13,5

30. Mai

E-Mail für dich!
>Hast du schon einmal den Schlachtruf der Welt gehört – «mehr, Mehr, MEHR»? Hast du gesehen, wie sich die «Truppen» vor dem Einkaufszentrum postieren, bewaffnet mit ihren Kreditkarten und bereit zum Angriff? Türen auf ... fertig ... Attacke! :-o
Diese Armee ist ständig auf der Suche nach Rekruten, aber dieses ständige «Mehr» wird dir kein Glück bringen, ob es nun mehr Geld ist oder ob es mehr materielle Dinge sind.
Doch ich habe eine Gabe, die dir Glück bringen wird. Das ist die Gabe der Zufriedenheit. Zufrieden sein heißt: froh sein darüber, wo du stehst und was du hast. Reich? In Ordnung. Arm? Einverstanden. Schlicht? Alles klar. Schick? Okay. Zufrieden sein heißt, dass du deinen Blick vom Geld und von den Sachen abwendest und auf mich richtest. Lass mich dich mit den Reichtümern meiner Liebe überschütten.
Deine Quelle,
>Gott

Lebe dein Leben

Deshalb können wir voller Vertrauen bekennen: «Der Herr hilft mir, und ich brauche mich vor nichts und niemandem zu fürchten. Was kann mir ein Mensch schon antun?»

Hebräer 13,6

31. Mai

Hallo, du!
>Verschließ dein Herz nicht in einem sicheren kleinen Zimmer, weil du Angst davor hast, verletzt zu werden. Es wird zu einer Gefängniszelle für dich werden. Und ein Herz, das im Gefängnis sitzt, wird nie lernen zu leben. :-(
Ich möchte, dass du deine Gefühle aus dem Kerker herauslässt. Nimm die Herausforderung an. Geh hinaus in den Strom des Lebens und investiere deine Gefühle in andere Menschen. Sicher, das mag riskant sein. Ich sage nicht, dass alles, was du versuchst, ohne Schmerzen abgehen oder perfekt klappen wird. Von Zeit zu Zeit wirst du verletzt werden. Vielleicht bricht dir sogar das Herz. :,-(
Doch was immer geschieht, ich werde bei dir sein, um deine Wunden zu heilen und dein zerbrochenes Herz wieder zusammenzusetzen. Begrabe dein Leben nicht – lebe es!
Der Herr des Lebens,
>Gott

Sag meine Wahrheit weiter

Ringsum toben die Völker, aber ihre Macht wird erschüttert. Denn Gott lässt seine mächtige Stimme erschallen, und die Erde vergeht. Der Herr über Himmel und Erde ist mit uns! Der Gott Jakobs ist unser Schutz.

Psalm 46,7–8

1. Juni

Hallo, du hast Post!
>Schaust du regelmäßig die Nachrichten? Wenn ja, dann weißt du sicher, in was für einem Chaos sich die Welt die meiste Zeit über befindet. Überall rund um den Globus finden Kriege statt, und das sind nicht nur militärische Kriege, sondern auch private. Die Leute bringen sich aus allen möglichen Gründen gegenseitig um, meistens motiviert durch Habgier und den Hunger nach Macht. Familien werden entwurzelt und auseinander gerissen. Unschuldige Kinder müssen leiden. Wie ich mich danach sehne, den Menschen, die nach mir rufen, eine Zuflucht zu sein! Aber leider wissen viele Menschen nicht einmal, dass ich überhaupt existiere. :,-(
Deshalb brauche ich auch deine Hilfe, um meine Wahrheit in diese kriegsgebeutelte Welt hinauszutragen. Ich brauche dich, damit du den Menschen mein Wort bringst, so dass sie wissen, wie nahe ich ihnen bin und wie viel mir an ihnen liegt. Inmitten aller Konflikte warte ich auf die Gelegenheit, meinen Menschen Schutz zu geben.
Der Herr über Himmel und Erde,
>Gott

Du bist kein «Loser»

Erschaffe in mir ein reines Herz, o Gott; erneuere mich und gib mir Beständigkeit!

Psalm 51,12

2. Juni

Gerade dachte ich wieder an dich!
>Ich werde dir jetzt eine schwierige Frage stellen, und ich möchte, dass du mir eine ehrliche Antwort darauf gibst. Machst du dich wegen irgendetwas selbst fertig? Vielleicht kannst du dein Aussehen nicht leiden. Vielleicht hast du irgendeine blöde Bemerkung gemacht oder dich wie ein Trottel benommen, und jetzt läuft das immer wieder in deinem Kopf ab. Schau mal, ich finde, du siehst klasse aus, und ich bin stolz auf deinen Verstand. Vertrau mir, du bist kein Loser, du bist kein Verlierer! :-)
Aber etwas gibt es, das möchte ich tatsächlich an dir verändern. Ich möchte dein Herz und deinen Geist verändern. Ich möchte dir ein so reines Herz und einen so neuen Geist geben, dass du in der Lage bist, dich selbst genauso zu lieben, wie ich dich liebe. Dann wirst du dir nicht mehr ständig Selbstvorwürfe machen. Wenn du etwas falsch gemacht hast, wirst du es mir bekennen, meine Vergebung annehmen und dann ohne diese ständige Selbstverurteilung weiterleben. :-)
Der, der die Herzen rein macht,
>Gott

Bekämpfe das Böse mit Gutem

Bittet Gott um seinen Segen für alle, die euch verfolgen, ja, betet für sie, anstatt sie zu verfluchen ... Lass dich nicht vom Bösen besiegen, sondern besiege das Böse durch das Gute.

Römer 12,14 und 21

3. Juni

Hast du schon einmal darüber nachgedacht?
>Du kannst Feuer nicht mit Feuer bekämpfen. Wenn du das versuchst, dann hast du am Ende lediglich ein noch viel größeres Feuer. Um Feuer zu bekämpfen, brauchst du Wasser. Nichts Neues, oder? ;-)
Und genauso, wie du Feuer nicht mit Feuer bekämpfen kannst, so kannst du auch Schlechtes nicht mit Schlechtem bekämpfen. Am besten bekämpft man schlechte Dinge, indem man etwas Gutes tut.
Hier ist ein Beispiel: Stell dir vor, einige Leute an deinem Arbeitsplatz würden anfangen, einen Kollegen zu malträtieren, der anscheinend etwas anders ist als sie. Du könntest nun anfangen, die Kollegen zu beschimpfen, und die ganze Sache würde sich zu einer ziemlich heftigen Auseinandersetzung entwickeln. >:-(Du könntest aber auch etwas Gutes tun. Du könntest anfangen, diesen «Außenseiter» mit Respekt zu behandeln. Freunde dich mit ihm an. Setz dich für ihn ein. Bald schon werden die anderen genug davon haben, auf ihm herumzuhacken. Sie könnten vielleicht sogar lernen, diesen Kollegen zu mögen.
Bleib auf der guten Seite, bleib bei mir, :-)
>Gott

Dabei hilft uns der Geist Gottes in all unseren Schwächen und Nöten. Wissen wir doch nicht einmal, wie wir beten sollen, damit es Gott gefällt! Deshalb tritt der Geist Gottes für uns ein, er bittet für uns mit einem Seufzen, wie es sich nicht in Worte fassen lässt.

Römer 8,26 | 4. Juni

Schalom!
>Beten ist ein immer währendes Abenteuer. Tauche darin ein wie in einen tiefen, klaren Fluss, und fang an zu schwimmen! Mach dir keine Gedanken darüber, wie man richtig betet. Mein Geist wird da sein, um dich über Wasser zu halten. Er ist der beste Gebetspartner. Er betet mit dir, in dir und manchmal sogar für dich. :-o
Manchmal wirst du ein nagendes Gefühl haben, dass es da etwas gibt, wofür du beten solltest. Aber irgendwie kommst du nicht darauf, was es sein könnte. An dieser Stelle tritt mein Geist in Aktion. Er sieht, was in deinem Herzen ist – all die Dinge, die du nicht in Worte fassen kannst –, und dann verwandelt er deine Seufzer in Gebete. Und selbst wenn du nicht genau weißt, was er da durch dich betet, werde ich es doch wissen. Und ich werde antworten.
Dein Gebetspartner,
>Gott

Kann ich helfen?

Vertraue Gott deine Pläne an, er wird dir Gelingen schenken.

Sprüche 16,3

5. Juni

Ich bin's mal wieder!
>Ich möchte an deinem Leben teilhaben – nicht nur an deinem Gebetsleben oder deinem Gemeindeleben, sondern an deinem ganzen Leben. Auch wenn du nur deinem Hund etwas beibringst, lange To-do-Listen aufstellst oder dein Zuhause renovierst: Alles, was du tust, geht mit mir zusammen besser. :-)
Wenn es nicht etwas Falsches ist, was du vorhast, dann bring es zu mir und bitte mich um meine Hilfe. Denk darüber nach: Ich habe jeden Sonnenuntergang gemalt und all die Blumen geschaffen; also bin ich durchaus der Aufgabe gewachsen, dir beim Renovieren deines Heims zu helfen. Wenn du mir ein Vorhaben anvertraust, werde ich mit dir arbeiten, damit es besser wird. Dabei interessiere ich mich weniger für das Vorhaben als für unsere Beziehung. Ich tue gerne Dinge mit dir zusammen. Ich möchte an deinem ganzen Leben teilhaben. Bitte, erzähle mir von deinen Plänen!
Der dir gerne zuhört,
>Gott

Mach es gut und gern

Kennst du jemanden, der geschickt ist bei seiner Arbeit? Er wird erfolgreich sein, und du wirst ihn nur bei einflussreichen Leuten finden.

Sprüche 22,29

6. Juni

Hallo, du!
>Ehrlich gesagt, ich bin es leid, dass Leute, die mich gar nicht kennen, all diese großartigen Kunstwerke hervorbringen. Es ist erst ein paar Jahrhunderte her, da waren es MEINE Leute, die die Mehrzahl der großen Meisterwerke schufen. Heute ist das anders. Was ist da schief gegangen? Warum haben die Christen aufgehört zu malen, Skulpturen zu schaffen, Erfindungen zu machen, Gebäude zu entwerfen, als Schauspieler auf der Bühne zu stehen, Gedichte zu schreiben und Musik für die Welt zu komponieren? :-(
Ich möchte, dass du eine Fertigkeit erlernst und wirklich gut darin bist: Egal, ob du Installateur, Tischler, Architektin, Hundetrainer, Koch, Webdesigner, Tänzerin oder Manager wirst (oder schon geworden bist). Entdecke meinen Plan für dein Leben. Entwickle deine Gaben. Wenn du geschickt bist in dem, was du tust, werden die Leute dich respektieren und auf dich hören. Und wenn du ihre Aufmerksamkeit errungen hast, kannst du ihnen auch von mir erzählen. :-) Also, such dir etwas, was du gerne machst, und lerne, es gut zu machen.
Die «schönen Künste» sind *meine* Schöpfung!
>Gott

Dieses Buch ist für dich!

Gottes Wort ist voller Leben und Kraft. Es ist schärfer als die Klinge eines beidseitig geschliffenen Schwertes; dringt es doch bis in unser Innerstes, bis in unsere Seele und unseren Geist... Dieses Wort ist ein unbestechlicher Richter über die Gedanken und geheimsten Wünsche unseres Herzens.

Hebräer 4,12

7. Juni

Ich möchte dir etwas mitteilen!
>Die Bibel ist kein gewöhnliches Buch. Sie ist mein Wort, und mein Wort ist lebendig und voller Kraft! Durch ihre Seiten kann ich dich lehren, dir helfen, dich führen, dich anleiten, dich trösten und dich stark machen. Mein Wort ist ein kühles Getränk, wenn du durstig bist, und ein sicherer Hort, wenn du dich fürchtest. Es ist ein wärmendes Feuer, wenn dir kalt ist, und eine Landkarte, wenn du dich verirrt hast. :-o
Du kannst wissen, was in anderen Büchern steht, aber mein Wort ist ein Buch, das weiß, was in *dir* steckt! Darum lies es, wann immer du Weisheit, Trost oder Hoffnung brauchst. Schlag die Seiten der Bibel jeden Tag auf, und du wirst nach und nach erkennen, dass mein Wort für dich bestimmt ist, und zwar genau da, wo du heute stehst.
Dein Vater und Freund,
>Gott

Jesus weiß, was du durchmachst

Doch er gehört nicht zu denen, die unsere Schwächen nicht verstehen und zu keinem Mitleiden fähig sind. Jesus Christus musste mit denselben Versuchungen kämpfen wie wir, doch im Gegensatz zu uns hat er nie gesündigt.

Hebräer 4,15

8. Juni

Mein Friede sei mit dir!

>Vielleicht stellst du dir vor, dass Jesus einen Heiligenschein trägt und von lauter Engeln umgeben im Himmel sitzt. Dass er jetzt im Himmel lebt, stimmt zwar. Aber vergiss nie, dass er ein Mensch aus Fleisch und Blut war wie du, als er in Israel lebte. :-o

Er erlebte sogar viele derselben Dinge wie du. Er fühlte alles, was du fühlst. Er lachte und weinte. Er litt unter Heimweh. Er hatte Hunger, er wurde zornig, er fühlte sich einsam, und er war müde. Er empfand Verletzungen und Enttäuschungen. Er war fröhlich, und er war begeistert. Er feierte, und er trauerte. Er kämpfte, er war erschöpft, er war betrübt, und er war Versuchungen ausgesetzt.

Er möchte, dass du nie vergisst, dass er alles schon hinter sich hat, was immer du jetzt gerade durchmachst, und dass du weißt, dass er dir helfen will. Jesus versteht dich.

Dein liebender Vater,

>Gott

Herztransplantation

Ich will euch ein anderes Herz und einen neuen Geist geben. Ich nehme das versteinerte Herz aus eurer Brust und gebe euch ein lebendiges Herz. Mit meinem Geist erfülle ich euch, damit ihr nach meinen Weisungen lebt, meine Gebote achtet und sie befolgt.

Hesekiel 36,26–27

9. Juni

Da bin ich wieder!
>Einer der größten Durchbrüche in der medizinischen Forschung wurde erzielt, als Ärzte lernten, Herzen zu verpflanzen. Sie entdeckten eine Methode, um ein altes oder krankes Herz, das seinen Träger kaum noch am Leben erhalten konnte, herauszunehmen und durch ein neues, gesundes Herz zu ersetzen, das dem Patienten eine neue Lebenschance gibt. (Ich hab's zwar nicht sehr gerne, wenn gewisse Ärzte Gott spielen ...) :-o
Meine Herztransplantationen sind geistlicher Art. Ich gebe meinen Patienten niemals ein neues Herz, ohne ihnen nicht auch gleich einen neuen Geist zu verabreichen. Ich greife in das Leben jedes Menschen ein, der mich anruft, und ersetze sein versteinertes, sündiges Herz durch ein Herz wie mein eigenes – ein Herz, durch das meine Liebe und meine Barmherzigkeit pulsieren. Außerdem gebe ich diesem Menschen einen neuen Geist: meinen Heiligen Geist. Mit meinem Geist in deinem Leben hast du buchstäblich die Kraft, so zu leben, wie ich lebe. Was für eine Operation! :-)
Ich bin der Spezialist für versteinerte Herzen,
>Gott

Vertrau mir in schweren Zeiten

Gewiss wird Gott mich töten,
dennoch vertraue ich auf ihn.

Hiob 13,15

10. Juni

Schalom!
>Hiob war ein Mann, der vor mehr als dreitausend Jahren lebte. Eine Zeit lang war sein Leben eine einzige Katastrophe. All seine Kinder starben an einem einzigen Tag. Dann bekam er eine furchtbare Hautkrankheit, die so schlimm war, dass er seine Geschwüre mit Tonscherben kratzte, um sich ein bisschen Erleichterung zu verschaffen. Und er verlor alles, was er besaß. :,-(
Hiobs Freunde und seine Frau sagten alle, er solle mich einfach verfluchen und sterben. Doch Hiob entgegnete: «Gewiss wird Gott mich töten, dennoch vertraue ich auf ihn.» Hiob wusste, dass ich gut bin. Und er wusste auch, dass er nichts Falsches getan hatte. Warum er so leiden musste, wusste er nicht, und er fragte mich immer wieder danach. Aber Hiob gab mich niemals auf.
Wenn du Fragen hast, auf die du keine Antworten weißt, ist das in Ordnung. Eines Tages wirst du alles verstehen. Doch jetzt glaube mir bitte, dass ich dich liebe, und gib mich nicht auf. Vertrau mir in den schweren Zeiten.
Dein treuer Freund,
>Gott

Bleib, wo du bist

Wie mich der Vater liebt, so liebe ich euch.
Bleibt in meiner Liebe!

Johannes 15,9

11. Juni

Hallo, du!
>Bleiben heißt: nicht weggehen. Wenn du im Auto bleibst, steigst du nicht aus und gehst nicht in den Supermarkt. Wenn du in einer Ehe bleibst, gehst du nicht fremd. Ich möchte, dass du in meiner Liebe bleibst. Manche Leute gehen in die Kirche und spüren meine Liebe, aber am nächsten Tag vergessen sie mich dann wieder und machen ihren Kram alleine. So kann man nicht in meiner Liebe bleiben. >:-(
Deswegen brauchst du jetzt nicht den ganzen Tag über wie ein Roboter «Bleib in Gottes Liebe! Bleib in Gottes Liebe!» zu denken. Aber wenn du an mich denkst, dann bete im Stillen: «Ja, Herr, ich bin immer noch bei dir.» Wenn du in meiner Liebe bleibst, brauchst du dich niemals zu fragen: «Hat Gott mich heute lieb?» Ich habe dich immer lieb, jeden Tag. Ich möchte, dass du dich bei mir so geborgen und zu Hause fühlst, dass es dir nie in den Sinn kommt, wegzugehen und deinen eigenen Kram zu machen. Darum bleib in meiner Liebe. Da gehörst du hin. :-)
Dein liebender Vater,
>Gott

Tu, was er dir sagt

Jesus forderte die Diener auf: «Füllt diese Krüge mit Wasser!» Sie füllten die Gefäße bis zum Rand. [Der Verantwortliche] probierte den Wein, der vorher Wasser gewesen war ... Da rief er den Bräutigam zu sich und warf ihm vor: «Du hast den besten Wein bis jetzt zurückgehalten!»

Johannes 2,7 und 9–10

12. Juni

Ich grüße dich!
>Bei einer Hochzeit befahl mein Sohn Jesus den Dienern, ein paar Krüge mit Wasser zu füllen und etwas von dem Wasser dem Oberkellner zu bringen. Sie kamen sich bestimmt ein wenig komisch vor, dieses einfache Wasser zum Oberkellner zu bringen. Sie hätten zu Jesus sagen können: «Nein, auf gar keinen Fall.» Aber das taten sie nicht. Sie taten, was Jesus ihnen aufgetragen hatte. Sie stellten ihre Zweifel zurück und taten, was ihnen gesagt worden war. Und als sie gehorchten, geschah das Wunder. Das Wasser wurde zu Wein. :-o
Auch ich zeige dir nicht immer das ganze Bild. Manchmal fordere ich dich auch auf, Dinge für mich zu tun, die auf den ersten Blick verrückt erscheinen und vielleicht gar nicht nachvollziehbar sind. Aber wenn du weißt, dass ich es bin, der redet, dann tu einfach, was ich dir sage. Wenn du im Glauben handelst, dann wirst du in deinem eigenen Leben Wunder sehen können.
Der mit den speziellen Ideen, ;-)
>Gott

Durst nach Wahrheit?

Wer aber auf seine Botschaft hört, der bestätigt damit: Gott ist zuverlässig und wahrhaftig. Christus ist von Gott zu uns gesandt. Er redet Gottes Worte, weil Gottes Geist ihn ganz und gar erfüllt.

Johannes 3,33–34

13. Juni

Na, kannst du noch etwas Wahrheit vertragen?
>Wenn Leute sich auf die Suche nach Jesus machen, dann finden sie ihn auch. Wer Durst nach Wahrheit hat und bereit ist zu glauben, wird eine Quelle der Wahrheit entdecken. So war es, als Jesus auf der Erde lebte. Wenn Menschen offen waren für seine Worte, bekamen sie lebendiges Wasser zu trinken. Doch wenn sie ihre Ohren mit Zweifeln verstopften, dann gingen sie meist durstig wieder davon. :-(
Genauso ist es auch heute. Wenn du in meinem Buch, der Bibel, nach Jesus suchst, stehst du immer vor einer Wahl. Du kannst mit Offenheit und Vertrauen lesen und alles finden, wonach es dich dürstet. Oder du kannst so cool sein, dass du die einfache Wahrheit nicht mehr sehen kannst, weil du entschlossen bist, Widersprüche und Unstimmigkeiten aufzuspüren. Auf diese Weise wirst du mein Buch wieder zuklappen und immer noch durstig und unerfüllt sein. Die Entscheidung liegt bei dir. Vertrau mir, und ich werde deinen Durst stillen. Versprochen! :-)
Die Quelle der Wahrheit,
>Gott

Zeit fürs Umpflügen!

Fangt ganz neu an wie ein Bauer, der ein brachliegendes Feld zum ersten Mal wieder bestellt! Denn die Zeit ist da, mich, den Herrn, zu suchen. Dann werde ich zu euch kommen und dafür sorgen, dass es in eurem Land gerecht zugeht und ihr in Frieden lebt.

Hosea 10,12

14. Juni

Geht's dir gut?
>Bevor ein Bauer einen Acker bepflanzt, pflügt er ihn. Nach dem Pflügen sieht der Acker aus wie ein riesiges Feld voll aufgewühltem Dreck. Es sieht schlimmer aus als vor dem Pflügen. Aber nur so können die Samen überhaupt Wurzeln schlagen. :-o
Ich möchte auch für dich die Dinge aufwühlen. In dir. Neben dir. Hinter dir. Vor dir. Wenn in deinem Leben im Moment alles glatt läuft und du gar nicht willst, dass es besser wird, dann leg dieses Buch weg und hör auf, mich zu suchen. Aber wenn du dich an mich hältst, werde ich Dinge verändern. Ich möchte gute Dinge in dein Leben pflanzen.
Vertrau mir. Die Verbesserungen, die ich vornehmen werde, werden dir gefallen. Meine Veränderungen werden die ganze Mühe lohnen. :-) Das verspreche ich!
Der, der guten Samen sät,
>Gott

Schließ die Lücke

Allerdings genügt es nicht, seine Botschaft nur anzuhören; ihr müsst auch danach handeln. Alles andere ist Selbstbetrug!

Jakobus 1,22

15. Juni

Hallo, ich dachte wieder an dich!
>Zwischen Wissen und Tun klafft eine riesige Lücke. Mag sein, dass du einen Stadtplan von New York hast, aber das heißt noch lange nicht, dass du schon mal dort gewesen bist. Vielleicht hast du das Rezept für Großtante Klaras köstliche Hühnerpastete, aber deswegen steht sie heute Abend noch lange nicht auf dem Tisch. ;-) Klar, du weißt, wie lang und breit ein Fußballfeld normalerweise ist, und du verpasst kein Spiel im Fernsehen, aber das macht dich noch nicht zu einem guten Mittelstürmer. :-)
Was wirklich zählt, ist jemand, der bereit ist, die Ärmel hochzukrempeln und das, was er über mich und mein Reich weiß, in die Tat umzusetzen. Jesus war jemand, der handelte. Er ist nicht einfach auf der Erde aufgetaucht und hat das eine gesagt und dann das andere getan. Nein, er kam, um zu zeigen, wie sich ein Mensch nach meinem Herzen verhält. Ich möchte, dass du so handelst, wie Jesus es tat. Schließ die Lücke zwischen dem, was du weißt, und dem, was du tust.
Dein Handeln steht groß vor mir,
>Gott

Nimm dein Brett und ab ins Wasser

Liebe Brüder und Schwestern! Welchen Wert hat es, wenn jemand behauptet, an Christus zu glauben, aber an seinen Taten ist das nicht zu erkennen! Kann ihn ein solcher Glaube vor Gottes Urteil retten?

Jakobus 2,14

16. Juni

Schalom!
>Stell dir vor, jemand schenkt dir ein Surfbrett, das allerneueste Modell, und dazu ein Handbuch über das Surfen. Am ersten Tag liest du alles über das Brett selbst und darüber, wie es verarbeitet ist. Am zweiten Tag liest du über die verschiedenen Surftechniken. Am dritten Tag liest du über Sicherheitsvorkehrungen beim Surfen und über die Geschichte des Surfsports. Monatelang liest du das Handbuch durch. Du verbringst viele Stunden am Strand und schaust anderen auf ihren Surfbrettern zu. Aber wenn du nie mit deinem Brett ins Wasser gehst und selbst den Nervenkitzel erlebst, auf einer Welle zu reiten, was soll das alles? Das wäre so, als ob du überhaupt kein Surfbrett hättest. :-(
Genauso ist es auch mit deinem Glauben. Du kannst alles über mich lesen und sogar ganz wacker glauben, aber wenn du deinen Glauben nie in die Tat umsetzt, was haben wir beide dann davon? Also, wie steht's? Ich denke: Ab ins Wasser! ;-)
Der Herr des Glaubens, aber auch der Taten,
>Gott

Erst nachdenken, dann reden

Ein kleiner Funke setzt einen ganzen Wald in Brand. Mit einem solchen Feuer lässt sich auch die Zunge vergleichen. Sie kann eine ganze Welt voller Ungerechtigkeit und Bosheit sein. Sie vergiftet uns und unser Leben, sie steckt unsere Umgebung in Brand ...

Jakobus 3,5–6

17. Juni

Na, bist du fit?
>Smokey, der Bär, ist eine amerikanische Zeichentrickfigur, welche die Camper daran erinnern soll, mit Feuer vorsichtig umzugehen. Smokey warnt Wanderer, dass sie niemals ein Streichholz in den Wald werfen dürfen, ganz besonders dann nicht, wenn es sehr trocken ist. Ein winziger Funke, und der ganze Wald könnte in Flammen aufgehen. Das geht ganz schnell! :-(
Menschen, die sorglos mit Worten umgehen, können genauso viel Schaden anrichten wie Menschen, die sorglos mit Feuer umgehen. >:-(Ein paar gedankenlose oder bösartige Worte, locker dahingesagt, können die Gefühle eines anderen Menschen «in Flammen setzen». Die Herzen meiner Kinder müssen genauso geschützt werden wie die Bäume in meinen Wäldern. Ich möchte nicht, dass du andern Menschen Schaden zufügst. Also sei sehr vorsichtig mit dem, was du sagst. Denke zuerst nach, bevor du sprichst. Einverstanden?
Der, der alles hört, :-)
>Gott

Bitte mich, worum du willst

Ihr wollt alles haben und werdet nichts bekommen. Ihr seid voller Neid und tödlichem Hass; doch gewinnen werdet ihr dadurch nichts ... Solange ihr nicht Gott bittet, werdet ihr nichts empfangen.

Jakobus 4,2

18. Juni

Hallo, da bin ich wieder!
>Bitte mich, worum du willst. Wenn du Führung brauchst, dann bitte mich darum. Wenn du Erkenntnis brauchst, dann werde ich sie dir geben. Wenn du Hilfe zur Kreativität brauchst, dann bin ich das kreativste Wesen, das es nur geben kann. ;-) Fürchte dich nicht davor, mich um alles zu bitten. Glaube nicht, dass ich dich vielleicht auslachen oder wegschicken könnte. Manchmal fehlen dir die Dinge, die du brauchst, weil du mich schlicht und ergreifend nicht darum bittest. Zweifle nicht an meiner Liebe zu dir. Aber weil ich dich liebe, gebe ich dir nur die Dinge, die dir zum Segen dienen. :-)
Ich rede nicht unbedingt davon, dass du mich um eine Million in harter Währung oder um ein tolles Luxusauto bitten sollst. Du weißt ja nicht einmal, ob diese Dinge für dein Leben zum Segen oder zum Fluch werden könnten. Ich weiß, was du brauchst, und ich sorge für alle deine Bedürfnisse. Das verspreche ich dir in meinem Wort.
Dein Versorger,
>Gott

Ich werde dich aufrichten

Beugt euch vor dem Herrn! Erst dann wird Gott euch aufrichten.

Jakobus 4,10

19. Juni

Du, ich bin's! Geht's dir gut?
>Schau dich um. Wer sind die Leute, die am meisten gestresst und unglücklich aussehen? Sind es nicht diejenigen, die ständig versuchen, andere Leute aus dem Feld zu schlagen, und die mit allem und jedem in einer Konkurrenzsituation stehen? Sind es nicht diejenigen, die andere Leute heruntermachen, um selbst besser dazustehen?
Ich verrate dir ein Geheimnis. Du kannst ein Gewinner sein, ohne jemanden herunterzumachen. Du kannst anderen den Rücken stärken, anstatt sie aus dem Feld zu schlagen. Dein einziger Wettbewerb sollte der sein zwischen der Person, die du heute bist, und der Person, die du einmal sein möchtest. In diesem Wettbewerb ist dein eigener Fortschritt dein Siegespreis. :-o
Indem du lernst, immer anderen den Rücken zu stärken, ohne dich an die Spitze zu drängen, wirst du feststellen, dass ich dich aufrichte.
Dein Vater, der's gut meint mit dir,
>Gott

Du wirst staunen

Rufe zu mir, dann will ich dir antworten und dir große und geheimnisvolle Dinge zeigen, von denen du nichts weißt!

Jeremia 33,3

20. Juni

Wie läuft's denn so?
>Gott zu sein hat seine netten Seiten. Eine davon ist die Möglichkeit, die Leute baff vor Staunen zu machen. Ernsthaft! Ich weiß alles, und ab und zu lasse ich eines meiner Kinder einen tiefen Blick in meine Wirklichkeit tun. Ich liebe es, wenn sie dann die Augen aufreißen, während ihnen ein Kronleuchter aufgeht und sie sagen: «Wow, jetzt kapiere ich das!» :-o
Ein paar dieser *Augenöffner* halte ich auch für dich parat. Ich habe dich geschaffen, damit du Dinge über mich verstehst und würdigst, die niemand sonst je begreifen wird. Diese Dinge will ich dir und nur dir allein mitteilen. Verbringe Zeit mit mir und rede mit mir. Lies mein Buch, die Bibel. Dann hör gut hin, und mach dich darauf gefasst, dass du staunen wirst.
Der ins Verborgene sieht,
>Gott

Wir sitzen in einem Boot

Ich aber erwiderte: «O nein, mein Herr und Gott! Ich habe keine Erfahrung im Reden, denn ich bin noch viel zu jung!» Doch der Herr entgegnete: «... Fürchte dich nicht vor ihnen, ich bin bei dir und werde dich beschützen. Darauf gebe ich, der Herr, mein Wort.»

Jeremia 1,6–8

21. Juni

Friede mit dir!
>Ich weiß, manchmal fühlst du dich unzulänglich – so, als hättest du nicht das Zeug zu den Dingen, die du tun musst. Manchmal kommst du dir vor, als hätte sich alles gegen dich verschworen und als hätten alle anderen mehr auf dem Kasten als du.
Viele Leute haben dieses Gefühl, den Dingen einfach nicht gewachsen zu sein. Aber du hast einen großen Vorteil. Du hast *mich* auf deiner Seite! Ich stärke dir den Rücken. Es gibt aufregende, herausfordernde Dinge, die ich mit dir unternehmen möchte, und ich werde bei jedem Schritt des Weges bei dir sein und dafür sorgen, dass du bereit bist, die Aufgabe zu bewältigen.
Lass dich nicht von anderen Leuten und dem, was sie über dich denken, herunterziehen. Nimm ihre Meinungen nicht so ernst. Ich kenne dich und weiß, wozu du imstande bist. Wir sitzen in diesem Leben im selben Boot. :-)
Dein größter Mutmacher,
>Gott

Kirche ist okay, aber ...

Glaubt den Lügnern nicht, die euch einreden: «Hier sind wir sicher, denn dies ist der Tempel des Herrn. Es ist die Wohnung Gottes, er hat sich hier niedergelassen.»

Jeremia 7,4

22. Juni

Schalom! Post für dich!
>Wenn du in die Kirche gehst, prima! Aber das allein bringt dich noch nicht in den Himmel. Es gibt massenweise Leute, die ihr ganzes Leben in Kirchen und Gemeinden gesessen haben und dann doch verloren gingen. :,-(Warum? Weil sie mich nie kennen gelernt haben. Sie haben nie meinen Sohn Jesus gebeten, die Herrschaft in ihrem Leben zu übernehmen. Vielleicht haben sie die Worte der Bibel gehört. Vielleicht haben sie sogar ein paar Obdachlosen etwas zu essen gegeben oder an einem Missionseinsatz teilgenommen. Alles schön und gut, aber das verschafft dir noch keine Eintrittskarte in den Himmel. Jesus und mich zu kennen – *das* ist die Eintrittskarte! :-o Ich wünsche mir so sehr, dass du mich kennst. Wenn du während der Woche nicht in einer richtigen Beziehung zu mir lebst, dann kannst du am Sonntag nur so tun als ob. In die Kirche zu gehen, ohne mich zu kennen, ist so, als ob man in ein Restaurant geht und die Speisekarte liest, aber gar nichts isst. Was soll das? Ich will nicht nur, dass du über mich Bescheid weißt. Ich will, dass du mich kennst.
Dein Herr, >Gott

Schalte das Licht ein

Dein Wort ist wie ein Licht in der Nacht, das meinen Weg erleuchtet. Was du in deinem Wort festgelegt hast, das will ich tun, gerechter Gott!

Psalm 119,105–106

23. Juni

Darf ich dich etwas fragen?
>Würdest du je im Dunkeln Auto fahren, ohne die Scheinwerfer einzuschalten? Natürlich nicht. Und wenn du es doch tun würdest, dann würdest du bewusst einen Unfall riskieren, oder?
Das Leben kann manchmal verwirrend und dunkel werden. Es ist dann nicht mehr möglich, sich ohne eine Lichtquelle zurechtzufinden, die den Weg erleuchtet. Die Bibel ist ein Navigationslicht für die Reise durch die dunklen Herausforderungen des Lebens. :-o Genauso, wie du nicht lange darüber diskutierst, ob du das Licht einschaltest, wenn es dunkel wird, so möchte ich, dass du zu meinem Wort greifst, weil du instinktiv weißt, dass es deinen Weg durch die Schattenwelten und Niederungen deiner Existenz erleuchten wird. Schlage jeden Tag die Bibel auf, bitte mich um Führung und lies, was ich dir zu sagen habe. Wie durch ein Wunder wirst du allmählich das Leben deutlicher sehen können als je zuvor.
Bevor du in die Dunkelheit der Welt hinausgehst, schalte das Licht meines Wortes ein.
Der, der deinen Weg erhellt, :-)
>Gott

Wegweiser findest du überall

Auch ich will dir treu sein; lass mich nicht von dem Weg abkommen, den du mir gezeigt hast!

Psalm 119,10

24. Juni

Mein Friede sei mit dir!
>Ich habe auf deinem Weg unübersehbare Wegweiser platziert, die dich zu mir führen. Halte die Augen offen – du kannst mich unmöglich verfehlen. Ich wünsche mir noch viel mehr, als du es selbst tust, dass du mich findest. Für diejenigen, die wirklich suchen, habe ich den Weg ganz klar und deutlich erkennbar gemacht.
Wegweiser findest du überall – in der überwältigend schönen Welt, die ich geschaffen habe – in der Vielfalt der Menschen, die ich gemacht habe – in ihren Milliarden unterschiedlicher Fingerabdrücke und individueller Gesichter, Stimmen und Persönlichkeiten. Und das Beste ist der Wegweiser, den ich in deinem eigenen Herzen postiert habe – jene leise Stimme, die dir bei jedem Herzschlag sagt, dass ich real bin und dass ich dich liebe. Folge dem Wegweiser.
Dein liebender Vater,
>Gott

Ein freies und spendables Herz

Damit habe ich euch zeigen wollen, wie man arbeiten muss, um den Armen zu helfen und das zu erfüllen, was unser Herr selbst gesagt hat: Geben macht glücklicher als Nehmen.

Apostelgeschichte 20,35

25. Juni

Hallo, wie geht es dir heute?
>Ich möchte, dass du das Gefühl der Freiheit erfährst, wenn du deinen Besitz und dein Geld für das Werk meines Reiches abgibst. Alles, was du hast, gehört mir ja sowieso schon, ob du das nun glaubst oder nicht. Aber wenn du mit der irrtümlichen Annahme lebst, dass du der Eigentümer aller Dinge seist, die ich dir in die Hand gegeben habe, dann wirst du ganz schnell ein Hamsterer werden. Du wirst nie zufrieden sein und immer mehr haben wollen. :,-(
Ich habe es so eingerichtet, dass das Geben ein Weg für dich ist, dein Hamstern zu überwinden. Glaubst du im Ernst, ich bräuchte dein Geld? Mir gehört doch sowieso schon alles. Ich möchte, dass du gibst, damit du gesegnet wirst. Ich rede hier auch nicht von der Einstellung: «Gib, damit du viel Geld bekommst.» Ich rede von dem Segen, den ein freies Herz hat, das nach Wegen sucht, andere zu segnen und so mein Reich aufzubauen. Geh umsichtig mit dem um, was ich dir gegeben habe, und verzichte zu meinen Gunsten auf dein Eigentumsrecht. Dann wirst du wirklich frei sein. :-)
Der Eigentümer aller Dinge,
>Gott

Mach ein bisschen langsamer!

So spricht der Herr, der heilige Gott Israels: «Kehrt doch um zu mir, und werdet ruhig, dann werdet ihr gerettet! Vertraut mir, und habt Geduld, dann seid ihr stark!»

Jesaja 30,15

26. Juni

Schalom!
>Nur schnell zum Bibelvers da oben: «Umkehren» bedeutet hier so viel wie «das Denken ändern». Mein Rat ist: Ändere dein Denken über die ganze Hektik in deinem Leben. Die meisten Leute denken, je mehr sie planen und je mehr sie tun, desto sicherer und stärker werden sie. Ich sehe das anders. Ich möchte, dass du langsamer machst und dir die Zeit nimmst, zum Ort der Stille zu kommen. Ruh dich aus und vertrau mir, und ich werde dir helfen, gerade «trotzdem» stark und erfolgreich zu sein. Das bedeutet nicht, dass du niemals planen oder handeln solltest. Aber es bedeutet: Wenn du nichts anderes tust, als zu planen und dich anzustrengen, dann verpasst du das Beste, was ich für dich habe – zum Beispiel meine Gnade.
Es ist immer eine gute Idee, dir an einem hektischen Tag Zeit zu nehmen, um mit mir zusammen zu sein. Während du auf mich wartest, gebe ich dir die Kraft, die du brauchst. Mach ein bisschen langsamer! ;-)
In der Stille dein Ratgeber,
>Gott

Warum all das Böse?

Doch sehnt sich der Herr danach, euch gnädig zu sein. Bald wird er zu euch kommen und sich wieder über euch erbarmen, denn er ist ein gerechter Gott. Wie glücklich sind alle, die auf seine Hilfe warten!

Jesaja 30,18

27. Juni

Hallo, ich bin's wieder!
>Warum gibt es so viel Böses in der Welt? Wenn ich so mächtig bin, warum lasse ich dann schlimme Dinge geschehen? Warum lasse ich das zu? Es ist so: Ich habe beschlossen, die Menschen ihre eigenen Entscheidungen treffen zu lassen, und viele Menschen haben sich entschieden, gegen mich zu sein. :,-(
Wann immer Menschen sich gegen mich und meine Güte auflehnen, ist das böse. Aber ich hasse das Böse, und ich hasse es, wenn Menschen leiden müssen. Die gute Nachricht ist: Wenn Menschen beschließen, mir zu gehorchen, mich ans Ruder zu lassen, dann empfangen diese Menschen meine Gerechtigkeit. :-)
Hat jemand dir Böses angetan? Ich war es nicht. Ich möchte dich schützen und lieben und segnen. Entscheide dich für mich, und dein Leben wird besser werden, auch wenn du in einer Welt voll von Bösem lebst. Am Ende werde ich alles Böse vernichten. Bis dahin entscheide dich für meinen Weg. Ich liebe dich so sehr.
Der Herr der Gerechtigkeit,
>Gott

Stück für Stück mit mir

Und kommt ihr vom richtigen Weg ab, so hört ihr hinter euch eine Stimme: «Halt, dies ist der Weg, den ihr einschlagen sollt!»

Jesaja 30,21

28. Juni

Ich muss einfach mit dir reden!
>Mit mir zu gehen ist eine lange Reise. Also erwarte nicht, dass wir schon am ersten Tag das Ziel erreichen. Mach es Stück für Stück. An manchen Tagen ist die Straße eben, und du kommst gut voran. An anderen Tagen ist die Straße voller Steine und Hindernisse, und das Vorankommen ist schwierig. An den harten Tagen lässt man sich sowieso leicht entmutigen. Es ist dann verlockend, umzukehren oder abzubrechen. Aber gib nicht auf. Lass dich doch von mir führen. :-)
Komm jeden Morgen zu mir, bevor du dich auf den Weg machst. Breite deine Karte aus, und wir sehen sie uns gemeinsam an. Ich werde dir helfen, deine Strecke festzulegen. Und während du gehst, bin ich direkt neben dir und sage: «Hier musst du links abbiegen.» Oder: «An der nächsten Ecke rechts.» Vertraue mir auf dieser Reise des Glaubens.
Der, der dich so gerne führt,
>Gott

Wohne in meiner Liebe

Wie mich der Vater liebt, so liebe ich euch. Bleibt in meiner Liebe! Wenn ihr nach meinen Geboten lebt, wird meine Liebe euch umschließen. Auch ich richte mich nach den Geboten meines Vaters und lebe in seiner Liebe.

Johannes 15,9–10

29. Juni

Geht's dir heute gut?
>Meine Liebe zu dir ist wie das Zuhause, von dem du schon immer geträumt hast, nach dem du dich gesehnt hast und in dem du immer bleiben willst. Jedes Zimmer ist üppig ausgestattet: dicke Teppiche, bequeme Sessel und eine großartige Aussicht aus jedem Fenster. Schon wenn du zur Tür hereinkommst, machst du vor Staunen große Augen. Irgendetwas ist so vertraut hier. Es ist, als wärst du schon einmal hier gewesen, und jetzt könntest du endlich für immer bleiben! :-) Woher kommt wohl dieses Gefühl? Nun, der Grund ist, dass du dazu geschaffen wurdest, für alle Zeit in meiner Liebe zu wohnen und dich an meiner Freundschaft zu erfreuen. :-o
Wie du das schaffen kannst? Indem du so lebst, wie ich es für dich vorgesehen habe. Jesus hat auch so gelebt. Er richtete sich rund um die Uhr nach meinen vollkommenen Geboten für sein Leben. Darum konnte er auch rund um die Uhr innerhalb der Wände meiner vollkommenen Liebe wohnen. Und du kannst das auch. :-)
Dein Architekt, Baumeister und Gastgeber,
>Gott

Zweifeln ist keine Schande

Dann wandte er sich an Thomas: «Leg deinen Finger auf meine durchbohrten Hände! Gib mir deine Hand und leg sie in die Wunde an meiner Seite! Zweifle nicht länger, sondern glaube!» Thomas antwortete: «Mein Herr und mein Gott!»

Johannes 20,27–28

30. Juni

Hallo, du!
>Jesus ist nicht überrascht, wenn du zweifelst. Selbst seine Jünger haben manchmal an ihm gezweifelt. Nach seiner Kreuzigung schockierte Jesus sie alle, als er plötzlich leibhaftig mitten unter ihnen auftauchte. Um zu beweisen, wer er war, zeigte er ihnen die Wunden in seinen Händen, wo die Nägel hindurchgetrieben worden waren, und auch die Wunde in seiner Seite, wo man ihm einen Speer in den Leib gerammt hatte. Dann waren sie rundum überzeugt. :-o
Sie konnten es gar nicht abwarten, Thomas davon zu erzählen, der nicht bei ihnen gewesen war, als Jesus erschien. Doch Thomas sagte: «Tut mir leid, aber ihr könnt mir viel erzählen. Das muss ich mit eigenen Augen sehen.» Eine Woche später tauchte Jesus wieder auf, und das Erste, was er sagte, war: «Komm her, Thomas. Sieh selbst. Berühre meine Wunden.» Mehr war nicht nötig. Thomas glaubte. :-)
Darum musst du dir nicht schlecht vorkommen, wenn du Zweifel hast. Jesus will dir helfen, an ihn zu glauben. Und ich auch. :-)
Der, der dich so gut kennt,
>Gott

Erfahre meine Treue

Denn ich bin bei dir, so wie ich bei Mose gewesen bin. Ich lasse dich nicht im Stich, nie wende ich mich von dir ab.

Josua 1,5

1. Juli

Hast du darüber schon mal nachgedacht?
>Nachdem Mose gestorben war, rief ich Josua an seine Stelle. Kannst du dir vorstellen, wie beängstigend das für Josua gewesen sein muss? Die Leute haben Mose immer als geistlichen Riesen gesehen. Josua hätte antworten können: «Wer, ich? Du machst wohl Witze!» Aber das tat er nicht. Er sah nicht auf seine Ängste und Zweifel. Er sah nicht auf die anderen Menschen. Stattdessen sah er auf mich, und ich half ihm, in die großen Schuhe von Mose zu steigen. Josua sah auf mich und erfuhr, dass ich bei jedem Schritt auf dem Weg in das verheißene Land treu war. :-)
Was ich zu Josua gesagt habe, das sage ich auch zu dir, mein Kind. So, wie ich bei Mose war, so werde ich auch bei dir sein. Ich habe in der Regel keine bevorzugten Lieblinge. Ich bin hier, um dich in deine Bestimmung zu geleiten. Höre zu, und du wirst meinen Ruf in deinem Leben hören.
Der, der sich nicht abwendet,
>Gott

Bleib unter dem Wasserfall

Bleibt fest in der Liebe Gottes, und wartet geduldig auf den Tag, an dem euch unser Herr Jesus Christus in seiner Barmherzigkeit zum ewigen Leben führen wird.

Judas 21

2. Juli

Ich hatte Sehnsucht nach dir!
>Wenn du Christ bist und Jesus darum gebeten hast, die Herrschaft in deinem Leben zu übernehmen, dann kommst du in den Himmel. Super, aber wie sollst du bis dahin leben? Nun, von heute an bis zu dem Tag, an dem du stirbst, ist das Wichtigste, was du tun kannst, dass du in meiner Liebe bleibst. :-)
Meine Liebe ist wie ein Wasserfall. Sie strömt ständig vom Himmel auf dich herab. Meine Liebe wird dich reinigen, erfrischen, wiederherstellen und speisen. Darum bleib unter dem Wasserfall meiner Liebe. Das bedeutet: Lies die Bibel. Es bedeutet: Nimm dir jeden Tag etwas Zeit, um auf mich zu hören und Stille Zeit mit mir zu machen. Es bedeutet, dass du mit mir redest, wenn Dinge schief laufen – aber auch dann, wenn alles okay ist. In meiner Liebe bleiben heißt, dass du mir gehorsam bist. Irgendwann wirst du hier bei mir im Himmel sein. Bis dahin gilt: Bleib in meiner Liebe.
Dein ständiger Liebes-Lieferant, :-)
>Gott

Fürsorge ohne Grenzen

«Wir haben ja nur fünf Brote und zwei Fische hier!» meinten seine Jünger. «Dann bringt sie her!» sagte Jesus. Er nahm die fünf Brote und die zwei Fische, sah zum Himmel auf und dankte Gott. Dann teilte er das Brot, und die Jünger gaben es ... weiter. Jeder aß sich satt.

Matthäus 14,17–20

3. Juli

Friede sei mit dir!
>Mit dem, was du mir gibst, kann ich im Grunde unendlich viel mehr tun, als du dir je vorstellen kannst. In meinen Händen wird aus wenig viel. :-o
Erinnerst du dich, wie Jesus die Fünftausend speiste? Sie blickten aus ihrer menschlichen Perspektive auf das, was sie hatten, und sahen vor sich ein, zwei Fische und etwas Brot. Jesus hingegen sah mit den Augen des Glaubens und sah eine prima Mahlzeit für fünftausend Menschen. Bitte fang an, deine «Grenzen» aus *meiner* Perspektive zu sehen. Es gibt keine Schranken in dem, was ich für dich tun kann. Auch nicht in Bezug auf das «Wie». :-o
Vertraue darauf, dass ich jedes deiner Bedürfnisse stillen kann. Wenn du begrenzte Mittel hast, dann bring sie zu mir. Lege sie in meine Hände. Ich werde sie segnen und mehr daraus machen. Und dann iss und werde satt. :-)
Dein grenzenloser Fürsorger,
>Gott

Deine Bereitschaft ist gefragt

«Ich will mich dem Herrn ganz zur Verfügung stellen», antwortete Maria. «Alles soll so geschehen, wie du es mir gesagt hast.»

Lukas 1,38

4. Juli

Hallo, Post für dich!
>Als der Engel der jungfräulichen Maria erschien und ihr sagte, dass sie die Mutter meines Sohnes werden sollte, wie mag sie sich da wohl gefühlt haben? Das ist schon eine ziemlich heftige Nachricht! :-o Maria wusste nicht genau, wie das alles funktionieren sollte und wie es ihr Leben verändern würde, aber sie musste ganz plötzlich eine Entscheidung treffen. Sie konnte wählen, meinem Plan für ihr Leben zuzustimmen und mitzumachen. Oder sie hätte Nein sagen können, und ich hätte dann eine andere Frau ausgewählt. :-(
Obwohl Maria kein Geld hatte und noch nicht einmal verheiratet war, hatte sie eine riesige Gabe: Sie hatte Glauben. Sie war bereit, das zu tun, worum ich sie bat. Sie sagte im Grunde: «Benutze mich, Gott, so wie du es willst. Ich will ein Teil deines Planes sein.» Weil Maria bereit war, ließ sie mich ihr Leben dazu benutzen, die Welt für alle Zeiten zu verändern. Ich möchte, dass du dieselbe Bereitschaft hast, wie Maria sie hatte. Wenn ich dir meinen Plan für dein Leben zeige, dann sag bitte wie Maria: «Benutze mich, Gott.»
Ich bitte dich: Sei bereit! >Gott

Heute hier, morgen fort

Hört! Jemand sagt zu mir: «Sprich zu den Menschen!» «Was soll ich ihnen denn sagen?», frage ich. «Sag: Die Menschen sind wie das Gras, und ihre Schönheit gleicht den Blumen: Das Gras verdorrt, die Blumen verwelken, wenn der Herr seinen Atem darüber wehen lässt. Ja, nichts als Gras ist das Volk.»

Jesaja 40,6–7

5. Juli

Friede sei mit dir!
>Achtzig Jahre kommen dir vielleicht wie eine lange Zeit vor, aber für mich vergehen sie wie ein Augenzwinkern. Verglichen mit der Ewigkeit ist dein Leben wie ein einziger Atemzug. Ich weiß, das hört sich deprimierend an, aber eigentlich will ich dir damit Mut machen. Wenn du mich zu deinem Herrn gemacht hast, wirst du die Ewigkeit mit mir im Paradies verbringen. Was hast du auf der Erde also schon groß zu verlieren?
Denk daran und vergeude dein Leben nicht damit, dass du versuchst, andere Leute zu beeindrucken oder berühmt zu werden. Kann ein Grashalm berühmt sein? Erinnert sich irgendjemand an einen Grashalm? Setz stattdessen alles auf eine Karte. Sei mir gehorsam. Erzähl den Leuten von mir. Riskiere es, dich zu blamieren. Mach dich für mich zum Narren. ;-) Was hast du zu verlieren? Verbring dein Leben damit, mir nachzufolgen. Wenn du dann in den Himmel kommst, wirst du froh darüber sein.
Dein ewiger Vater,
>Gott

Du brauchst einen Hirten

Er sorgt für sein Volk wie ein guter Hirte. Die Lämmer nimmt er auf den Arm und hüllt sie schützend in seinen Umhang. Die Mutterschafe führt er behutsam ihren Weg.

Jesaja 40,11

6. Juli

Du weißt, ich schreibe dir gern!
>Wenn du in einer Stadt lebst, sind dir Schafe und Hirten vielleicht nicht sehr vertraut. Der Punkt ist folgender: Schafe können nicht für sich selbst sorgen. Wenn ein Schaf bei einem Wolkenbruch auf den Rücken stürzt, wird es ertrinken, weil der Regen ihm in Maul und Nüstern dringt und es sich nicht allein wieder aufrichten kann. :-o Darum muss der Hirte gut aufpassen und seine Schafe ständig vor Gefahren beschützen – zum Beispiel davor, dass sie einen falschen Weg einschlagen oder von größeren Tieren angegriffen werden.
Ich will damit nicht sagen, dass du total unfähig bist. Ich bin stolz darauf, wie gut du schon gelernt hast, dich um dich selbst zu kümmern. Aber vertrau mir, wenn ich sage: Du brauchst immer noch einen Hirten. Du brauchst jemanden, der dir hilft, falsche Wege und gefährliche Situationen zu meiden, die dir zum Verhängnis werden können. Ich bin da, wenn du mich brauchst. Ruf mich einfach.
Von Herzen gern ein guter Hirte,
>Gott

Denk daran, von wem alles ausgeht

Kann jemand die Wassermassen der Meere mit der hohlen Hand messen oder die Weite des Himmels mit der Handspanne bestimmen? Und kann jemand die Erdmassen in Eimer abfüllen, die Berge wiegen und alle Hügel auf die Waagschale legen?

Jesaja 40,12

7. Juli

Na, wie läuft's heute bei dir?
>Ich bin richtig stolz auf die Fortschritte, die die Menschen gemacht haben. :-) Ich sehe die schönen Gebäude, die Straßen und Brücken. Ich sehe die medizinischen Entdeckungen, die leidenden Menschen Heilung und Erleichterung bringen. Ich sehe die erstaunlichen Fortschritte auf den Gebieten der Technik und der Kommunikation.
Aber ich sehe auch die stolzen Herzen der Menschen. Sie vergessen, dass all diese Errungenschaften nicht möglich gewesen wären, wenn ich nicht eine Welt voller natürlicher Ressourcen geschaffen hätte. Nichts von alledem hätte ohne meine Gaben der menschlichen Intelligenz und Vernunft bewerkstelligt werden können. Die Leute machen das Geld und den Fortschritt und ihre eigenen Fähigkeiten zu Göttern, statt sich an den Einen zu halten, der von Anfang an da war und die ganze Erde ins Dasein gerufen hat. >:-(Bitte sei du nicht so vergesslich. Denk an mich.
Ich werde nicht gerne vergessen,
>Gott

Kraft für deine Arbeit

Den Erschöpften gibt er neue Kraft, und die Schwachen macht er stark.

Jesaja 40,29

8. Juli

Du, ich bin's wieder mal!
>Warst du schon einmal so richtig erschöpft? Hattest du je das Gefühl, Arbeit für achtundvierzig Stunden, aber nur vier Stunden Zeit dafür zu haben? Wenn du körperlich und geistig erschöpft bist, dann rufe zu mir. Ich kann deine Arbeitslast halbieren! :-o
Wenn du innehältst und mir zuhörst, zeige ich dir Abkürzungen und effektivere Wege, deine Arbeit zu tun. Manche von den Dingen, die du tust, sind vielleicht sowieso überflüssig. Vor allem aber wirst du, nachdem du Zeit mit mir verbracht hast, geistig und körperlich gestärkt sein. Meine Liebe ist wie eine geistliche Vitamin-Packung, die dich erfrischt und wach macht. Fünf Minuten mit mir könnten dir Stunden von Arbeit ersparen!
Wenn du also das Gefühl hast, einfach nicht mehr weiterzukönnen – dann hör auf! Mach eine Pause und lass mich deine Kraft erneuern.
Dein Verjünger, ;-)
>Gott

Ich kenne dich besser

Der Mensch hält das, was er tut, für richtig; aber Gott, der Herr, prüft, warum der Mensch das tut.

Sprüche 21,2

9. Juli

Hallo, ich bin's!
>Ist dir eigentlich klar, dass du vollkommen falsch liegen kannst, auch wenn du denkst, du hättest Recht? Hast du schon einmal beharrlich behauptet: «Der Film fängt um Viertel nach sieben an, da bin ich ganz sicher!» Und dann stehst du vor dem Kino, und der Film läuft schon seit sechs? Oder vielleicht hast du dir selbst weisgemacht, du seiest aus ganz ehrenwerten Gründen nett zu jemandem, aber in Wirklichkeit bist du nur nett zu dieser Person, weil du etwas von ihr willst? :-(
Was immer es ist, du kannst dich selbst und andere hinters Licht führen, aber mich kannst du nicht zum Narren halten. Ich sehe direkt in dein Herz hinein. Ich weiß, wann du ehrlich bist und wann du dich nur selbst belügst. Wenn du wirklich unterscheiden willst, was richtig und was falsch ist, dann verlass dich nicht auf dich selbst. Vertrau mir. Vertrau meiner Bibel. Ich werde dich nie anlügen.
Alles liegt offen vor mir,
>Gott

Gib denen, die hungern

Da wollten die Leute wissen: «Was sollen wir denn tun?» Johannes antwortete: «Wer zwei Hemden hat, soll dem eins geben, der keins besitzt. Und wer etwas zu essen hat, soll seine Mahlzeit mit Hungrigen teilen.»

Lukas 3,10–11

10. Juli

Wusstest du das schon?
>Alles, was du hast, ist ein Geschenk von mir. Horte es nicht irgendwo, um es für dich allein zu behalten. Teile, was ich dir gegeben habe, mit anderen, die in Not sind. Sie haben solchen Hunger – Hunger nach Nahrung und nach Bestätigung. Ihnen ist so kalt – kalt vom Schlafen auf Parkbänken oder unter Brücken, kalt von der Gleichgültigkeit, die sie in den Augen anderer Menschen sehen. :,-(
Du bist wie meine Hand und mein Herz in einer Welt, die dringend Wärme und Zuneigung braucht. Aber du musst dich nicht auf deine eigene Kraft stützen, um im Leben dieser Menschen etwas zu bewirken. So, wie ich dir gute Dinge gegeben habe, so werde ich durch dich auch anderen Gutes geben. Halte deine Augen und Ohren offen, aber auch dein Herz. Wir beide haben gemeinsam viel zu tun!
Dein täglicher Versorger,
>Gott

Hausmeister gefallen mir

Wer der Geringste unter euch allen ist,
der ist wirklich groß.

Lukas 9,48

11. Juli

Schalom!

>Du weißt es ja inzwischen: Titel, Leistungen und Preise beeindrucken mich nicht sonderlich. Ehrlich gesagt, oft macht das Herz eines Hausmeisters sogar mehr Eindruck auf mich als der Präsident einer großen Firma. Leute, die ganz oben sind, benutzen oft andere Menschen, anstatt ihnen zu dienen. :-o

Aber wenn du ein Hausmeister bist, wen könntest du dann benutzen? Als Hausmeister dienst du immer anderen. Du musst jeden Tag an die Arbeit gehen und bereit sein, den Dreck anderer Leute wegzuräumen. Diese Art des Dienens beeindruckt mich. Mein Sohn hätte auch als König oder Präsident auf die Erde kommen können, aber er kam als Diener. :-o

Wenn ich jemanden sehe, der bereit ist, anderen zu dienen, dann steht diese Person bei mir ganz oben – denn ich weiß, ich kann ihr vertrauen. :-)

Die Diener mag ich besonders,

>Gott

Sorge dich nicht um morgen

Und wenn ihr euch noch so viel sorgt, könnt ihr doch euer Leben um keinen Augenblick verlängern ... Was sorgt ihr euch um all die anderen Dinge?

Lukas 12,25–26

12. Juli

Geht es dir gut?
>Es gibt einen Tag in jeder Woche, der frei von Sorge und Angst sein sollte. Dieser Tag ist morgen. Hast du schon einmal deine Zeit damit verbracht, dir Sorgen über die Dinge zu machen, die in der Zukunft vielleicht passieren könnten? Gehst du abends ins Bett und hast Angst vor dem nächsten Tag? Klar, morgen ist voller Möglichkeiten – mögliche Siege, mögliche Fehler, mögliche Hochs und Tiefs. Aber heute sind alle diese Dinge noch unerreichbar. Wenn man versucht, das Morgen in den Griff zu kriegen, dann macht man sich Gedanken über Dinge, die wahrscheinlich nie geschehen. ;-) Du kannst heute dein Bestes geben, wenn du etwas vorbereitest, das morgen stattfindet. Aber darüber hinaus kannst du gar nichts tun. Und statt deine Energie damit zu verschwenden, dir Sorgen zu machen und zu überlegen, was morgen passieren könnte, benutze diese Energie lieber für die Dinge, die heute dran sind. Lass dir nicht von den überwältigenden Möglichkeiten von morgen die Freude von heute verderben. Lass *mich* für das Morgen sorgen.
Ich habe die Zukunft im Griff, :-)
>Gott

Finde dich selbst in mir

Wer sich an sein Leben klammert, der wird es verlieren. Wer es aber für mich einsetzt, der wird es für immer gewinnen.

Matthäus 10,39

13. Juli

Mein Friede sei mit dir!
>Mein Reich ist nicht immer mit Logik zu erfassen, aber es ist immer wahr. Logisch würde es zum Beispiel erscheinen, wenn du, um dich selbst zu finden, auf die Suche nach allen möglichen Dingen gehen würdest, die dich glücklich machen, ob sie nun einem anderen Menschen wehtun oder nicht. So, wie es ja leider viele tun. :-(Mein Weg jedoch ist genau der umgekehrte.
Um dich zu finden, vergiss dich lieber selbst ein wenig. Denk überhaupt nicht groß über dich nach, sondern schau stattdessen auf mich. Kümmere dich mehr um andere als um dich selbst. :-o
Lass mich dich auf all den überraschenden Pfaden und über die unbekannten Ozeane meiner Liebe führen. Stell dein Herz immer auf meinen Kanal ein, und eines Tages wirst du zu deiner Verblüffung feststellen, dass du nicht nur mich gefunden hast, sondern auch dich selbst – die Person, als die du geschaffen wurdest!
Halte den Blick auf mich geheftet,
>Gott

Wenn Stürme schweigen müssen

Sofort stand Jesus auf, bedrohte den Wind und rief in das Toben des Sees: «Sei still und schweig!» Da legte sich der Sturm, und es wurde ganz still.

Markus 4,39

14. Juli

Hallo, du!
>Eines Abends, als Jesus und seine Freunde draußen auf dem See waren, erhob sich ein fürchterlicher Sturm, und alle gerieten in Panik – alle außer Jesus. :-o
Jesus lag hinten im Heck des Bootes und machte ein Nickerchen. Bei seinen Freunden kam das nicht so gut an. Die waren richtig sauer auf ihn, weil er mitten in dieser Katastrophe einfach schlief. Was tat Jesus? Er stand auf und redete ein Wörtchen mit dem Wind und den Wellen: «Ruhe! Schluss jetzt!», sagte er, und der Sturm legte sich. :-o
Jesus tut immer noch solche überwältigenden Dinge. Was für ein Sturm das auch sein mag, in den du gerätst, rede mit Jesus darüber. Sag ihm, was du nötig hast. Er kann zu den Umständen in deinem Leben reden, und du wirst seinen Frieden spüren. Lass Jesus deine Stürme zum Schweigen bringen.
Ich bin voller Frieden,
>Gott

Dich lieben ist mein Spezialgebiet

«Dies ist das wichtigste Gebot: ‹Hört, ihr Israeliten! Der Herr ist unser Gott, der Herr allein. Ihn sollt ihr von ganzem Herzen lieben, mit ganzer Hingabe, mit eurem ganzen Verstand und mit all eurer Kraft.› Ebenso wichtig ist das andere Gebot: ‹Liebe deinen Mitmenschen wie dich selbst!›»

Markus 12,29–31

15. Juli

Dies hier ist mir sehr wichtig!
>Jemand forderte Jesus auf, meine wichtigste Weisung zu nennen. Er antwortete, sie laute, Gott von ganzem Herzen zu lieben. Dann fügte er hinzu, die zweitwichtigste Weisung sei die, andere Menschen genauso sehr zu lieben wie sich selbst. :-o
Jesus hatte Recht. Aber wenn du dich selbst nicht liebst, wie kannst du dann andere lieben? Wenn du immer etwas an dir auszusetzen hast, dir ständig wegen jeder Kleinigkeit Vorwürfe machst, dann wirst du wahrscheinlich mit anderen genauso umgehen. Der erste Schritt, um andere zu lieben, besteht also darin, dich selbst lieben zu lernen. ;-)
Ich wünschte, du könntest all das Gute sehen, das ich an dir sehe. Ich bin so stolz auf dich! Lass mich dir beibringen, dich selbst zu lieben. (Ich bin nämlich Experte darin, dich zu lieben!) Dann kannst du dich ans Werk machen und andere lieben.
Dein Fürsprecher,
>Gott

Ich habe dich gerufen

... dich allein habe ich vom Ende der Erde herbeigeholt. Von weither habe ich dich gerufen und zu dir gesagt: «Du sollst mir dienen!» Dich habe ich erwählt und nicht verstoßen.

Jesaja 41,9

16. Juli

Friede sei mit dir!
>Vielleicht erinnerst du dich noch an den Tag, an dem du zum ersten Mal meinen Namen angerufen hast. Vielleicht stecktest du in der Klemme und fandest, es sei höchste Zeit, ein SOS-Signal zum Himmel zu schicken. Aber weißt du, in Wirklichkeit ist es nicht ganz so abgelaufen, wie du denkst. Du hast nicht zuerst gerufen. Ich rufe dich schon, seit ich dich erschaffen habe. Die ganze Zeit über habe ich mir gewünscht, dass du eines meiner Kinder wirst – ein Mitglied meiner Familie. :-o
Du merkst es vielleicht nicht, aber du liest dieses Buch hier jetzt nur deshalb, weil du irgendwo in deinem Herzen eine sanfte, leise Stimme gehört hast, die dich gedrängt hat, dich auf die Suche nach mir zu machen. Über all das Geräuschewirrwarr der CD-Player und Fernsehsendungen hinweg habe ich dich gerufen. Ganz nahe bei deinem Herzen habe ich geflüstert: «Ich liebe dich. Ich habe dich auserwählt. Willst du mir dein Leben geben?» Jetzt, wo du mich gehört hast, wie ist deine Antwort?
Die sanfte, leise Stimme,
>Gott

Erhöhte Siegeschancen

Fürchte dich nicht, denn ich bin bei dir; hab keine Angst, denn ich bin dein Gott! Ich mache dich stark, ich helfe dir, mit meiner siegreichen Hand beschütze ich dich!

Jesaja 41,10

17. Juli

Meine guten Gedanken sind mit dir!
>Beim Sport ist es super, wenn man zu einer guten Mannschaft gehört. Wenn du dann gegen einen starken Gegner antreten musst, verbessern die starken Mitspieler auf deiner Seite deine Siegeschancen. Bei mir ist es genauso: Wenn du mir dein Leben anvertraust, gehörst du zur stärksten Mannschaft im Universum. Du trittst neben mir, meinem Sohn und meinem Heiligen Geist auf dem Spielfeld an, ganz zu schweigen von der unermesslichen Schar der Engel und aller Heiligen, die dir vorausgegangen sind! Vertrau mir, du bist auf der Siegerseite! :-) Das ist keine Prahlerei – es ist schlicht und ergreifend eine Tatsache. Deshalb gebe ich dir heute folgenden Rat: Hab keine Angst und gib niemals auf, wie übel die Situation auch aussehen mag. Ich bin dein Gott. Ich bin hier, um dir zu helfen. Ich bin hier, um dir den Rücken zu stärken, wenn du am liebsten das Handtuch werfen und aufstecken würdest. Los! Stürz dich ins Spiel. Und wenn es hart wird, dann denk daran, dass ich auf deiner Seite bin!
Aufgeben ist nicht mein Ding, ;-)
>Gott

Ohne Fleiß kein Preis

Denn ich bin der Herr, dein Gott. Ich nehme dich an deiner rechten Hand und sage: Hab keine Angst! Ich helfe dir.

Jesaja 41,13

18. Juli

Hallo, alles in Ordnung?
>Auch wenn die Welt, in der du lebst, dir zu sagen scheint, dass du Schmerzen tunlichst meiden sollst, ist das nicht immer wahr. Sieh dir mal die Profisportler an. Was wäre, wenn sie sich total hängen ließen und versuchten, beim Training Anstrengung und Schmerz zu meiden? Wenn es dann ernst wird, würden sie versagen. Die meisten Profisportler wissen eines ganz genau: Wenn sie sich selbst immer weiter vorantreiben und sich auch nicht vor den Schmerzen harter Arbeit fürchten, werden sie in ihrer Sportart zu den Besten gehören. :-o
So ist das auch im Leben. Wenn du die ganze Zeit immer nur versuchst, schmerzlichen oder schwierigen Situationen aus dem Weg zu gehen, dann lebst du nicht richtig. Ich möchte nicht, dass du so lebst. Ich möchte, dass du dich nicht vor den Schmerzen und der Realität des Lebens fürchtest. Ich möchte, dass du weißt, dass ich dich durch alles hindurch begleite. Und nicht nur das, ich will auch die schwierigen und harten Dinge benutzen, um dich noch stärker zu machen. Stelle dich dem Schmerz, und gewinne ein besseres Leben.
Ich helfe dir hindurch, >Gott

Dreh den Wasserhahn auf

Auf den kahlen Hügeln lasse ich Bäche hervorbrechen, und in öden Tälern sollen Quellen entspringen. Ich verwandle die Wüste in fruchtbares Land mit Teichen und sprudelnden Quellen.

Jesaja 41,18

19. Juli

Friede sei mit dir!
>Vielleicht fühlt sich dein Herz heute an wie eine Wüste: ausgedörrt und leblos. Bisher hast du gelacht und geträumt und gehofft, aber das tust du jetzt nicht mehr. Im Moment steckst du in dieser Wüste fest und bist viel zu niedergeschlagen, um aus eigener Kraft irgendetwas zu verändern. Darf ich dich an etwas erinnern? Du bist nicht allein. Ich bin da, und ich kann jedes deiner unausgesprochenen Gebete hören. :-o
Und das ist noch nicht alles. Eine meiner liebsten Beschäftigungen ist es, lebendiges Wasser in ausgetrocknete Herzen zu pumpen! Ich kann in die Wüste deines Herzens kommen und dafür sorgen, dass dort Bäche fließen und Quellen entspringen. Ich kann in ausgedörrten Landschaften Teiche entstehen lassen. :-o Du hast ja bereits deine Hände an den beiden Wasserhähnen, mit denen du mein lebendiges Wasser aufdrehen kannst: der eine Hahn heißt Vertrauen, der andere Lobpreis. Wenn du darauf vertraust, dass ich die Dinge verändern kann, und mich für meine Barmherzigkeit lobst, wird binnen kurzem das Wasser wieder zu fließen beginnen! >Gott.

Wollte ich dich beeindrucken?

Viele Bäume pflanze ich [in der Wüste] an: Zedern, Akazien und Myrten, Ölbäume und Wacholder, Platanen und Zypressen. Wer das sieht, wird erkennen, dass ich, der Herr, hier eingegriffen habe; jeder weiß dann: Der heilige Gott Israels hat dies alles gemacht.

Jesaja 41,19–20

20. Juli

Und? Wie geht's dir heute?
>Es hat mir so viel Spaß gemacht, diese Welt zu entwerfen! Wie ein Set-Designer beim Film habe ich die Kulisse gestaltet und Wüsten, Wasserfälle, Felder und Berge geschaffen. Wie ein Landschaftsgärtner habe ich Bäume und Weinstöcke und blühende Büsche gepflanzt. Wie ein Künstler, der eine Leinwand mit Farben bedeckt, schuf ich herrliche Sonnenuntergänge und Küstenlandschaften und Jahreszeiten. Wie ein Komponist ließ ich eine großartige Symphonie der Geräusche entstehen – den Schrei der Eule, das Lied der Wale, den Gesang der Lerche und das Gebrüll des Berglöwen. :-o
Warum ich mir so viel Mühe gemacht habe? Wollte ich dich damit beeindrucken? Und ob! :-) Ich wollte, dass du dir vor Staunen die Augen reibst und den Einen erkennst und anbetest, dessen Hand all diese Wunder geschaffen hat.
Ich bin auch Künstler und Designer, ;-)
>Gott

Keine Angst vor Konflikten

Der Herr, der König Israels, sagt zu den Göttern der Völker: «Jetzt habt ihr Gelegenheit, euch vor Gericht zu verteidigen. Legt eure Beweise vor!»

Jesaja 41,21

21. Juli

Hallo, hier bin ich wieder!
>Konflikte sind im Leben etwas völlig Normales. Nur Tote haben keine Auseinandersetzungen mehr in ihrem Leben. Manche Leute neigen dazu, vor ihnen zurückzuschrecken, weil es sie nervös macht. Sie glauben, wenn sie Konflikte ignorieren, würden diese sich von selbst erledigen. Aber das ist natürlich nicht der Fall. :-o
Wenn du eine Wunde ignorierst, dann infiziert sie sich und bereitet dir nur noch mehr Schmerzen. Nur weil du sie nicht beachtest, geht sie noch längst nicht weg. Dasselbe gilt für die schwierigen Situationen in deinem Leben.
Ich möchte nicht, dass du vor Konflikten zurückschreckst. Sie sind nicht schlimm, wenn du richtig mit ihnen umgehst. :-o Wenn du voller Vertrauen in mich und voller Liebe gegenüber anderen Menschen an die Situation herangehst, dann hast du die Kraft, die Wunden des Konflikts zu heilen oder ihnen sogar vorzubeugen. Wende dich mir zu, und wir wollen gemeinsam den Konflikten ins Auge sehen.
Dein liebevoller Vermittler,
>Gott

Nimm mich beim Wort

Heile du mich, Herr, dann werde ich geheilt, hilf mir, dann ist mir geholfen! Ich preise dich allein!

Jeremia 17,14

22. Juli

Friede sei mit dir!
>Wenn du anfängst, mich beim Wort zu nehmen, werden sich in deinem Leben haufenweise Dinge verändern. Ich habe dir gesagt, dass du mein eigenes Geschöpf bist, und doch siehst du dich manchmal selbst als unwürdig an. Ich habe dir gesagt, dass ich einen Plan für dein Leben habe und etwas mit dir bezwecke, und doch gibt es Tage, an denen du keine Hoffnung hast. Ich habe dir gesagt, dass ich dich liebe und dich nie verlassen werde, und doch fühlst du dich manchmal ungeliebt und allein. Ich habe dir gesagt, dass du dich nicht zu fürchten brauchst, und doch schlägst du dich mit so vielen Ängsten herum. :-(
Meine Worte haben Kraft, aber sie können dir nicht helfen, solange du sie nicht glaubst. Ich bin ein Ratgeber, ein Freund und ein Vater, aber ich kann dich nicht anrühren, wenn du mich nicht in deine Nähe lässt. Der Weg zum Leben ist ganz einfach und klar: Lerne mich kennen, vertraue meinem Wort von ganzem Herzen, rufe zu mir, und ich werde in deinem Leben handeln. :-)
Mein Arm ist nicht zu kurz!
>Gott

Immer und ewig

Ja, vertraut dem Herrn für immer, denn er, unser Gott, ist ein starker Fels für alle Zeiten.

Jesaja 26,4

23. Juli

Hallo, du!
>Immer und ewig ist ziemlich lang. ;-) Ein Schriftsteller hat es einmal so beschrieben: Stell dir alle Sandkörner der ganzen Welt auf einem einzigen riesigen Haufen vor. Einmal in einer Million Jahre kommt ein Vogel und nimmt ein einziges Sandkörnchen von dem Haufen weg. Wenn der ganze Berg endlich abgetragen ist, muss der arme Vogel den Sand auf dieselbe Weise wieder zurückbringen und ihn dann wieder wegtragen. Und das Ganze noch eine Million Mal. Und in dieser ganzen Zeit wird nur ein Bruchteil einer Sekunde der Ewigkeit vergangen sein. :-o
Wenn du einen rauen Stein in einen strömenden Bach wirfst, wird dieser Stein irgendwann glatt poliert sein. Lässt du ihn noch länger in dem Bach, wird er irgendwann zu Sand zermahlen sein. Aber ich bin der ewige Fels. Ich kann niemals zermahlen werden. Ich bin heute so stark und zuverlässig, wie ich es immer gewesen bin. Und ich werde immer stark und zuverlässig sein. Also verlass dich auf mich, ich werde dich niemals fallen lassen.
Dein Fels,
>Gott

Der Himmel ist die Mühe wert

Für ihn [Mose] waren alle Schätze Ägyptens nicht so viel wert wie Schimpf und Schande, die er für Christus auf sich nahm. Denn er wusste, wie reich Gott ihn belohnen würde.

Hebräer 11,26

24. Juli

Hast du dir darüber schon mal Gedanken gemacht?
>Mose hatte alles: Geld, Einfluss, Komfort, Kultur, aufregende Erlebnisse. Ägypten war damals das reichste, modernste Land der Erde, und Mose wohnte im Palast des Pharaos. Doch all das ließ er hinter sich, um in der Wüste zu leben, von den Ägyptern verfolgt zu werden und sein Leben bei einem riesigen Sklavenaufstand zu riskieren. Warum? Weil Mose eine Ahnung vom Himmel hatte. :-o
Mose wusste, wenn er mir gehorsam war, würde er die Ewigkeit in einem Reich verbringen, das viel großartiger ist als Ägypten. Verglichen mit dem Himmel war Ägypten nichts als eine heruntergekommene alte Barackensiedlung. Moses Himmel kann auch dein Himmel sein, wenn du mir nachfolgst. Ich verspreche dir nicht, dass du nicht leiden musst. Mose hat eine Menge gelitten. Aber am Ende wird sich das alles wirklich gelohnt haben. Das sagen alle hier oben. :-)
Der Himmelskönig,
>Gott

Bildschirmschoner des Herzens

Mit eigenen Augen werde ich dich schauen dürfen. Satt sehen will ich mich an dir, wenn ich erwache.

Psalm 17,15

25. Juli

Ich hab da mal eine Frage:
>Hast du einen Bildschirmschoner auf deinem Computer? Du weißt doch, wenn du die Maus eine Weile nicht bewegst oder nichts tippst, dann tritt der Bildschirmschoner in Aktion. Auch wenn der Computer noch eingeschaltet ist, schläft er sozusagen. Bis du eine Taste drückst oder die Maus bewegst, ist der Computer für dich nutzlos. :-o Dasselbe kann auch Christen passieren. Es ist möglich, dass man im Glauben «einschlafen» kann. Nicht, dass du dann aufhören würdest, an mich zu glauben, oder dass du dich vom Glauben löst. Es ist nur so, dass du dann jeden interaktiven Kontakt abschaltest und einfach nur noch so tust als ob. Für mich ist es immer sehr offensichtlich, wenn du in den geistlichen Schlafmodus schaltest. Dann ist da ein Mangel an Aktivität: Du kümmerst dich nicht mehr um andere, es entsteht ein Gefühl der Distanz zwischen dir und mir. :-(Wenn du in diesem Schlaf bist, dann ist es Zeit aufzuwachen. Bete zu mir und bitte mich, dich wiederzubeleben. Ich werde die Taste deines Herzens drücken, und du wirst wieder anspringen. ;-)
Ich bin immer in Wartestellung für dich,
>Gott

Das Vertrauensprinzip

Ich aber, Herr, vertraue dir. Du bist mein Gott, daran halte ich fest! Was die Zeit auch bringen mag, es liegt in deiner Hand.

Psalm 31,15–16

26. Juli

Hallo, ich bin's mal wieder!
>Alles ist so gemacht, dass es nach bestimmten Prinzipien funktioniert. Autos funktionieren nach dem Prinzip des Verbrennungsmotors. Flugzeuge funktionieren nach dem Prinzip der Aerodynamik. Du bist ein Mensch, das komplexeste Geschöpf auf der ganzen Welt. Du bist so gemacht, dass du nach dem geistlichen Prinzip des Vertrauens funktionierst. Du bist nicht dafür konstruiert, das Gewicht der Welt auf deinen Schultern zu tragen. :-o
Sorge raubt dir den Frieden, für den ich dich bestimmt habe. Sorge macht dich nur krank. :,-(Also gib deine Ängste und Sorgen an mich ab, und ich werde dir meine Lösungen zeigen. Du hast keine Macht, weder über eine einzige Sekunde der Zeit noch darüber, wie schnell eine Pflanze wächst oder wie bald der Frühling kommt. Aber du kannst lernen, demjenigen zu vertrauen, der die Macht über all das hat. :-) Dazu lade ich dich ein!
Der, dem du immer vertrauen kannst,
>Gott

Halt dich an das, was du weißt

Gott ist unsere Zuflucht und Stärke, ein bewährter Helfer in Zeiten der Not. Darum fürchten wir uns nicht, selbst wenn die Erde erbebt, wenn die Berge wanken und in den Tiefen des Meeres versinken, wenn die Wogen tosen und schäumen und die Berge erschüttert werden.

Psalm 46,2–4

27. Juli

Lass dich nicht niederdrücken!
>Schon immer hat es Leute gegeben, die das Gerücht verbreitet haben, der Himmel würde herunterfallen oder nächsten Donnerstag würde die Welt untergehen. Als jemand Jesus fragte, wann denn das Ende der Zeit kommen würde, machte er deutlich, dass niemand außer mir weiß, wann es kommt. :-o Warum also solltest du dich von Dingen niederdrücken lassen, die du nicht wissen kannst? Mir wäre es viel lieber, wenn du dich an das halten würdest, was du weißt – nämlich dass ich deine Zuflucht und deine Stärke bin, deine Quelle der Hilfe, wenn Probleme kommen. Die Angst kann dich nicht zu Fall bringen, wenn du dir meiner sicher bist. Sollen doch die Berge einstürzen! Sollen die Meere wüten! Sollen die Hügel erzittern und schwanken! Ich bin größer als sie, und ich bin es, der dich beschützt. Also hör nicht auf die Panikmacher, sondern höre auf dies: Ich bin dein Papa, und ich werde damit fertig! :-)
Deine Zuflucht für und für,
>Gott

Dreh dich um und sieh mich an

Ich heiße «Herr», und ich bin es auch. Die Ehre, die mir zusteht, lasse ich mir nicht rauben. Ich dulde nicht, dass Götterfiguren für meine Taten gerühmt werden.

Jesaja 42,8

28. Juli

Friede sei mit dir!
>Wenn du auch nur einen kurzen Blick darauf erhaschen könntest, wie sehr ich dich liebe, würde dich das kolossal verändern. Wenn du das verzehrende Feuer meiner Liebe sehen könntest, wärst du sogar schockiert. Du würdest dich umdrehen und mich ansehen und fändest keine Worte, um dein Staunen auszudrücken. Ich heiße «Herr» – und das bin ich auch. Ich sehne mich nach einer Beziehung zu dir, die echter, ehrlicher und stärker ist als jede andere Beziehung in deinem Leben. Ich habe so vieles, was ich mit dir teilen möchte. Deshalb will ich nicht, dass du dich so sehr auf billige Ersatzbeziehungen einlässt, dass du ihretwegen noch blind wirst für mich. >:-(
Denk darüber nach. Gibt es irgendetwas, woraus du einen kleinen Gott gemacht hast? Ist dir irgendetwas so wichtig, dass es zwischen uns steht? Überlass den Platz im Mittelpunkt deines Herzens niemandem außer mir. Dreh dich um und sieh mich an.
Ich bin der Herr!
>Gott

Ich bahne einen Weg

Mein blindes Volk werde ich auf Straßen und Wegen führen, die sie nicht kennen. Ich mache die Dunkelheit um sie her zum Licht. Alle Steine räume ich zur Seite, die Schlaglöcher fülle ich aus, damit sie auf einer ebenen Straße gehen können.

Jesaja 42,16

29. Juli

Hallo, du!
>Kommst du dir manchmal vor wie bei einem Blindekuh-Spiel, als ob du mit einer Augenbinde durchs Leben stolperst und nie genau weißt, wann du gegen eine Mauer rennst oder von einer hohen Klippe hinabstürzt? Ich möchte nicht, dass du dich wie in tiefster Dunkelheit verlassen fühlen musst. Ich bin hier, ganz nah bei dir. :-o
Wenn du eine schwere Entscheidung treffen musst und im Dunkeln tappst, was du denn jetzt tun sollst, werde ich mit meinem Licht in die Situation hineinleuchten, so dass dir die Antwort ganz klar wird. Wenn du siehst, wie alle anderen in eine finstere Sackgasse hineinlaufen, bleib stehen! Geh nicht mit! Ich bin das Licht, das dich in die richtige Richtung führt. Wenn du angefeindet wirst, weil du für meine Sache eintrittst, und deswegen Schwierigkeiten bekommst, werde ich mich zeigen und den Weg unter deinen Füßen ebnen. Vertrau mir. Ich bahne einen Weg für dich. Ich meine es gut mit dir!
Mir ist nichts zu hoch und nichts zu tief,
>Gott

Putz dir mal die Ohren!

«Ach, wie seid ihr taub und blind!» sagt der Herr. «Warum wollt ihr nicht hören, warum nicht sehen? ... Gibt es überhaupt einen, der so taub ist wie mein Volk, das ich als meinen Boten senden will?»

Jesaja 42,18–19

30. Juli

Na, wie geht es dir heute?
>Hast du schon einmal jemanden sagen hören: «Gott hat mir dies gesagt»? Hast du dich schon einmal gefragt: «Wie hat er die Stimme Gottes gehört, und warum höre ich sie nicht?» Nun, manchmal rede ich durch Umstände; gelegentlich muss ich dich sogar zu Boden werfen und hörbar mit dir reden, so wie ich es mit Paulus auf der Straße nach Damaskus getan habe. Aber meistens rede ich mit ganz leiser, feiner Stimme zu deinen geistlichen Ohren. :-o
Es gibt viele Dinge, die deine geistlichen Ohren verstopfen können. Wenn du immer nur in Eile bist, dann verpasst du meine leise Stimme. Wenn du danach strebst, dein Leben selbst in die Hand zu nehmen, dann wirst du meine feine Stimme hinter deiner eigenen lauten Stimme der Selbstbestimmung nicht hören. Wenn du mich nicht täglich um Wegweisung bittest, dann wird sich dein Ohr nicht auf den Klang meiner Stimme einstellen. Hörst du? ;-)
Der Eine, der spricht,
>Gott

Es gibt nichts Besseres

Deine Liebe bedeutet mir mehr als mein Leben! Darum will ich dich loben.

Psalm 63,4

31. Juli

Und, wie ist dein Tag?
>Das Leben ist schon erstaunlich! Dein Verstand denkt und überlegt. Dein Körper verarbeitet die Nahrung, die du isst, um dich am Leben zu erhalten. Deine Haut spürt den Windhauch auf deinem Gesicht. Deine Augen sehen die Farben von Blumen und Gemälden. Schon dass es dich überhaupt gibt, ist ein erstaunliches Geschenk. Was wäre, wenn du nie geboren worden wärst? Dann hättest du dieses wunderbare Ding, das Leben heißt, niemals erfahren können. :-o
Ich will dir ein Geheimnis verraten: Meine Liebe ist noch besser als das Leben. Denk mal an dein Lieblingslied. Meine Liebe klingt noch besser. Stell dir den schönsten Menschen auf der Welt vor. Meine Liebe sieht noch besser aus. Meine Liebe macht mehr Spaß als der aufregendste Urlaub. Sie ist köstlicher als das erlesenste Festmahl. Meine Liebe ist die Quelle aller guten Dinge im Leben. Bitte mich, dir meine Liebe zu zeigen, und mach dich auf ein Superleben gefasst. :-)
In mir ist Leben in der Fülle,
>Gott

Das Urteil überlass mir!

Aber auch ihr anderen – wer immer ihr seid – könnt euch nicht herausreden. Ihr spielt euch als Richter über alle auf, die Unrecht begehen, und sprecht euch damit euer eigenes Urteil. Ihr klagt bei anderen an, was ihr selbst tut.

Römer 2,1

1. August

Schalom!
>Jedes Mal, wenn du anfängst, jemand anders zu kritisieren, wird diese Kritik zum Bumerang und kommt wieder zurück, um dich am Kopf zu treffen. Jedes Mal, wenn du dich zum Richter über andere aufschwingst, legst du dir am Ende nur selbst die Schlinge um den Hals. Jedes Mal, wenn du mit dem Finger auf andere zeigst, schau auf deine Hand. Da sind drei Finger, die auf dich selbst zurückzeigen. :-o
Aber: Es sitzt nur eine einzige Person im Schwurgericht, und das bin ich. Ich bin der Einzige, der in dein Herz hineinsehen und deine Motive erkennen kann. Ich bin der Einzige, der Gnade austeilen kann, die nicht durch Vorurteile geschwächt ist. Wenn du über andere richtest, dann richtest du am Ende nur dich selbst. Darum denke im Zweifel das Beste von anderen Menschen, und überlass das Richten mir.
Der Vater der Gnade,
>Gott

Sag ein Wort des Willkommens

Denn wenn du mit deinem Mund bekennst: «Jesus ist der Herr!», und wenn du von ganzem Herzen glaubst, dass Gott ihn von den Toten auferweckt hat, dann wirst du gerettet werden.

Römer 10,9

2. August

Hallo, du!

>Manche Leute haben eine völlig falsche Vorstellung davon, was es heißt, eine Beziehung zu mir zu haben. Sie kommen mit allen möglichen Leistungen zu mir und versuchen, mich damit zu beeindrucken, was für tolle Leute sie sind. (Wenn sie tatsächlich so toll sind, wozu brauchen sie mich dann noch?) ;-) Kapieren die nicht, dass ich sowieso über ihre Fehler Bescheid weiß? Wer mit falschem Stolz zu mir kommt, kann keinen Eindruck bei mir schinden. Ich möchte all denen ein Freund sein, die sich herauswagen und Vertrauen zu mir und zu meinem Sohn ausdrücken. All denen, die unser Wirken willkommen heißen. All denen, die nicht zu stolz sind, um sich bedürftig zu zeigen.

Du brauchst keine religiöse Maske zu tragen oder ein großes Versteckspiel zu treiben. Wenn du Jesus sagst, dass du an ihn glaubst und ihn brauchst, kannst du geradewegs durch meine Tür gehen. So einfach ist das. :-)

Der Herr über alles,

>Gott

Ein großes Versprechen

In der Nacht darauf erschien ihm Gott und sprach zu ihm: «Erbitte von mir, was du willst!» Salomo antwortete ... «Gib mir Weisheit und Verständnis, damit ich dieses große Volk richtig führen kann. Denn wie sollte ich sonst gerechte Urteile sprechen können?»

2. Chronik 1,7–8 und 10

3. August

Ich wollte mich mal wieder melden!
>Als Salomo König von Israel wurde, habe ich ihm gesagt, ich würde ihm alles geben, worum er mich bitten würde. Das ist ein ganz schön großes Versprechen, nicht wahr? Wenn ich dir sagen würde, ich würde dir alles geben, worum du mich bittest, was wäre dann dein Wunsch? Mehr Geld, mehr Kleidung, mehr Freunde?
Salomo bat um etwas, das viel Gutes in sein Leben gebracht hat. Er bat mich um Weisheit. Weise zu sein ist nicht dasselbe wie klug zu sein. Kluge Leute erfinden praktische Dinge oder erforschen das Universum. Weise Menschen hingegen treffen gute Entscheidungen in ihrem Leben. :-o
Habe ich Salomo gegeben, worum er mich gebeten hatte? Na klar! Und er wurde einer der besten Könige Israels. :-)
Bitte mich um Weisheit, und ich werde dir geben, worum du mich bittest.
Der mit Schatztruhen voller Weisheit, :-)
>Gott

Schalte mein Programm ein

Ihr wisst doch, dass es Zeit ist, aus aller Gleichgültigkeit aufzuwachen. Unserer endgültigen Erlösung sind wir jetzt näher als zu Beginn unseres Glaubens ... Deshalb wollen wir uns von den finsteren Taten der Nacht trennen und uns stattdessen mit den Waffen des Lichts rüsten.

Römer 13,11–12

4. August

Wie geht es dir heute?
>Dein Leben muss manchmal ziemlich anstrengend sein. An manchen Tagen hast du bestimmt das Gefühl, als ob du in einem Zimmer wohnst, in dem auf unzähligen Bildschirmen zur selben Zeit tausend Videospiele, Computer- und Fernsehprogramme parallel laufen. Sicher ist die Versuchung groß, sich auf alles gleichzeitig zu konzentrieren und einzulassen. Aber wenn du das tust, kann es leicht passieren, dass dein Verstand in Streik tritt. Er hat schlichtweg nicht genügend Arbeitsspeicher. ;-)
Unter all den verschiedenen Bildschirmen in diesem Zimmer, das du dein Leben nennst, ist aber nur einer, der die totale, lebensverändernde, ewig feststehende Wahrheit zeigt. Das ist der Fernseher, in dem *mein* Programm gezeigt wird. Es ist der Bildschirm, der mein Herz zeigt, das versucht, Kontakt zu dem deinen aufzunehmen. Also, lass dich von den anderen Programmen nicht derart verwirren und ablenken, dass du mich und meine Sendung noch verpasst.
Wach auf. Schalte an. Logge dich ein.
Ich sende rund um die Uhr,
>Gott

Dein Schutzraum und Schatten

Wer unter dem Schirm des Höchsten sitzt und unter dem Schatten des Allmächtigen bleibt, der spricht zu dem Herrn: Meine Zuversicht und meine Burg, mein Gott, auf den ich hoffe.

Psalm 91,1–2 (Luther 99)

5. August

Friede sei mit dir!
>Wenn ein Tornado über das Land hinwegfegen und sich genau auf deinen Wohnort zubewegen würde, dann würdest du dir wahrscheinlich einen sicheren, befestigten Raum suchen, in dem du Zuflucht nehmen kannst, bis der tödliche Sturm vorbei ist. Wenn du dich unter sengender Sonne durch eine Wüste schleppen müsstest, wärst du sicherlich dankbar, einen Schatten spendenden Baum zu finden, unter den du dich setzen könntest. ;-)
Ich möchte, dass du eines verstehst: Ich bin dein starker, befestigter Schutzraum in den rauen Winden des Lebens. Ich bin dein Schatten spendender Baum in der sengenden Hitze deines schwersten Tages. Ich bin deine Zuflucht, dein Obdach und dein sicherer Ort – egal, was los ist. Ich bin eine Sicherheitsdecke und ein Dach der Zuversicht. Ich bin derjenige, dem du vertrauen kannst. Öffne deine Augen für meine Wirklichkeit. Öffne dein Herz für meine Liebe. Ich bin für dich da. :-)
Deine feste Burg,
>Gott

Bist du feuerfest?

Und wenn du ins Feuer gerätst, bleibst du unversehrt. Keine Flamme wird dich verbrennen. Denn ich, der Herr, bin dein Gott, der heilige Gott Israels. Ich bin dein Retter.

Jesaja 43,2–3

6. August

Ich musste wieder an dich denken!
>Einmal wurden drei junge Männer – Schadrach, Meschach und Abednego – in einen Feuerofen geworfen. Der König wollte sie verbrennen, weil sie sich weigerten, sich vor ihm niederzuwerfen und ihn anzubeten. Das Feuer sollte sie eigentlich in Toast verwandeln. Tat es aber nicht. Ihre Klamotten rochen nicht einmal nach Rauch, als sie herauskamen! :-o
Sie waren meine Kinder, und ich habe sie beschützt. Nun, wenn ich drei Männer beschützen kann, die in ein loderndes Feuer geworfen werden, dann überleg mal, was ich für dich tun kann! Machen sich Leute über dich lustig, weil du von meinem Sohn oder von mir erzählt hast? Gibt es einen Bereich in deinem Leben, wo du dich verwundbar und ungeschützt fühlst? Brennen deine Gefühle zu heiß? Bete und bitte mich, dich vor dem Feuer zu retten. Ich werde es tun. Warte nur ab.
In jeder Hitze dein Retter,
>Gott

Schaue nicht zurück!

Doch hängt nicht wehmütig diesen Wundern nach! Bleibt nicht bei der Vergangenheit stehen! Schaut nach vorne, denn ich will etwas Neues tun! Es hat schon begonnen, habt ihr es noch nicht gemerkt?

Jesaja 43,18–19

7. August

Hallo, du!
>Manchmal ist die Versuchung groß, wehmütig zurück in die Vergangenheit zu schauen. Vielleicht siehst du dort eine großartige Lebensphase, als alles in deinem Sinn und wie am Schnürchen lief. Dann sehnst du dich wahrscheinlich zurück nach der «guten alten Zeit». Vielleicht siehst du dort aber auch schlimme Dinge, ein gebrochenes Herz und Träume, die nicht wahr geworden sind. Wenn es so ist, überkommt dich vielleicht das Selbstmitleid, oder du kannst nur noch daran denken, was alles hätte anders sein können ... So oder so, mit dem Blick nach hinten kann man nicht leben. :-(
Ich möchte, dass du in diesem Augenblick Freude findest: dass du vorausblickst zu den aufregenden Herausforderungen, die vor dir liegen. Ich will, dass du das Gestern loslässt und deine Hand nach meiner Gnade ausstreckst, die jeden Morgen neu ist. Bitte klemm dich nicht in der Vergangenheit fest: Ich tue etwas Neues ... gerade jetzt ... in dieser Minute. Lass dir nicht ein einziges meiner Wunder entgehen! :-)
Der Vater aller Neuanfänge,
>Gott

Meine Vergebung ist radikal

Und trotzdem: Ich werde euch alles vergeben – aus freien Stücken.
Ich werde alles Böse für immer vergessen.

Jesaja 43,25

8. August

Wie geht es dir heute? :-)
>Ich möchte dir zeigen, wie radikal meine Vergebung ist. Erstens: Wenn du mir sagst, was für Mist du gebaut hast, und dich davon abwendest, dann vergebe ich dir auf der Stelle. Das ist der erste Schritt. Als Nächstes lösche ich deine Sünde vollständig aus. Ich nehme einen dicken Schwamm und wische den Fleck von dir ab. Egal, womit du dich bekleckert hast. :-) Das ist so, als hättest du einen dicken Klecks Tomatensoße auf deiner besten Hose, und im nächsten Augenblick kannst du nicht einmal mehr sehen, wo er war. :-o
Aber warte, es kommt noch besser! Ich lösche nicht nur den Fleck aus, sondern wenn er weg ist, kann ich mich nicht einmal mehr daran erinnern, dass da mal einer war! Ich kriege den totalen «Gedächtnisschwund». Also bitte, komm mit allem, was bei dir schief läuft, zu mir und wende dich dann davon ab. Dann tue ich das Meine. Ich lösche es aus und vergesse es!
Dein Vater, der dir gern vergibt, :-)
>Gott

Ein Fluss in der Wüste?

Denn ich gieße Wasser auf das durstige Land und Ströme auf das ausgetrocknete Feld.

Jesaja 44,3

9. August

Mein Friede sei immer mit dir!
>Fühlst du dich je innerlich «ausgetrocknet»? Hast du die Nase voll vom Leben? Von der Arbeit? Von der Uni? Von deinen Freunden? Hast du die Nase voll von deiner Stadt, von deinem Dorf? Hört sich an, als könntest du eine kleine Erfrischung gebrauchen! ;-) Wenn ich eine Oase inmitten einer Sandwüste entstehen lassen kann, kann ich gewiss auch deiner Welt neues Leben geben. Je mehr du dein Herz für mich öffnest, desto mehr kann ich den Regen meines Heiligen Geistes senden, um dich zu erfrischen. Rufe jetzt gleich zu mir. Halte nichts zurück. Sprich mit mir über deine Bedürfnisse. Bitte mich, dich zu erquicken. Ich möchte meine Liebe auf dich herabregnen lassen. Ich will dir neue Hoffnung geben. Lass mich dich beleben.
Dein lebendiges Wasser,
>Gott

Wer sucht, der wird mich finden

Wenn ihr mich sucht, werdet ihr mich finden. Ja, wenn ihr mich von ganzem Herzen sucht, will ich mich von euch finden lassen. Das verspreche ich euch.

Jeremia 29,13–14

10. August

Schalom!
>Hast du schon mal etwas verloren und gar nicht damit gerechnet, es jemals wiederzufinden? Klar, du hast überall im Haus herumgestöbert und danach gesucht, aber da du nicht wirklich daran geglaubt hast, es wiederzufinden, hattest du auch nicht viel Erwartung oder Hoffnung bei deiner Suche. Weißt du, was in solchen Situationen passiert? Da du nicht damit rechnest, es zu finden, findest du es auch meistens nicht. ;-)
Manche Leute machen es bei ihrer Suche nach mir genauso. «Ach ja, Gott ist irgendwo da draußen, aber er steht so weit über mir, er ist derart weit entfernt von mir, dass ich ihn sicher nie erreichen werde.» Glaub mir, wenn ich dir sage: Wenn du mich von ganzem Herzen suchst, wirst du mich finden! Ich bin dir so nah. Mach die Augen deines Herzens auf und schau mal richtig hin! Rechne damit, dass ich hier bin, denn – hier bin ich!
Dein Freund,
>Gott

Du bist kein Hund!

Liebe nicht den Schlaf, sonst bist du bald arm! Steh früh genug auf, damit du immer genug zu essen hast!

Sprüche 20,13

11. August

Ich bin's wieder mal!
>Wie stehst du zum Arbeiten? Ist es dir zuwider? Nun, dann solltest du dich lieber daran gewöhnen, denn Arbeit ist ein Teil deines Lebens. Jeder muss arbeiten. Was mit den Hausfrauen ist? Natürlich, die arbeiten auch – und wie! Und die Leute im Ruhestand? Die können an den Dingen arbeiten, die ihnen Spaß machen, aber die meisten Leute legen sich dann nicht auf die faule Haut, sondern arbeiten immer noch an irgendetwas.
Wenn du nur den ganzen Tag herumlungern willst, dann hättest du besser als Hund geboren werden sollen. Aber ich habe dich nicht als Hund geschaffen. Ich habe dich als Mensch geschaffen. Und Menschen arbeiten nun einmal. Sogar im Paradies haben Adam und Eva gearbeitet. Arbeit ist nichts Schlechtes. Sie ist etwas, was ich dir zugedacht habe, und du kannst Spaß daran haben. Also mach die Arbeit, die ich dir gegeben habe. Selbst wenn sie dir nicht gefällt, entschließe dich, sie trotzdem zu tun. Später werde ich dich für deine Treue belohnen und dir eine spannendere Arbeit geben.
Vertraue mir auch in diesem Bereich!
>Gott

Die schweren Zeiten

Nachdem sie so misshandelt worden waren, warf man sie ins Gefängnis und gab dem Aufseher die Anweisung, die Gefangenen besonders scharf zu bewachen ... Gegen Mitternacht beteten Paulus und Silas. Sie priesen Gott laut, und die übrigen Gefangenen hörten ihnen zu.

Apg. 16,23 und 25

12. August

Hast du ein wenig Zeit für mich?
>Ich weiß, ich mache dir das Leben nicht immer leicht. Manchmal benutze ich schwere Zeiten in deinem Leben dazu, dich so zu formen, wie ich dich gerne haben möchte. :-o
Wenn du ein Stück Holz in eine bestimmte Form bringen wolltest, würdest du dazu eine Vogelfeder nehmen? Natürlich nicht, du würdest einen scharfen und harten Gegenstand nehmen, mit dem du das übrige Holz wegschnitzen könntest. Wenn du es zulässt, dass ich dich forme, dann können sogar die schwersten Dinge in deinem Leben zum Guten dienen. Deine Aufgabe ist dabei, mir zu vertrauen, wenn diese Zeiten kommen.
Ich erwarte nicht, dass du durch sie gehst, ohne dass es dir wehtut. Wenn dir etwas Trauriges passiert, dann wirst du weinen, und du wirst es spüren. Ich werde dir helfen, hindurchzukommen, ohne dass du andere beschuldigst oder dir selbst leidtust. Und wenn du wieder glücklichere Zeiten erlebst, dann wirst du zurückschauen und sehen, wie ich dein Kämpfen und Ringen benutzt habe, um dich zu einer charaktervollen Persönlichkeit zu formen. >Gott

Nicht zu verkaufen

Wie kostbar ist deine Güte, o Gott: Bei dir finden Menschen Schutz und Sicherheit.

Psalm 36,8

13. August

Mein Segen sei mit dir!
>Manche alten Gegenstände und Schätze sind von unermesslichem Wert. Die ägyptischen Pyramiden zum Beispiel könnte man für alles Geld der Welt nicht kaufen. Ein menschliches Leben erachte ich als unendlich kostbar, und deswegen hasse ich auch die Sklaverei so sehr. Deine Eltern sind ebenfalls unendlich kostbar. Ohne sie würde es dich nicht geben! :-o
Auch du bist für mich unendlich kostbar, und ich möchte, dass meine Güte und Liebe dir ebenso kostbar sind. Wie viel würdest du dafür bezahlen, dass jemand dich vollkommen liebt und akzeptiert? Wie viel würdest du für eine Liebe bezahlen, die niemals aufhört? Wie viel würdest du dafür bezahlen, von jemandem geliebt zu werden, der sich immer um dich kümmert, immer auf dich aufpasst und dich niemals aufgibt, was auch immer passiert? Meine Liebe ist unendlich kostbar, und trotzdem verschenke ich sie. Ich will kein Geld dafür. Meine Liebe ist die wertvollste Sache der Welt. Komm, hol dir etwas davon! :-)
Dein kostbarster Schatz,
>Gott

Ich bin dir näher, als du denkst

Denn kein anderes Volk, ganz gleich, wie groß, hat Götter, die ihm so beistehen, wie der Herr, unser Gott, uns beisteht! Wann immer wir zu ihm rufen, hört er uns.

5. Mose 4,7

14. August

Meine Freude sei täglich mit dir!
>Ich bin niemals weit weg. Ist dir das eigentlich bewusst? Oder handelst du, als ob ich irgendeine egoistische Berühmtheit wäre, die sich weit weg von dir in einer feudalen Penthouse-Wohnung verkriecht und für deine alltäglichen Probleme letztlich keine Zeit hat? Vertraue mir; wenn du dich auf mich einlässt, dann hast du es mit einem Freund zu tun, der mit beiden Beinen auf der Erde steht und dem nicht egal ist, wie es dir geht. :-)
Du brauchst nur an den Stall in Bethlehem zu denken und an das Kreuz auf Golgatha, um dir bewusst zu machen, wie nahe ich dir wirklich bin. Du brauchst nur an die Auferstehung von Jesus zu glauben, um meine Liebe, die in dir wohnt, zu erleben. Wenn du also Mut oder Trost, Weisheit oder Kraft brauchst, denke daran, dass ich weiß, was du durchmachst, und dass ich nur einen Herzschlag weit entfernt bin.
Ich bin von Herzen gern für dich da,
>Gott

Komm, lass mich dich heilen

Himmel und Erde, jubelt, ihr Berge, brecht in Freudenschreie aus! Denn der Herr hat sein Volk getröstet. Voll Erbarmen nimmt er sich der leidenden Menschen an.

Jesaja 49,13

15. August

Ich musste gerade an dich denken!
>Ich sehe zurück auf deine Kindheit und sehe all die vielen Male, als du verletzt wurdest, absichtlich oder unabsichtlich. Ich höre die schmerzenden Worte und sehe die beschämenden Taten, und ich kenne die Narben, die du deswegen hast. :,-(Manchmal waren es genau die Menschen, von denen du Liebe erwartet hast, die dich am meisten verletzt haben. Manchmal waren es sogar Mitglieder deiner eigenen Familie! :,-(Aber auch wenn du verletzt wurdest: *Ich* werde dir nie Schaden zufügen. Auch wenn du hängen gelassen wurdest: *Ich* will dich niemals im Stich lassen. Ich spreche Worte der Hoffnung und Heilung, Worte des Trostes und der Freundlichkeit zu dir. Du bist immer in meinen Gedanken. Ich habe eine großartige Zukunft für dich vorgesehen. Bitte, komm jetzt und lass dich von mir heilen.
Der, der trösten kann wie kein anderer,
>Gott

Du hast die Wahl

Liebt nicht diese Welt, und hängt euer Herz nicht an irgendetwas, das zu dieser Welt gehört. Denn wer die Welt liebt, kann nicht zugleich Gott, den Vater, lieben.

1. Johannes 2,15

16. August

Ich wünsche dir das Allerbeste!
>Gehst du manchmal in verschiedene Geschäfte, um herauszufinden, welcher Laden das günstigere Angebot hat? Heute möchte ich, dass du das, was die Welt anbietet, mit dem vergleichst, was ich dir anbiete. Du hast die Wahl. :-o
Die Welt bietet ein Glück feil, das von den Umständen abhängt. Ich biete Freude an. Die Welt hat eigennützige Motive und verborgene Pläne. Ich biete dir bedingungslose Liebe. In der Welt behaupten sich Schuldzuweisung, Schande und Verurteilung. Ich biete dir Vergebung und einen neuen Anfang. Die Welt bietet Abhängigkeiten, Zwänge und vergängliche Befriedigung. Ich erfülle dich mit dem Frieden, der über alles Verstehen hinausgeht. In der Welt herrschen gebrochene Schwüre und Verträge. Ich gebe dir mein Wort, das sich niemals ändert. Die Welt bietet nur eine traurige Imitation des Lebens. So was kann man von mir nicht sagen! :-)
Ich *bin* das Leben,
>Gott

Wunder sind immer noch meine Sache

Du allein bist der Gott, der Wunder vollbringt; du hast die Völker deine Macht spüren lassen.

Psalm 77,15

17. August

Hallo, du!
>Manche Leute wollen unbedingt einen gewaltigen Machtbeweis von mir sehen. Manche denken, wenn sie nur das eine oder andere Wunder erleben könnten, dann würden sie auf den Zug aufspringen und an mich glauben. Nun, als Jesus auf der Erde war, sahen viele Leute ihn Wunder vollbringen. Manche nahmen ihn an, und manche taten es trotzdem nicht. Es kommt ganz darauf an, was man sich zu glauben entschließt. :-(
Du bist jeden Tag von Wundern umgeben. Jedes Mal, wenn eine Blume blüht, ist das ein Wunder. Jedes Mal, wenn ein Baby die ersten Schritte macht, ist das ein Wunder. Und jedes Mal, wenn ein Mann und eine Frau einander vergeben, ist das ebenfalls ein Wunder. Ich tue immer noch jeden Tag unerklärliche und wunderbare Dinge – so wie das Vermehren von Speisen für die Hungrigen und das Heilen von Krankheiten. Halte die Augen offen und entschließe dich zu glauben. Wunder sind immer noch meine Sache! :-)
Der Wundertäter,
>Gott

Ich hatte dich schon immer lieb

Ich habe euch schon immer geliebt, darum bin ich euch stets mit Güte begegnet.

Jeremia 31,3

18. August

Hallo, ich freue mich über dich!
>Hast du mich gewählt, oder habe ich dich gewählt? Wie kommst du dazu, dieses Buch zu lesen? Warum hast du den Kopf voller Gedanken über mich? Wenn du Christ bist, wie hast du mich kennen gelernt? Wenn du kein Christ bist, warum hast du so großes Interesse an mir? Warum hast du diese riesige Sehnsucht nach geistlichen Dingen? :-o
Die Antwort auf diese Fragen ist ganz einfach. Schon bevor du geboren wurdest, habe ich dich geliebt. Und seit dem Tag, als du auf die Welt kamst, habe ich dich zu mir gezogen. Ich habe dich dein ganzes Leben lang geführt und geleitet. Meine Liebe ist wie eine köstliche heiße Mahlzeit. Der Duft steigt dir in die Nase, und schon folgst du ihm bis zu seiner Quelle. :-) Ich habe dich als mein Kind erwählt. Geh dem Duft nach! Lass dich tiefer auf mich ein. Lass mich dich noch mehr lieben. Lass mich noch mehr in deinem Leben bewirken.
Der, der voller Güte ist,
>Gott

Keine Zeitverschwendung

Ich setze meine ganze Hoffnung auf den Herrn; voller Sehnsucht warte ich darauf, dass er zu mir spricht.

Psalm 130,5

19. August

Sei mir herzlich gegrüßt!
>Viele Leute setzen Warten mit Zeitverschwendung gleich. Sie betrachten Zeiten des Nichtstuns als vergeudete Zeit. :-(Aber ich betrachte das Warten als den Boden des Glaubens, in dem dein Geist sicher und stark werden kann. :-o
Was lernst du, wenn du bereit bist zu warten? Du wirst lernen, dass du nicht auf alles eine Antwort hast. Und mit der Zeit wirst du feststellen, dass *ich* sehr wohl auf alles eine Antwort habe. Du wirst lernen, dass das Tun, wenn es das falsche Tun ist, mehr Schaden anrichten kann als das Nichtstun. Du wirst lernen, dass der Glaube ein Tanz ist – ein Tanz, bei dem ich führen muss. Du wirst lernen, meinem Charakter zu vertrauen, während du auf meine Führung wartest. Und du wirst lernen, dich auf meine Liebe zu verlassen, auch wenn du mal nichts von mir hörst. Also, konzentriere deinen Geist auf mich und hoffe auf mein Wort, während du wartest.
Es lohnt sich, Geduld zu haben, :-)
>Gott

Nicht nur Sahneschlecken

Wenn wir am Abend noch weinen und traurig sind, so können wir am Morgen doch vor Freude wieder jubeln.

Psalm 30,6

20. August

Hast du gerade etwas Zeit für mich?
>Wenn einer dir sagt: «Christen haben keine Probleme. Bei denen ist alles eitel Sonnenschein und Sahneschlecken!», dann ist diese Person entweder ein Lügner oder total auf dem Holzweg. Traurigkeit wird es in deinem Leben bestimmt immer wieder geben. :-(Manchmal kann sie dich sogar näher zu mir bringen. :-) Darum bitte mich um Hilfe, wenn du das nächste Mal traurig und am Boden zerstört bist. :-) Komm zu mir und lass dich von mir trösten. Ich habe dich auch dann lieb, wenn du am Versinken bist. Und ich werde nicht zulassen, dass du für immer traurig bleibst. Das Leben hat nun einmal seine Höhen und Tiefen. Aber das Wichtigste für dich ist, dass du in meiner Nähe bleibst. Wenn dir etwas Schlimmes passiert, bedeutet das nicht, dass ich aufgehört habe, dich zu lieben. Ich werde niemals aufhören, dich zu lieben. Hab keine Angst. Ich bin bei dir, auch und gerade dann, wenn du traurig bist.
Für immer dein Tröster, :-)
>Gott

Der Bräutigam kommt

«Plötzlich um Mitternacht wurden sie mit dem Ruf geweckt: ‹Der Bräutigam kommt! Steht auf und geht ihm entgegen!› Da sprangen die Mädchen auf und bereiteten ihre Lampen vor.»

Matthäus 25,6–7

21. August

Friede sei mit dir!
>Viele Christen haben es aufgegeben, in die Kirchengemeinde zu gehen. Sie glauben zwar an mich, aber sie haben das satt, was sie «die Heuchelei organisierter Frömmigkeit» nennen. Pass auf: Ich möchte nicht, dass auch du in diesen geistlichen Graben fällst! :-(
Die Kirche ist die Braut Christi, und Jesus ist der Bräutigam, der zu seiner wunderschönen, liebenswerten Braut zurückkehrt. Sie ist noch nicht vollkommen, aber sie ist immer noch die eine, die mit Jesus verlobt ist. Und jeder Christ ist dazu aufgerufen, diese Braut zu schmücken, während wir auf seine Ankunft warten. Darum gehe weiterhin zur Kirche und zur Gemeinde. Jesus kommt nicht zurück zu einer verstreuten Gruppe geistlicher Besserwisser, die sich über seine Braut lustig machen oder beklagen. Er kommt zurück zu einer vereinigten Gruppe von Menschen, die sich entschieden haben, die Unvollkommenheiten der Gemeinde als ihre Verantwortung anzunehmen – einer Gruppe von Menschen, die sich verpflichtet haben, sie zu vervollkommnen.
Der Bräutigam ist auf dem Weg,
>Gott

Essiggurken brauchen Zeit

Reinige mich von meiner Schuld, dann bin ich wirklich rein; wasche meine Sünde ab, und mein Gewissen ist wieder weiß wie Schnee!

Psalm 51,9

22. August

Hallo, wie geht's?
>Es dauert lange, bis aus einer Gurke eine Essiggurke geworden ist. Man muss sie würzen, einlegen und einkochen, und vor allem braucht sie viel Zeit. Wenn sie fertig ist, kann man sie nicht mehr als Gurke bezeichnen. Jetzt ist sie eine Essiggurke. ;-)
Ich bringe dich aus der Dunkelheit ins Licht. Ich verändere dich vom Alten zum Neuen. Erwarte keine schnelle Zubereitung. Die Zutaten für die Veränderung sind schon bereitgelegt, aber du musst durch den Veränderungsprozess hindurch. Zuerst musst du gekocht werden, bis du demütig wirst und bereit bist zu empfangen. Dann wirst du eingeweicht in der Gegenwart meines Heiligen Geistes und abgeschmeckt mit meinem Wort. Etwas Druck und Drangsal zur Verfeinerung des Charakters sind auch nötig. Und keines davon ist über Nacht erledigt. :-o
Innerhalb eines Augenblicks bist du gerettet, aber es dauert lange, bis du verwandelt bist. Sei bereit, mir Zeit zu geben, um den Prozess deiner Veränderung in Gang zu setzen und durchzuführen!
Der, der dich verändert,
>Gott

Du bist kein Papierpüppchen

Passt euch nicht dieser Welt an, sondern ändert euch, indem ihr euch von Gott völlig neu ausrichten lasst. Nur dann könnt ihr beurteilen, was Gottes Wille ist, was gut und vollkommen ist und was ihm gefällt.

Römer 12,2

23. August

Schalom!
>Manche Leute hätten es am liebsten, wenn du wie ein Papierpüppchen in einer Kette aus lauter gleichen Papierpüppchen wärst, die aus einem zusammengefalteten Blatt ausgeschnitten wurden. Sie wollen dich dazu bringen, dieselben zahmen, harmlosen, unoriginellen Gedanken zu denken wie alle anderen auch. Wenn sie sich durchsetzen könnten, wärst du in deiner Kleidung, deinen Freundschaften, deinen Hobbys und allen deinen Aktivitäten allen anderen so ähnlich wie nur möglich. Vielleicht kennst du Leute, die ihr Leben so führen – die sich verzweifelt bemühen, sich in allem nach dem auszurichten, was die Welt für wichtig und richtig hält. Vielleicht hast du das sogar selbst auch schon versucht. :-(Es ist Zeit, damit aufzuhören, der Welt alles nachmachen zu wollen. Von nun an lass mich dein Leben verändern und dein Denken erneuern. Ich möchte mit meinen Gedanken, die ganz anders sind als die der Welt, in dein Leben hineinleuchten, damit du meinen Willen erkennst und dich in die unglaublich aufregende Zukunft stürzen kannst, die ich für dich vorbereitet habe. :-)
Der, der dich verändern kann und will, >Gott

Sogar ich habe mich ausgeruht

Achte den Sabbat als einen Tag, der mir allein geweiht ist! Sechs Tage sollst du deine Arbeit verrichten, aber der siebte Tag ist ein Ruhetag, der mir, dem Herrn, deinem Gott, gehört.

2. Mose 20,8–10

24. August

Ich denke oft an dich!
>Ist dir schon einmal der Gedanke gekommen, dass selbst ich am siebten Tag ausgeruht habe? Glaubst du im Ernst, ich war müde? Ganz sicher nicht. Mir geht niemals die Kraft aus. Warum habe ich also geruht? Weil die Ruhe ein Teil meines Schöpfungsrhythmus ist. Sie ist in das Tuch meines Planes eingewoben. :-o Arbeit kann zur Sucht werden. Sie drängt dich ständig, noch mehr zu tun – noch ein weiteres Ziel zu erreichen. Der Sabbat lädt dich ein, mich zu ehren, indem du langsamer machst und mich an die erste Stelle setzt. Es ist ein Tag, der dafür reserviert ist, dass meine Liebe dich erfrischen kann. Ich kann an einem Siebtel deiner Woche mehr für dich tun als du, wenn du dich immer weiter vorantreibst und dich so völlig verausgabst. Ehre mich mit deinem Sabbat, und ich werde dich zurück zur Arbeit schicken, platzend vor frischen Einfällen.
Der Autor des vierten Gebotes,
>Gott

Das Lamm, das ein Löwe war

Er wurde misshandelt, aber er duldete es ohne ein Wort. Er war stumm wie ein Lamm, das man zur Schlachtung führt. Und wie ein Schaf, das sich nicht wehrt, wenn es geschoren wird, hat er alles widerspruchslos ertragen. Man hörte von ihm keine Klage.

Jesaja 53,7

25. August

Hallo, du!
>Jesus führte als Mensch ein vollkommenes Leben. Bevor er den Himmel verließ, gab ich ihm einen Auftrag, den er auf der Erde erfüllen sollte, und das tat er genau so, wie ich es ihm gesagt hatte. :-)
Nachdem man ihn gefoltert und zur Kreuzigung an seine Henker übergeben hatte, bekam Jesus eine Chance, sich zu verteidigen. Schließlich war er vollkommen unschuldig. Und er war so mächtig, dass er mit einer Handbewegung all seine Ankläger hätte vernichten können ... Aber das tat er nicht. Jesus gehorchte mir und sagte kein Wort, so dass er am Kreuz starb und all deine Fehler und Vergehen mit sich nahm. Sein Opfertod verschaffte dir die Chance, meine Vergebung kennen zu lernen – und vor allem mich! :-o
Daran siehst du, dass die stärkste Person nicht die ist, die alles kurz und klein schlägt und am lautesten schreit, wie unfair doch das Leben ist. Die stärkste Person ist diejenige, die mir still gehorcht, selbst angesichts falscher Anschuldigungen. Sei stark, indem du demütig bist.
Der, der an dich glaubt,
>Gott

Tu, was du tun musst

Ihr meint wohl, der Herr sei zu schwach, um euch zu helfen, und dazu noch taub, so dass er eure Hilferufe gar nicht hört. O nein! Eure Schuld – sie steht wie eine Mauer zwischen euch und eurem Gott! Eure Sünden verdecken ihn, darum hört er euch nicht.

Jesaja 59,1–2

26. August

Da bin ich wieder!
>Glaube nicht, ich hätte nicht gehört, wie du mich gerufen hast. Glaube nicht, ich hätte dich in die Warteschleife gestellt. Ich möchte dir helfen. Aber etwas steht zwischen uns. :-(Sei leise in meiner Anwesenheit und höre, was mein Geist dir zu sagen versucht. Nimm Papier und Bleistift mit. Schreibe auf, was du in deinem Herzen gehört hast. Gibt es da jemanden, dessen Vergebung du brauchst? Gibt es da jemanden, der dir Unrecht getan hat und dem du nicht vergeben hast? Gibt es etwas, das ich dir aufgetragen habe, das du immer noch nicht getan hast? Ein Verhalten, das ich dich gebeten habe zu ändern? Eine Einstellung, die ich dich gebeten habe zu korrigieren?
Diese Dinge (du weißt ja, was es im Einzelnen ist) stehen zwischen dir und mir. Bitte, mein Kind, lass nicht zu, dass uns etwas trennt. Kümmere dich heute noch darum. Lebe konsequent.
Dein Vater,
>Gott

Du kannst etwas bewirken

Achtet also genau darauf, wie ihr lebt: nicht wie unwissende, sondern wie weise Menschen. Dient Gott, solange ihr es noch könnt, denn wir leben in einer schlimmen Zeit.

Epheser 5,15–16

27. August

Die Gemeinschaft mit dir ist mir wichtig!
>Ich hätte für dich ein Leben ohne schwere Entscheidungen und ohne Sackgassen planen können. Ich hätte deinen Weg genau vorzeichnen können wie den eines Flugzeuges, das auf Autopilot geschaltet ist, und dich vom Tag deiner Geburt bis zum Tor des Himmels ohne jegliche Schlingen und Stolpersteine bringen können. Doch stattdessen habe ich dir ein Leben voller Möglichkeiten, Entscheidungen und Chancen gegeben. Und mehr noch, ich habe dich mitten in eine Generation hineingesetzt, die voller Schwierigkeiten und Verzweiflung steckt. Die Menschen von heute sind mehr lebensbedrohlichen Problemen und Versuchungen ausgesetzt als je zuvor – na ja, dafür ist auch die Lebenserwartung viel höher geworden. ;-) Warum ich so viel Verantwortung in deine Hände gelegt habe? Weil ich glaube, dass du damit fertig wirst. Ich glaube, mit meinem Sohn an deiner Seite und meinem Geist in dir kannst du in deiner Welt etwas bewirken. Also vertrau mir! Mach dich auf den Weg! Nutze jede Gelegenheit, so gut es nur geht.
Der, der an dich glaubt, :-)
>Gott

Wie Geld auf der Bank

Herr, du gibst Frieden dem, der sich fest an dich hält und dir allein vertraut!

Jesaja 26,3

28. August

Hast du ein wenig Zeit?
>Jedes Mal, wenn du deine Gedanken von deinen Sorgen abwendest und auf mich lenkst, zahlst du Frieden auf deine geistliche Bank ein. Jedes Mal, wenn du deine Energie dazu nutzt, mir zu vertrauen, statt sie fürs Grübeln zu vergeuden, vermehrst du dein Friedensguthaben auf deinem geistlichen Bankkonto. Wenn du voller Vertrauen an mich denkst, erinnerst du dich automatisch daran, dass ich das Ruder in der Hand halte. Was auch immer dir zu schaffen macht, ich bin mächtiger. Was auch immer dir Sorgen macht, meine Liebe ist größer. :-)
Mit der Zeit wirst du eine Menge vertrauensvoller Gedanken ansparen. Sie werden Zinsen tragen und sich vermehren. Schon bald wirst du einen Riesenschatz des Friedens haben, aus dem du schöpfen und von dem du zehren kannst, wenn es in deinem Leben stressig wird. Darum denke oft an mich und vertrau mir. Ich werde dich nicht enttäuschen.
Der, der dir Frieden gibt,
>Gott

Popeye und Brutus

Ich liebe dich, Herr! Du bist meine Kraft! Der Herr ist mein Fels, meine Festung und mein Erretter, mein Gott, meine Zuflucht, mein sicherer Ort.

Psalm 18,2–3

29. August

E-Mail für dich!
>Was wäre wohl aus Popeye geworden, wenn er seinen Spinat nicht gehabt hätte? Dann wäre es ihm schlecht ergangen. Brutus war zehnmal so stark wie Popeye. Aber solange Popeye jederzeit an seinen Spinatvorrat konnte, hatte Brutus keine Chance. :-o Lass es mich flapsig sagen: Ich bin dein Spinat. ;-) Ich bin deine Kraft. Ich kann dir garantieren, dass es Dinge im Leben gibt, für die du nicht stark genug bist, um mit ihnen fertig zu werden. Mach dir deswegen keinen Kopf! Komm zu mir und bitte mich um Kraft. Ich kann deinen Verstand stark machen. Ich kann deinem Körper übernatürliche Stärke geben, um dich auf den Beinen zu halten. Ich kann dein Herz stark machen, wenn es zu brechen droht. Ich kann deinen Willen stark machen, wenn du kurz vor dem Aufgeben bist. Wenn du dich schwach fühlst, dann bete einfach: «Hilf mir, Gott.» Es ist nicht gemogelt, wenn du dich auf mich stützt. Ich will dir ja helfen!
Deine Kraft und deine Stärke,
>Gott

Mein Wort ist die Richtschnur

Fügt meinen Worten nichts hinzu und lasst nichts davon weg! Haltet euch an alle Gebote des Herrn, eures Gottes, die ich euch weitergebe.

5. Mose 4,2

30. August

Ich grüße dich!

>Es gibt Hunderte von Büchern, Zeitschriften-Artikeln und Seminaren zum Thema Lebenshilfe. Auch wenn einige davon von Christen geschrieben oder angeboten werden und auf meiner Wahrheit basieren, möchte ich dich doch ermutigen, kritisch zu sein. Einige dieser Lehrer und Schreiber könnte man vergleichen mit Köchen, die einen Eintopf kochen. Sie rühren eine halbe Tasse dieser Philosophie und eine Tasse jenes Glaubens ein, geben einen Teelöffel Bibel hinzu und nennen das dann Christsein. >:-(

Mein reines, unverfälschtes Wort soll deine Richtschnur sein. Füge nichts hinzu und nimm nichts davon weg, und verdünne es nicht mit dem Versuch, die neuesten psychologischen Trends nachzuahmen. Sieh auf mich, der dich durch das Labyrinth der Selbsthilfe-Literatur da draußen führt, und ich sorge dafür, dass du auf dem rechten Weg bleibst.

Der Herr der ganzen Wahrheit,

>Gott

Ich will dich, und zwar ganz!

Dient vielmehr Gott mit allem, was ihr seid und habt. Weil ihr mit Christus gestorben seid und er euch neues Leben schenkte, sollt ihr jetzt Werkzeuge in Gottes Hand sein, damit er euch für seine Ziele einsetzen kann.

Römer 6,13

31. August

Hallo, du!
>Ich will dich ganz – mit Leib, Seele und Geist. Genau wie ein Ehemann seine Frau (und umgekehrt sie ihn) ganz will. Wenn du heiratest, gehören du und dein Ehepartner zusammen. Eine gute Ehe beruht darauf, dass man jeden Aspekt seiner Persönlichkeit miteinander teilt. :-)
Wenn du eine Beziehung zu mir haben willst, ist es genauso. Ich bitte dich, mir deine ganze Persönlichkeit zu geben. Wenn dein Verstand sagt: «Ich liebe dich, Gott», du aber mit deinem Körper immer noch auf eine Art umgehst, die mir missfällt (beispielsweise mit Nikotin oder Drogen), dann wirst du nie glücklich sein. Aber wenn du mir auch deinen Körper gibst, werde ich dich segnen und dir körperliche Kraft geben, um die Arbeit zu tun, zu der ich dich berufen habe. Ich werde deine physischen Talente, dein Aussehen und deine sportlichen Fähigkeiten gebrauchen, um anderen zu helfen. :-o
Gib mir alles, was du bist, und ich werde dir alles von mir geben.
Deine wahre Liebe,
>Gott

Vertrau dem Künstler

Wehe dem, der seinen Schöpfer anklagt! Er ist doch in Gottes Augen nicht mehr als ein Tonkrug unter anderen. Fragt denn ein Tonklumpen den Töpfer: «Was tust du da mit mir?» Oder macht er sich lustig und sagt: «Mein Meister hat zwei linke Hände!»?

Jesaja 45,9

1. September

Ich bin's mal wieder!
>Wie würdest du es finden, wenn du ein schönes Bild malst, und auf einmal springt es von der Staffelei und mosert dich an, weil du rot statt lila genommen hast? Wie würdest du es finden, wenn du eine wunderschöne Schale auf der Töpferscheibe formst und sie anfängt, mit dir herumzustreiten, wieso du sie so machst und nicht anders? Ich weiß, das hört sich albern an. Bilder und Gefäße meckern nicht herum. Aber lies weiter. Ich will auf etwas ganz Bestimmtes hinaus. ;-)
Weißt du, ich bin gerade dabei, dich in die letzte Phase deiner Entwicklung zu bringen. Ich weiß genau, was ich tue. Wenn du nun wegen deiner Größe, deiner Haarfarbe, deinem musikalischen Talent oder deiner organisatorischen Begabung herummoserst, beleidigst du damit mich, deinen Schöpfer. Ich erschaffe dich für meine eigenen Zwecke. Ich weiß genau, wie ich dich gebrauchen möchte. Und das wird gut sein. Vertrau mir! :-)
Der Künstler, der dein Leben formt,
>Gott

Komm und sieh das Licht

Alles wurde durch das Wort geschaffen, und nichts ist ohne das Wort geworden. Von ihm kam alles Leben, und sein Leben war das Licht für alle Menschen. Es leuchtet in der Finsternis, doch die Finsternis wehrte sich gegen das Licht.

Johannes 1,3–5

2. September

Schalom!
>Mein Sohn Jesus kam als das Leben selbst – als mächtiges, dynamisches Leben – in deine Welt, voller Energie und Hoffnung. Er kam als Licht in deine Welt, strahlte aus der Dunkelheit und vertrieb die Schatten.
All dieses Leben und Licht war in einem Menschen enthalten, so dass viele Menschen nicht verstanden, mit wem sie es zu tun hatten, als sie ihm begegneten. Er sah aus wie ein ganz gewöhnlicher Mensch. Und dennoch war er bei mir, als die Welt geschaffen wurde. Jeder einzelne Bestandteil der Schöpfung wurde durch ihn geschaffen. Kein Wunder, dass die Leute vor einer großen Herausforderung standen, als sie mit ihm konfrontiert waren. :-o
Obwohl sie im Dunkeln standen und das Licht nicht verstanden, konnten sie es doch nie auslöschen! Er strahlt immer noch! Lass ihn in dir leuchten.
Der Vater des Lichts,
>Gott

Er betete für Gefangene

Die ihn aber aufnahmen und an ihn glaubten, denen gab er das Recht, Kinder Gottes zu werden.

Johannes 1,12

3. September

Ich denke oft an dich!
>Es war einmal ein Mann, der betete für Gefangene, und er bat mich jeden Tag, denen zu helfen, die wegen ihrer Sünden in einem schrecklichen, dunklen Raum eingesperrt waren. Eines Tages konnte es der Mann nicht mehr ertragen, draußen zu sein. Er bat darum, ein Jahr als Gefangener leben zu dürfen, obwohl er kein Gesetz gebrochen hatte. Ein Jahr lang aß der Mann Gefängnis-Kost, trug Gefängnis-Kleidung und schlief in einer Gefängnis-Zelle. Die Gefangenen erfuhren nie, wer er war, aber sie sahen seine Freundlichkeit und seinen Glauben. Und der Mann führte viele dieser Gefangenen zu einem neuen Leben mit mir. :-o
Jesus liebte die Welt, in der du lebst, so sehr, dass er es nicht ertragen konnte, nicht in dieser Welt zu leben. Wie der Mann, der für die Gefangenen betete, entschied er sich, eine Welt der Sünde zu betreten, obwohl er ohne Sünde war. Weil Jesus in deine Welt gekommen ist, konnte er Menschen zu einem neuen Leben mit mir führen. Hast du ihn schon in deinem Herzen aufgenommen, mein Kind?
Dein himmlischer Vater, >Gott

Die Gute Nachricht

Am nächsten Tag kam Jesus an den Jordan. Da rief Johannes: «Seht, das ist Gottes Opferlamm, das die Sünden aller Menschen hinwegtragen wird.

Johannes 1,29

4. September

Mein Friede sei mit dir!
>Am Anfang habe ich den Menschen geschaffen, damit er eine perfekte Beziehung mit mir haben sollte und mit mir im Garten Eden spazieren würde. Aber ich habe ihm auch diese Option gegeben: Er konnte mich und meinen Weg wählen oder sich dafür entscheiden, dass er selbst für sein Leben verantwortlich sein wollte. Er zog seinen eigenen Willen dem meinen vor. Das Ergebnis ist, dass er Jahrhunderte lang versuchte, das Ziel seiner Existenz zu erreichen, es aber nie ganz geschafft hat – nämlich in einer richtigen, intakten Beziehung mit mir zu leben. :,-(Die Israeliten, mein Volk, brachten Opfer und Sündopfer dar und versuchten damit, die Kluft zwischen sich und mir zu überbrücken. Aber dieser Blutzoll war nicht von Dauer. Sie fühlten immer noch die Distanz zwischen uns. Dann sandte ich Jesus auf die Erde, und er legte sein Leben nieder als das vollkommene Sündopfer, ein für alle Mal. Die Distanz zwischen Himmel und Erde ist seitdem aufgehoben. Nun gehe ich wieder mit den Menschen und bin ihrem Herzen ganz nahe. Glaube es! :-)
Der Überbringer der Guten Nachricht,
>Gott

Die Freude am geistlichen Weg

Ihnen wollte Gott zeigen, wie unbegreiflich und wunderbar dieses Geheimnis ist, das allen Menschen auf dieser Erde gilt: Christus lebt mitten unter euch. Er hat euch die Hoffnung auf die Herrlichkeit Gottes geschenkt.

Kolosser 1,27

5. September

Ich habe einen Gedanken für dich!
>Wenn du mir gehörst, dann beziehe ich meine Wohnung in deinem Herzen. Wenn dein Herz mein Zuhause ist, dann lebe ich mein Leben mitten in deinen täglichen Entscheidungen, Schmerzen und Aktivitäten. Solange du die Beziehung mit mir aufrechterhältst, solange du meinem Geist in dir nachgibst – so lange sind deine Gedanken meine Gedanken, sind deine Entscheidungen meine Entscheidungen und sind deine Aktivitäten von einer Art, die mir gefällt. :-)
Du musst nicht alle zehn Minuten deine geistliche Temperatur messen und sagen: «Was mache ich? Bin ich gerecht genug?» Du kennst die Freiheit des Lebens mit mir an deiner Seite, du kennst die Freude des geistlichen Weges. Und jeden Tag wirst du etwas deutlicher verstehen, was Jesus meinte, als er sagte: «Ich folge in allem dem Beispiel meines Vaters.» Das nenne ich Verherrlichung. :-)
Das Leben in dir,
>Gott

Anbetung ist kein Zuschauersport

«Du sollst Gott, deinen Herrn, lieben mit deinem ganzen Herzen, von ganzer Seele, mit aller Kraft und deinem ganzen Verstand. Und auch deinen Mitmenschen sollst du so lieben wie dich selbst.»

Lukas 10,27

6. September

Wieder eine E-Mail für dich!
>Wenn du zu einer Sportveranstaltung gehst, dann brauchst du dafür nur eine Eintrittskarte zu kaufen. Vielleicht kaufst du auch noch etwas zu knabbern und bekommst davon Sodbrennen. Aber das Spiel beeinflussen solche Dinge nicht. ;-)
Mit der Anbetung ist es völlig anders. Dass du kommst, ist nur der Anfang. Die beiden Hauptakteure auf dem Spielfeld der Anbetung sind du und ich. Auch wenn es scheint, als ob der Pfarrer und der Gebetsleiter die Hauptpersonen seien – dem ist nicht so. Sie wissen, dass es das Ziel der Anbetungs-Erfahrung ist, dass du dich mit mir triffst. Und dazu wollen sie dich ermutigen.
Also komm mit offenem Herzen und sei bereit. Gib mir 110 Prozent deiner Anbetung. Bete so, wie du es auch wirklich meinst. Ringe mit mir über die schwierigen Dinge. Suche mich mit ganzem Herzen, und du wirst mich finden. Anbetung ist kein Zuschauersport. Also komm nicht nur zum Zuschauen. Komm zum Spiel!
Ich begegne dir auf dem Spielfeld, :-)
>Gott

Ein Heim ist ein Geschenk

Seid gastfreundlich, und klagt nicht über die vermehrte Arbeit. Jeder soll dem anderen mit der Begabung dienen, die ihm Gott gegeben hat. Wenn ihr die vielen Gaben Gottes in dieser Weise gebraucht, setzt ihr sie richtig ein.

1. Petrus 4,9–10

7. September

Mein Friede sei mit dir!
>Wenn du vier Wände, ein Dach über dem Kopf und eine Vordertür hast, durch die Gäste hereinkommen können, dann betrachte dies nicht als selbstverständlich. In einer Welt, in der es viele Obdachlose und Hungernde gibt, ist ein Haus ein wertvoller Schatz, den man teilen soll. Es kann ein Schloss oder eine Hütte sein, ein gut geplantes Stadthaus, eine kleine Wohnung oder bloß ein Zimmer. Wie groß oder klein, elegant oder einfach dein Zuhause auch ist, wenn du es Heim nennst, dann ist es ein Geschenk. Und wenn die, die in deinen vier Wänden leben, einander und auch mich lieben, dann kann dein Heim ein winziger Außenposten des Himmels in einer gedankenlosen Welt sein. :-)
Wenn du Leute einladen willst, dann mache deine Gästeliste im Gebet. Lade nicht nur die Freunde ein, mit denen du dich wohlfühlst. Denke auch an solche, die geistliche Begleitung und Zuspruch brauchen. Und dann öffne deine Tür weit, und sieh, wie ich zu wirken beginne.
Der wichtigste Gast am Tisch,
>Gott

Ein Suchender und ein Retter

Da sagte Jesus zu ihm: «Heute hat Gott dir und allen, die in deinem Haus leben, Rettung gebracht. Denn auch du bist ein Nachkomme Abrahams. Der Menschensohn ist gekommen, Verlorene zu suchen und zu retten.»

Lukas 19,9–10

8. September

Schenkst du mir etwas Zeit?
>Die meisten Leute haben davon gehört, dass Jesus kam, um die Menschen vor dem Bösen in der Welt und dem Übel in ihrem eigenen Herzen zu retten. Aber manche, die die Bibel nicht gelesen haben, sind nicht so vertraut mit dem Kleingedruckten in dieser guten Nachricht. ;-)
Jesus ist nicht einfach bloß auf unserem Planeten Erde aufgetaucht, hat einen Laden aufgemacht und dann darauf gewartet, dass die Leute zu ihm hereinkommen und ihn um seine Dienste bitten. Jesus ging unter die Leute und hat nach denen Ausschau gehalten, die ihn brauchten. Er durchschaute jede fadenscheinige Entschuldigung, jedes egoistische Motiv, jeden arroganten Eifer. Und er hält immer noch Ausschau nach jeder und jedem, die gerettet werden müssen. Er steht am Abgrund ihres Kummers, ihres Überflusses oder ihrer Einsamkeit und ruft ihnen zu: «Kommt zu mir!»
Dein und ihr Vater,
>Gott

Du verwechselst mich mit jemandem

Denn ich bin nicht als Richter der Welt gekommen, sondern als ihr Retter.

Johannes 12,47

9. September

Hallo, ich grüße dich!
>Hast du das Gefühl, als wollte Jesus dich für jeden Fehler, den du machst, bestrafen? Dann hast du etwas völlig falsch verstanden. Jesus will dich nicht verurteilen, genauso wenig wie irgendjemanden sonst. Wenn Jesus die Welt verurteilen wollte, dann wäre er auf einem großen Streitross auf die Erde gekommen und hätte all seine Feinde niedergemäht. Stattdessen kam Jesus als ein Opfer, um an deiner Stelle zu sterben und dich vor dem Bösen zu erretten. :-o
Sicher, eines Tages wird Jesus zurückkehren, um über die Welt zu richten. Aber bis dahin ist das nicht sein Thema. Jesus interessiert sich vielmehr dafür, Leuten zu helfen – sie zu retten, ihnen einen Ausweg zu verschaffen, ihnen Freiheit zu geben und ihnen einen besseren Weg zu zeigen. Jesus liebt dich. Er ist nicht sauer auf dich. Er will dir helfen. Genauso stehe ich zu dir. Viel zu viele Leute denken, ich wäre ein zorniger Gott, der nur mit Donner und Blitzen um sich wirft. Aber das bin nicht ich, das ist Zeus (und der ist eine Erfindung). Ich will dir nur helfen. :-)
Von Herzen gern dein Retter,
>Gott

Die praktische Erfahrung

«Herr», erwiderte Simon, «wir haben die ganze Nacht gearbeitet und nichts gefangen. Aber weil du es sagst, will ich es wagen.»

Lukas 5,5

10. September

Ich grüße dich!
>Ist dir in einer Situation schon mal deine praktische Erfahrung in die Quere gekommen, so dass du beinahe nicht auf meine geistliche Führung eingehen konntest? Bei Petrus ist das einmal beinahe passiert. Eines Nachts hatte er seine ganze praktische Erfahrung eingesetzt, um Fische zu fangen, aber er musste mit einem leeren Boot ans Ufer zurückkehren. Dann schlug Jesus ihm vor, er solle seine Netze in tieferem Wasser auswerfen. :-o
Von einem vernünftigen Standpunkt aus gesehen hätte Petrus den Vorschlag meines Sohnes verwerfen können. Aber er hörte eine Autorität in den Worten von Jesus, die kraftvoller war als jede irdische Erfahrung. Und so erwiderte er: «Aber weil du es sagst, will ich es wagen.» Und dieses Mal zerrissen die Netze von Petrus beinahe, so voll waren sie. :-o
Also verlasse dich nicht allein auf menschliche Weisheit, mein Kind. Vertrau mir, wenn ich dich in tieferes Wasser rufe. Dort wirst du mich und meine Antworten finden.
Der, der dich führt,
>Gott

Komm, geh mit mir

Am nächsten Morgen stand Jesus vor Tagesanbruch auf und zog sich an eine einsam gelegene Stelle zurück, um dort allein zu beten.

Markus 1,35

11. September

Sieh mal in deiner Mailbox nach!
>Hast du schon einmal versucht, mit einem engen Freund über etwas Wichtiges zu sprechen, währenddem Musik lief und ständig Leute hereingekommen und wieder gegangen sind? Es ist schwierig, sich in solch einem Durcheinander und Lärm zu unterhalten. Wenn du mit deinem Freund oder deiner Freundin sprechen willst, dann solltest du besser an einen Ort gehen, wo es ruhig ist. Dann seid ihr ungestört. Und dann kannst du auch zuhören und verstehen. :-)
Ich bin dein engster Freund. Ich möchte dir wichtige Dinge erzählen. Ich möchte dir helfen, Entscheidungen zu treffen. Ich möchte dir von den Aufgaben erzählen, die ich für dich habe. Aber wenn du immer nur von Leuten und von Lärm und von Musik umgeben bist, dann wirst du meine Worte nicht verstehen können. Und darum tu das, was Jesus getan hat. Geh an einen stillen Ort und höre mir zu.
Dein Freund, der im Stillen mit dir reden möchte,
>Gott

Jesus ist die Tür zu mir

Ich allein bin die Tür. Wer durch mich zu meiner Herde kommt, der wird gerettet werden. Er kann durch diese Tür ein- und ausgehen, und er wird saftig grüne Weiden finden.

Johannes 10,9

12. September

Hallo, Post für dich!
>Es gibt eine Tür, die direkt zu meinem Herzen führt. Sie ist nicht verborgen und auch nicht schwer zu finden. Ich habe dafür gesorgt, dass sie von überall gut zu sehen ist, damit niemand sie vergeblich suchen muss. Was ist das für eine Tür, von der ich rede? Mein Sohn Jesus Christus ist die Tür, die zu mir führt, und sie steht weit offen, damit du hindurchgehen kannst. Er ist dir näher als dein eigener Herzschlag – immer nur ein Gebet weit entfernt.
Der Glaube an Jesus ist der Weg, der durch die Tür in meine Liebe, Barmherzigkeit und Kraft und zu den Antworten führt, die du brauchst. Darum bete im Namen Jesu. Frage nach dem Willen Jesu. Lege alles in die Hände Jesu, und du wirst dich auf meiner Weide wiederfinden, wo die Herde meiner Familie sich satt essen kann. Worauf wartest du noch? Komm herein und mach dich über das saftige, grüne Gras her! :-)
Dein Vater,
>Gott

Genieße dein Leben!

Der Dieb kommt, um zu stehlen, zu schlachten und zu vernichten. Ich aber bringe Leben – und dies im Überfluss. Ich bin der gute Hirte. Ein guter Hirte setzt sein Leben für die Schafe ein.

Johannes 10,10–11

13. September

Hast du etwas Zeit für mich?
>Genieße heute dein Leben – was du siehst, was du hörst, die Farben, die Menschen, das Gebet, die Arbeit, die Musik und das Essen. Jesus selbst lebte in vollen Zügen. Er genoss die Gemeinschaft und die Gastfreundschaft seiner Freunde. Er erfreute sich an der Schönheit meiner Schöpfung. Und er fand Erfüllung in seiner Beziehung zu mir. :-)
Jesus kam auf die Erde, damit du ein erfülltes und erfüllendes Leben haben kannst, kein zaghaftes, halbherziges; ein freudvolles Leben, kein bitteres, trostloses, das sich mit weniger zufrieden gibt, als es dir bieten könnte. Ich möchte, dass du ein barmherziges, gebefreudiges, großzügiges Leben der Liebe hast, das seine Gaben und Segnungen weitergibt; keines, das hortet und alles zurückhält. Also, nutze das Geschenk, das Jesus dir mitgebracht hat. Dies ist dein Leben. Feiere jeden Augenblick davon!
Die Erfüllung in Person,
>Gott

Beten ist Gespräch

Meine Schafe erkennen meine Stimme; ich kenne sie, und sie folgen meinem Ruf. Ihnen gebe ich das ewige Leben, und sie werden niemals umkommen. Niemand kann sie aus meiner Hand reißen.

Johannes 10,27–28

14. September

Schalom!
>Viele Leute meinen, dass Beten bedeutet, mit mir über Dinge zu reden, die ihnen auf dem Herzen liegen. Aber das ist nur die eine Hälfte dessen, was beim Beten geschieht. Das Gebet ist ein Gespräch zwischen zwei Personen. Ich möchte hören, was in deinem Leben so alles los ist, und ich möchte deine Wünsche hören. Durchaus. Aber es gibt auch eine Menge Dinge, die ich *dir* gerne sagen möchte. Ich möchte mit dir reden. Ich möchte dir sagen, wie sehr ich dich liebe. Ich möchte dir jeden Tag den Weg weisen, mit dir lachen und dir erzählen, was ich auf dem Herzen habe. :-)
Nimm dir jeden Tag etwas Zeit, um mit mir zu reden. Sei geduldig. Justiere dein Ohr auf meine Stimme, und warte darauf, dass ich mit dir rede. Sei nicht enttäuscht, wenn du mich nicht sofort hörst. Ich bin kein Fernseher, in dem sich alles schnell bewegt und jeder laut redet. Ich spreche mit leiser, freundlicher Stimme in dein Herz hinein. Lass uns anfangen, uns jeden Tag im Gebet miteinander zu unterhalten. Wirst du zuhören?
>Gott

Christus lebt in dir

Nur in Christus ist Gott wirklich zu finden, denn in ihm lebt er in seiner ganzen Fülle. Deshalb lebt Gott auch in euch, wenn ihr mit Christus verbunden seid. Er ist der Herr über alle Mächte und Gewalten.

Kolosser 2,9–10

15. September

Mein Banner über dir ist Liebe!
>Alles, was du brauchst, was du irgendwann gebraucht hast und was du jemals brauchen wirst, ist mein Sohn Jesus. Deine gesamte Identität, deine Zuversicht, deine Hoffnung, dein Frieden mitten in Konflikten und auch der Sinn deines Lebens liegen in ihm. Jesus will in dir leben. Alles, was du suchst, findest du in ihm. Sein Geist wohnt in dir mit seinen Gaben, seiner Gnade, seinem Herzen voller Liebe. :) Rufe ihn an, suche ihn! Jeder Tag deines Lebens sollte eine kraftvolle Bestätigung dieses Geheimnisses sein. Jede Entscheidung und jede Tat sollten von dieser guten Nachricht geprägt sein. Deine Arbeit sollte es wortlos verkünden, und deine Worte sollten es von den Dächern rufen: «Christus ist in mir!»
Der Vater von Jesus,
>Gott

Menschen nach meinem Herzen

Doch Jesus rief die Kinder zu sich und sagte: «Lasst die Kinder zu mir kommen, und haltet sie nicht zurück! Denn für Menschen wie sie ist Gottes neue Welt bestimmt.»

Lukas 18,16

16. September

Friede sei mit dir!
>Hast du dich schon je gefragt, mit wem ich am liebsten zusammen bin? Du denkst vielleicht, mit Königen oder Präsidenten – mächtigen Menschen, die die Fäden des Geschehens in der Hand halten. Falsch! Du denkst vielleicht, mit den frömmsten Leuten – denen, die beim Bibelquiz immer gewinnen. Wieder falsch. Vielleicht denkst du auch, mit Spitzensportlern oder Filmstars. Nein, nicht wirklich. Geld und Ruhm beeindrucken mich nicht. :-(
Die Leute, mit denen ich am liebsten Zeit verbringe, sind diejenigen, die ein kindliches Herz haben – diejenigen, die sich nicht ständig ins Rampenlicht drängen, sondern die andere zum Leuchten bringen wollen. Ich habe ein Herz für diejenigen, die bereit sind, sich im Hintergrund zu halten, und sich nicht wie Neunmalkluge benehmen – diejenigen, die auf meine Worte warten und auf meine Stimme hören.
Bist du so ein Mensch nach meinem Herzen?
Dein liebender Vater,
>Gott

Bau eine Straße in deinem Herzen

«Ein Bote wird in der Wüste rufen: ‹Macht den Weg frei für den Herrn! Räumt alle Hindernisse weg! Jedes Tal soll aufgefüllt, jeder Berg und Hügel abgetragen werden, krumme Wege sollen begradigt und holprige Wege eben werden! Dann werden alle Menschen sehen, wie Gott Rettung bringt!›»

Lukas 3,4–6

17. September

Ich wollte dir mal wieder schreiben!
>Ich möchte, dass du in deinem Herzen eine Straße baust, auf der Jesus reisen kann. Beseitige mit der Hilfe meines Heiligen Geistes das ganze Gestrüpp sinnloser Aktivitäten. Trage die Berge der Ich-Bezogenheit und der Überheblichkeit ab. Fülle die Täler des niedrigen Selbstwertgefühls und der Niedergeschlagenheit auf. Begradige die krummen Motive und die verdrehten Rechtfertigungen. Mach die Schlaglöcher des Zauderns und der Faulheit glatt. Auf einer guten Straße kann sich Jesus frei durch dein Leben bewegen und in dir das bewirken, was er möchte. Er kann dich führen und leiten, und du wirst eine ganz neue Freiheit finden, ihm zu folgen. Und je mehr du ihm folgst, desto ähnlicher wirst du ihm werden. Dann werden die Leute in deiner Umgebung ihn in dir erkennen können!
Dein Begleiter in jeder Lebenslage,
>Gott

Wen siehst du im Spiegel?

Ebenso wichtig ist das andere Gebot: «Liebe deinen Mitmenschen wie dich selbst!»

Markus 12,31

18. September

Wie geht's denn heute so?
>Es bricht mir das Herz, wenn du an anderen Leuten herummäkelst. Aber es bricht mir ganz genauso das Herz, wenn du dich selbst kritisierst und dich für jeden kleinen Fehler selbst fertig machst und die Person verabscheust, die du im Spiegel vor dir siehst. :,-(Ich bitte dich: Hör auf, dich selbst zu bekritteln, und fang an, dich selbst anzunehmen und zu lieben! :-o
Weißt du, warum es so wichtig ist, dich selbst zu lieben? Nun, wenn du es nicht tust, wirst du auch nie lernen, andere zu lieben. Wenn du dich nur mit MEINEN Augen ansehen könntest! In meinen Augen bist du total spitze, unendlich wertvoll und voller Potential. :-) Ich freue mich über dich! Wenn du dich selbst je so zu Gesicht bekommen könntest, wie ich dich sehe, würdest du es nie wieder fertig bringen, dich selbst so niederzumachen. Dann würdest du auch anfangen, an dich zu glauben und dich zu lieben. Und dann kannst du diese Liebe zu anderen überfließen lassen.
Der, der die Liebe in Person ist,
>Gott

Schau auf Jesus

Da rief Petrus: «Herr, wenn du es wirklich bist, lass mich auf dem Wasser zu dir kommen.» «Komm her!», antwortete Jesus. Petrus stieg aus dem Boot und ging Jesus auf dem Wasser entgegen.

Matthäus 14,28–29

19. September

Hallo, hast du ein paar Momente?
>Einmal wollte Jesus einige Zeit allein im Gebet verbringen, und deshalb schickte er seine Freunde in einem Boot voraus über den See Genezareth. Als es dunkel wurde, fing der Wind an zu heulen, und die Wellen türmten sich hoch auf. Plötzlich sahen sie Jesus auf dem Wasser auf ihr Boot zugehen. Sie kriegten alle eine mächtige Gänsehaut, weil sie ihn für ein Gespenst hielten! Aber er rief ihnen zu: «Keine Angst, Jungs. Ich bin's bloß.» Da sagte Petrus, forsch wie er war: «Wenn du es bist, lass mich zu dir kommen.» Und Jesus sagte: «Komm her.» So fand Petrus heraus, wie es sich anfühlt, übers Wasser zu gehen. Und dann kam, was kommen musste: Er fing an zu sinken, als er den Blick von Jesus abwandte und auf die heftigen Wellen und den Sturm schaute. :-(
Darin steckt eine Lektion für dich. Lass dich nicht von den heftigen Winden deines Lebens irremachen. Halte den Blick auf Jesus gerichtet, und er wird dich aufrecht halten! :-)
Sein und dein Vater,
>Gott

Komm heraus aus dem Regen

«Nein, Herr», widersprach ihm Thomas, «wir wissen nicht einmal, wohin du gehst! Wie sollen wir dann den Weg dorthin finden?» Jesus antwortete: «Ich bin der Weg, ich bin die Wahrheit, und ich bin das Leben! Ohne mich kann niemand zum Vater kommen.»

Johannes 14,5–6

20. September

Ich habe eine gute Nachricht für dich:
>Stell dir vor, du würdest versuchen, bei Nacht und bei scheußlichem Wetter das Haus eines Freundes zu finden, das du vorher noch nie gesehen hast. Du würdest ohne Stadtplan im Dunkeln durch den Regen herumirren. :-(
Und dann, ganz plötzlich, siehst du die Scheinwerfer eines Autos. Es wird langsamer. Der Fahrer kurbelt die Scheibe herunter und ruft dich bei deinem Namen. Du bemerkst, dass es dein Freund ist. Sicher aufgehoben und trocken im Auto deines Freundes weißt du, dass es nun definitiv in die richtige Richtung geht. :-)
Versuchst du, zu mir zu kommen? Jesus ist wie die Scheinwerfer, die du in einer dunklen Nacht siehst. Er ist wie ein Stadtplan, der dich geradewegs zu mir führt. Es gibt keinen anderen Weg, um zu mir zu kommen, als durch ihn. Also komm heraus aus dem Regen und steig ins Auto. Komm heim zu mir.
Der auf dich wartet, :-)
>Gott

Verpass das Abenteuer nicht

Glaubst du nicht, dass ich im Vater bin und der Vater in mir ist? Was ich euch sage, habe ich mir nicht selbst ausgedacht. Mein Vater, der in mir lebt, handelt durch mich.

Johannes 14,10

21. September

Hast du das gewusst?
>Jesus war ganz auf meiner Wellenlänge. Er wurde von der Kraft meines Heiligen Geistes angetrieben. Er tat das, was ich wollte. Wenn er etwas sagte, dann konnte man sicher sein, dass ich ihm vorher aufgetragen hatte, es zu sagen. :-o
Aber Jesus war keine Marionette. Er war eine Person, die ihre eigenen Entscheidungen treffen konnte. Doch er entschied sich immer dafür, sein Leben ganz für mich zu leben. Darum war sein Leben so besonders. :-o
Und jetzt möchte ich dir etwas sagen: Du kannst *auch* Entscheidungen treffen. Du kannst dich dafür entscheiden, ebenfalls ein besonderes Leben zu haben. Wie das geht? Lass Jesus in dir leben. Lass die Kraft meines Heiligen Geistes dein Antrieb und dein Benzin sein. ;-) Lies in der Bibel und bete. Höre auf meine Worte in deinem Herzen und folge ihnen. Dann kommt alles gut!
Das größte Abenteuer von allen, :-)
>Gott

Auch du wirst von etwas bewegt

Wenn ihr mich liebt, werdet ihr so leben, wie ich es euch gesagt habe. Dann werde ich den Vater bitten, dass er euch an meiner Stelle einen Helfer gibt, der für immer bei euch bleibt.

Johannes 14,15–16

22. September

Ich bin's wieder mal. Geht's dir gut?
>So wie die Gezeiten des Meeres vom Mond ausgelöst werden, so wie die Wolken vom Wind gestoßen werden, so wirst auch du von etwas bewegt. Manche Menschen werden von der Furcht bewegt. Andere werden bewegt von dem Bedürfnis, andere zu beeindrucken. Menschen, die mir nur gehorchen, weil sie die Hölle fürchten oder weil sie vor anderen als Heilige dastehen wollen, werden mich und meine Liebe niemals wirklich und authentisch kennen lernen. :-(
Ich möchte, dass du allein von der Liebe bewegt wirst. Liebe ist die Kraft im Innern meines Wesens. Und solange du nicht zulässt, dass diese Realität dich bewegt, werden deine Motive bestenfalls durchmischt sein. Also komm zu mir. Lies mein Wort. Schalte dich in das wechselseitige Gespräch ein, das auch als Gebet bekannt ist. ;-) Wenn du mich kennen lernst, dann wirst du von der Kraft meiner Liebe in ein Leben des Gehorsams hineingezogen.
Der Herzschlag der Liebe,
>Gott

Lass mein Wort dein Leben prägen

Ihm antwortete Jesus: «Wer mich liebt, richtet sich nach dem, was ich ihm gesagt habe. Auch mein Vater wird ihn lieben, und wir beide werden zu ihm kommen und immer bei ihm bleiben.»

Johannes 14,23

23. September

Ich wünsche dir das Allerbeste!
>Stell dir vor, du hast einen Freund, der dir zwanzig Mal am Tag sagt, wie sehr er dich mag. Aber dann nutzt er die erstbeste Gelegenheit, um deine Gefühle zu verletzen oder dir Geld zu klauen oder ein böses Gerücht über dich in Umlauf zu bringen. :-(Wäre das ein guter Freund? Wohl kaum. Ein Freund ist jemand, der dir gegenüber loyal ist. Jemand, der sich auf eine Art benimmt, die beweist, dass seine Beteuerungen der Freundschaft nicht nur leere Worte sind. :-)
Ich möchte, dass du mir deine Freundschaft nicht nur mit Worten ausdrückst. Ich möchte, dass dein Leben so voll ist von meiner Liebe, dass die Leute nicht lange überlegen müssen, ob du mein Freund bist. Sie schauen dich nur an und sehen meine Worte und meine Handschrift überall in deinem Leben und wissen Bescheid. Dann werden mein Sohn und ich zu dir kommen und in deinem Herzen Wohnung nehmen und Tag und Nacht bei dir leben. :-)
So nah, näher geht's nicht,
>Gott

Ein zusätzlicher Bonus

Auch wenn ich nicht bei euch bleibe, sollt ihr doch Frieden haben. Meinen Frieden gebe ich euch; einen Frieden, den euch niemand auf der Welt geben kann. Seid deshalb ohne Sorge und Furcht!

Johannes 14,27

24. September

Du, ich bin's!
>Die meisten Leute haben das pure Chaos und jede Menge Konfliktfelder in ihrem Leben: äußere Konflikte mit anderen Leuten – mit Eltern, Freunden, Verwandten und mit gewissen Situationen. Und innere Konflikte mit all den verschiedenen Meinungen und den miteinander streitenden Gedanken in ihren eigenen Köpfen.
Jesus möchte dir Frieden geben. Wenn du seine Liebe empfängst, bekommst du Frieden als zusätzlichen Bonus. Wenn du seine Freundschaft annimmst, kannst du ihn wie die Sonne in den Mittelpunkt deines persönlichen Sonnensystems setzen. Die Folge ist oft, dass all die chaotischen Auseinandersetzungen und Konflikte sich beruhigen. All die Fragen entwirren sich. All die Dinge, die dir wichtig sind, ordnen sich und drehen sich um Jesus wie Planeten, die in die Umlaufbahn seiner Gnade gezogen werden. Vertraue bitte darauf: Er wird dir Frieden geben.
Ich biete dir Frieden für immer,
>Gott

Lieben heißt gehorchen

... die Welt soll erfahren, dass ich den Vater liebe. Deswegen werde ich das ausführen, was Gott mir aufgetragen hat.

Johannes 14,31

25. September

Friede sei mit dir!

>Mein Sohn Jesus war mir vollkommen gehorsam. Wenn ich ihm sagte, er sollte zwölf Stunden lang beten, also mit mir reden, dann tat er es. Wenn ich ihm sagte, er sollte vierzig Tage lang nichts essen und trinken, dann tat er es. Warum er mir gehorchte? Weil er mich liebt. Solange du mich nicht liebst, wird es dir unendlich lästig sein, mir zu gehorchen. Meine Gebote werden dir dann nicht gefallen. :-(Aber wenn du mich liebst, wirst du von dir aus das tun wollen, was ich sage. :-o

Wie du lernen kannst, mich zu lieben? Indem du beginnst, meine Liebe zu dir anzunehmen. Wenn du erst einmal begreifst, wie sehr ich dich liebe, und wenn du erkennst, dass ich meinen Sohn geopfert habe, nur um mit dir zusammen zu sein, weil ich wunderbare Pläne für dein Leben habe und weil ich stolz bin auf dich, dann erwacht in dir der Wunsch, mich zurückzulieben. Sobald du mich liebst, ist der Gehorsam mir gegenüber keine lästige Pflicht mehr. Er ist dann die reine Freude. :-o

Unsere Beziehung birgt dieses Geheimnis,

>Gott

Verpass es nicht!

Und das allein ist ewiges Leben: dich, den einen wahren Gott, zu erkennen, und Jesus Christus, den du gesandt hast.

Johannes 17,3

26. September

Ich bin's wieder!
>Vermutlich hast du schon einige Theorien darüber gehört, wie man sich für das ewige Leben qualifiziert. Manche Leute sagen, nur diejenigen, die supergut sind, werden es schaffen. Andere Leute gehen noch gesetzlicher an die Sache heran. Sie sagen, du musst hart genug arbeiten, gut genug sein, zu der richtigen Gemeinde gehören, niemals auch nur einen einzigen Gottesdienst versäumen und tagein, tagaus auf jeden deiner Schritte achten. Und selbst dann, so glauben sie, kannst du nicht wirklich sicher sein, ob du in den Himmel kommst. :,-(
Leider sind die meisten von ihnen eigentlich gute Leute, die es nur einfach nicht verstehen. Entweder bringen sie sich schier um in dem Bestreben, gut genug zu sein, oder sie haben es schon lange aufgegeben, weil sie glauben, dass sie es sowieso nie schaffen. :,-(
Ich wünschte, sie wüssten die Wahrheit. Es ist gar nicht so schwer. Das ewige Leben beruht darauf, dass du Jesus und mich kennst. Ich habe es dir so einfach gemacht, weil ich auf keinen Fall will, dass du es verpasst.
Hör zu: Ich bin ein Vater der Gnade! >Gott

Kleiner Glaube, große Folgen

Wenn euer Glaube nur so groß wäre wie ein Senfkorn, könntet ihr zu diesem Berg sagen: «Rücke von hier dorthin!», und es würde geschehen. Nichts wäre euch unmöglich!

Matthäus 17,20

27. September

Friede sei mit dir!
>Man ist leicht in Versuchung, sich die starken Gestalten der Bibel anzuschauen und zu sagen: «Ich könnte nie wie Mose oder David oder Maria sein.» Aber ich will dir etwas sagen, was dich vielleicht überraschen wird. Am Anfang hatte jeder von ihnen nur eine einzige Sache, die für ihn sprach: den Glauben! :-o
Mose sagte mir, er könne nicht gut genug reden, um für mich dem Pharao entgegenzutreten. Ich sagte: «Mose, vertrau mir.» Das tat er, und er wurde zum Befreier meines Volkes. David war nur ein Junge mit einer Steinschleuder, der sich einem wütenden Riesen entgegenstellte. Aber David glaubte daran, dass ich bei ihm war, und so konnte er Goliath besiegen. Maria war im Grunde nur ein Teenager, aber weil sie den Worten eines Engels glaubte, wurde sie die Mutter von Jesus. :-o Meine größten Taten begannen mit einem ganz kleinen Anfang. Meine stärksten Nachfolger sind die, die mir Glauben schenken, und sei er nur so groß wie ein Senfkorn. :-)
Der, der gern mit kleinen Dingen arbeitet,
>Gott

Ein unglaubliches Ende

Kommt her! Euch hat mein Vater gesegnet. Nehmt das Reich Gottes in Besitz, das er seit Erschaffung der Welt für euch als Erbe bereithält! Denn als ich hungrig war, habt ihr mir zu essen gegeben ...

Matthäus 25,34–35

28. September

Ich grüße dich!
>Das Leben der Christen auf der Erde wird ein unglaubliches Ende nehmen. Jesus kommt zurück zu meinen treuen Kindern. Dann werdet ihr ihn mit euren eigenen Augen sehen und ihn von Angesicht zu Angesicht anbeten. Was für eine unglaubliche Zeit wird das werden! Meine Kinder werden weder Leid noch Krankheit mehr kennen. Sie werden sich nicht mehr länger fragen, warum Dinge so geschehen sind, wie sie geschahen. Schmerz und Leid werden durch Friede und Freude ersetzt. Und der Gelähmte wird dann vor mir tanzen. Obwohl du gelitten hast, wird dir das Lachen geschenkt werden. :-)
Das Unglaublichste am Ende eines Christenlebens ist aber, dass es der Anfang einer Ewigkeit ununterbrochener und vollkommener Erfüllung ist. Während deines Lebens auf der Erde – egal, wie dessen Umstände sind – kannst du Hoffnung und Mut haben. Einfach weil du weißt, dass die Geschichte deines Lebens ein vollkommenes Ende haben wird. Und dieses Ende wird der Anfang der Ewigkeit mit mir sein.
Der große König, der Ewige,
>Gott

Hab kein Elefantengedächtnis

Wenn du eine Opfergabe zum Altar bringst und dir fällt plötzlich ein, dass dein Bruder dir etwas vorzuwerfen hat, dann lass dein Opfer am Altar zurück, geh zu deinem Bruder und versöhne dich mit ihm. Erst danach bring Gott dein Opfer dar.

Matthäus 5,23–24

29. September

Hallo, ich bin's wieder!
>Ein gutes Gedächtnis ist nicht immer gut. Mir ist es lieber, wenn du nicht lange auf jemanden sauer bist. Klar, manchmal können dir die Leute schon auf die Nerven gehen – Angehörige, Freunde und Leute, die du nicht leiden kannst. Aber ich will, dass du mit den Leuten um dich herum in Frieden lebst. Wenn du Obdachlosen zu essen gibst, nett zu Menschen bist, die von allen als «bescheuert» bezeichnet werden, und auf deinem Auto groß und breit «I love Jesus» stehen hast, aber du deinen Arbeitskollegen hasst, weil er sich über dich lustig gemacht hat – nun, soll ich mich darüber etwa freuen? :-(
Deine Liebe zu mir kannst du zeigen, indem du die Leute um dich herum liebst und ihnen vergibst. Wenn du die Wahl hast, mir ein Loblied zu schreiben oder dich bei jemandem zu entschuldigen, ist es mir lieber, du entschuldigst dich zuerst. Wenn du dann das Loblied schreibst, kommt es auch aus einem liebenden Herzen. Mir ist es wichtig, dass deine Beziehungen in Ordnung sind.
Dein Freund,
>Gott

Ich helfe dir, den Weg zu gehen

Geht durch das enge Tor! Denn das Tor zum Verderben ist breit und ebenso der Weg dorthin! Viele Menschen gehen ihn. Aber das Tor, das zum Leben führt, ist eng, und der Weg dorthin ist schmal. Deshalb finden ihn nur wenige.

Matthäus 7,13–14

30. September

Schalom!
>Jeden Tag stehst du vor schwierigen Entscheidungen. Wenn du für mich lebst, dann hast du sicher manchmal das Gefühl, als ob du auf einem sehr schmalen Pfad unterwegs bist und aufpassen musst, um nicht abzugleiten und links oder rechts in einen Graben zu fallen.
Manchmal schaust du dich um und siehst, wie die meisten Leute auf einer riesigen achtspurigen Super-Autobahn mit jeder Menge Platz zum Manövrieren dahindüsen. Nun, die große, breite Super-Autobahn des Lebens sieht vielleicht ganz leicht und attraktiv aus, doch am Ende werden die, die darauf fahren, feststellen, dass sie nicht zu mir führt. :,-(
Wie kannst du auf dem schmalen Weg bleiben? Lerne mich kennen. Lies mein Wort. Lass mich dich führen und dir den Weg zeigen. Lass mich dir die Kraft und die Balance geben, die du brauchst, um die richtigen Entscheidungen zu treffen. Du wirst es schaffen! :-)
Dein Meisterplaner,
>Gott

Baue die Startbahn

Trotz allem besserten wir die Mauer weiter aus, und schon bald waren ihre Lücken bis zur halben Höhe geschlossen. Denn das Volk arbeitete mit ganzer Kraft.

Nehemia 3,38

1. Oktober

Schalom!
>Viele Menschen wünschen sich, dass ihre Träume sie wie ein Flugzeug in die Luft tragen. Sie sitzen herum und feilen an diesen Träumen und bauen und vervollkommnen ganz leise den «Traumflieger», mit dem sie eines Tages in den Himmel fliegen werden. Aber genau diesen Menschen gelingt es oft nicht, sich Zeit zu nehmen, um die solide Startbahn zu bauen, die sie brauchen, damit dieser Traum überhaupt in die Luft gehen kann. :-(
Ein Flugzeug kann ohne Startbahn nicht abheben, und Träume können ohne praktische Pläne und Ziele nicht in Angriff genommen werden. Du sollst ein Träumer sein, gewiss, aber auch ein Macher. Jeder kann dasitzen und sich vorstellen, wie er hoch oben in der Luft im Cockpit sitzt und die Dinge steuert. Aber ohne einen Plan, der Hand und Fuß hat, wird dieser Traum niemals Flügel bekommen und abheben können. Ich habe unendlich große Träume für dich. Aber ich fordere dich auf, die alltäglichen Dinge zu tun, damit diese Träume auch wahr werden können!
Der, der dir Träume schenkt,
>Gott

Gerechtigkeit ist auf dem Weg

Glücklich sind, die nach Gerechtigkeit hungern und dürsten, denn sie sollen satt werden.

Matthäus 5,6

2. Oktober

Hallo, eine E-Mail für dich!
>Warum passieren guten Menschen schlimme Dinge? Warum passieren schlechten Menschen gute Dinge? Manchmal scheint es, als ob die ganze Welt auf dem Kopf steht. Drogenhändler schwimmen im Geld, und ehrliche Arbeiter müssen sich krumm legen, um über die Runden zu kommen. Fiese Typen sind überall beliebt, und nette Leute werden an den Rand gedrängt. >:-(Machen dir solche Dinge zu schaffen? Gut. Das bedeutet, dass du Hunger nach Gerechtigkeit hast.
Ich bin ein gerechter Gott. Der Grund, warum ich nicht jetzt sofort alles in Ordnung bringe, ist der, dass ich den schlechten Menschen eine Chance geben will, sich zu ändern. Jesus ist gestorben, damit jeder mich kennen lernen kann, sogar Drogenhändler und fiese Typen. Und so warte ich darauf, dass sie zu mir kommen. Aber ich werde nicht ewig warten. Bald komme ich zurück, um überall Recht zu schaffen. Und wer über mich gelacht hat, wird dann nichts mehr zu lachen haben. >:-(Die Gerechtigkeit ist schon auf dem Weg. Bis dahin tu du das Richtige und bete um Gerechtigkeit in der Welt.
Der Herr der Gerechtigkeit, >Gott

Es soll deine Entscheidung sein!

«Wenn es euch aber nicht gefällt, dem Herrn zu dienen, dann entscheidet euch heute, wem ihr gehören wollt ... Ich aber und meine Familie, wir wollen dem Herrn dienen.»

Josua 24,15

3. Oktober

Schalom!
>Hast du dich schon einmal gefragt, warum ich nicht einfach meine Macht benutze, um die Leute dazu zu bringen, das zu tun, was ich will? Ich hätte die Welt wie ein großes Marionetten-Theater erschaffen und dann alle nach Belieben manipulieren können, indem ich nur an ihren Schnüren ziehe. :-o
Aber ich wollte eine echte Beziehung zu dir haben. Darum habe ich dir einen freien Willen gegeben. Ich wollte, dass du die Freiheit hast, dich für mich zu entscheiden. Wenn ich dich zwingen müsste, mich zu lieben, was würde deine Liebe dann noch bedeuten? Manchmal wirst du falsche Entscheidungen treffen. Aber das Risiko gehe ich ein, denn wenn du dich schließlich zu meinen Plänen mit dir stellst, dann weiß ich, dass es deine eigene Entscheidung ist. Ich weiß, dass du zu mir gekommen bist, weil du wirklich eine Beziehung zu mir haben möchtest, und dass du dieses wunderbare neue Leben, das ich für dich bereithalte, tatsächlich haben willst. An dem Tag gibt es bei mir eine Riesen-Fete! :-)
Dein liebender Vater,
>Gott

Eine Liste von den guten Dingen

Und der Friede, den Christus schenkt, soll euer ganzes Leben bestimmen. Gott hat euch dazu berufen, als Gemeinde Jesu in diesem Frieden *ein* Leib zu sein. Dankt Gott dafür!

Kolosser 3,15

4. Oktober

Hallo, alles klar?
>Im Garten Eden hatten Adam und Eva es richtig gut. Sie bekamen alles, was sie wollten, und sie brauchten sich um nichts Sorgen zu machen. Aber sie waren nicht zufrieden. Sie wollten selbst Götter sein. Darum entschlossen sie sich, mir den Rücken zuzukehren, und so musste ich sie bestrafen, indem ich sie aus dem Garten warf. :,-(
Heute haben die Leute leicht reden, wenn sie zurückblickend sagen: «Was für Dummköpfe! Warum konnten die beiden denn nicht sehen, dass sie es so gut hatten?» Aber sieh dein eigenes Leben an. Sieh dir all die guten Dinge in deinem Leben an, und dann sieh, wie selten du mir dafür dankst. Ich werde dich nicht bestrafen, weil du nicht «Danke» sagst, aber du wärst glücklicher, wenn du es tun würdest. Wenn du dankbar bist für das, was du bekommen hast, anstatt immer mehr haben zu wollen, dann wirst du ein glücklicheres Leben führen. Darum mach doch mal eine Liste mit all den guten Dingen in deinem Leben – ich denke z. B. an deine Gesundheit, deine Familie, deine Freunde, deinen Platz zum Schlafen und das Essen auf dem Tisch –, und dann sag danke.
Der dir alle guten Dinge gibt, >Gott

Komm ganz leer zu mir

Er stürzt Herrscher von ihrem Thron, und Unterdrückte richtet er auf. Die Hungrigen beschenkt er mit Gütern, und die Reichen schickt er mit leeren Händen weg.

Lukas 1,52–53

5. Oktober

Ich grüße dich!
>Wenn du versuchst, Wasser in einen Eimer zu gießen, der bereits voll ist, dann hast du am Ende das ganze Wasser auf den Boden geschüttet. Es gibt so viele Segnungen, die ich in dich hineingießen möchte – die Freude einer vertrauten Beziehung mit mir, das Wunder wahrer Anbetung oder das Abenteuer, neuen Herausforderungen mit einem starken Glauben zu begegnen. Ich habe dich so entworfen, dass du all meine Gaben durch meinen Heiligen Geist aufnehmen kannst. :-o
Aber es ist schwer für mich, etwas in dich hineinzugießen, wenn du zu mir kommst und immer schon voll bist mit anderen Dingen – Sorgen und Problemen, anderen Menschen, Besitztümern und Leidenschaften. :-(Lege alles zur Seite, was dich beschäftigt, mein Kind. Komm ganz leer zu mir, damit ich dich füllen kann mit meinem Geist, meinen Segnungen und meinem Leben.
Der Lebensspender,
>Gott

Halte dein Ohr an mein Herz

Der Herr, der allmächtige Gott, sagt: «An dem Tag, wenn ich mein Urteil spreche, werden diese Menschen zu mir gehören. Ich will sie verschonen, so wie ein Vater seinen Sohn verschont, der zu ihm gehalten hat.»

Maleachi 3,17

6. Oktober

Hallo, du!
>Ich wünschte, du könntest nur einen winzigen Blick auf meine Liebe zu dir erhaschen. Es würde dein ganzes Leben verändern, garantiert. :-o Du würdest aufrechter stehen und deine Zukunft erkennen, die auf die Ewigkeit mit mir ausgerichtet ist. Du hättest mehr Ruhe und würdest erkennen, dass ich mich ständig aktiv um dich kümmere. Du hättest eine grenzenlose Hoffnung, weil du endlich verstehst, dass mir nichts unmöglich ist – gar nichts! Du würdest dich freuen, einfach nur mit mir zusammen zu sein, so wie ich mich freue, bei dir zu sein und die Gemeinschaft mit dir zu feiern. :-)
Und das möchte ich heute von dir: Komm zu mir, und lege alles, was dich belastet, zur Seite. Halte dein Ohr an mein Herz und höre zu. Du wirst hören, wie ich dir sage, dass du mein bist – mein Schatz und mein Edelstein – und dass es Zeit für dich ist, dich in mir auszuruhen.
Dein dich liebender Vater,
>Gott

Er ist, wer er ist

Wir haben es selbst erlebt, und darum bezeugen wir: Gott, der Vater, hat seinen Sohn in diese Welt gesandt, um sie zu retten.

1. Johannes 4,14

7. Oktober

Hallo, Post für dich!
>Viele Leute, die in der Zeit von Jesus lebten, wünschten sich einen Retter, der auf einem imposanten Pferd mit einem scharfen Schwert dahergaloppiert käme und die römische Besatzungsmacht auslöschen würde. Stattdessen bekamen sie einen stillen, demütigen Mann, der von Stadt zu Stadt wanderte, gefolgt von armen Leuten und Sündern, und der am Ende wie ein Verbrecher gekreuzigt wurde. :-(
Heute wünschen sich die Leute einen Retter, der ihre Gebete mit größeren Schecks, teureren Autos und einem bequemen Leben beantwortet. Aber er ist immer noch derselbe Retter. Der Retter, der sagt: Die Ersten werden die Letzten sein, die Stärksten werden die Schwächsten sein, und der Reiche wird es schwer haben, in den Himmel zu gelangen. :-o
Jesus wird nie das sein, was die Welt aus ihm zu machen versucht. Er ist, wer er ist – dein Retter, dein Freund und dein Herr.
Folge ihm nach, :-)
>Gott

Lass die Liebe herrschen

Ja, wenn die Liebe uns ganz erfüllt, vertreibt sie sogar die Angst. Wer sich also fürchtet und vor der Strafe zittert, der kennt wirkliche Liebe noch nicht.

1. Johannes 4,18

8. Oktober

Schalom!

>Angst ist eines der destruktivsten, lähmendsten Gefühle, die es gibt. Sie kann dich davon abhalten, deine Träume zu verwirklichen. Sie kann dich daran hindern, die Dinge zu tun, die dich am glücklichsten machen. :-(

Die Angst macht unterschiedlichen Menschen auf verschiedene Weise zu schaffen. Manche fürchten sich vor Versagen; andere vor Erfolg. Manche fürchten sich vor dem Sterben, andere vor dem Leben. Manche fürchten sich auch vor der Kritik, die sie davon abhält, auf ihre Träume zuzugehen. :-(

Ich verrate dir ein Geheimnis, das dein Leben von der Angst befreien wird. Ein Herz, das angefüllt ist mit Liebe, hat keinen Platz mehr für Angst. Wenn meine Liebe in dich hineinströmt und dich beherrscht, muss die Angst dich loslassen und sich einen neuen Tummelplatz suchen. Darum lass dich von meiner Liebe füllen und schau zu, wie die Angst verschwindet. Liebe ist mein Spezialgebiet! :-)

Alles Liebe,

>Gott

Ich denke anders als du

Wie groß ist doch Gott! Wie unendlich sein Reichtum, seine Weisheit, wie tief seine Gedanken! Wie unbegreiflich für uns seine Entscheidungen und seine Pläne! Denn «wer könnte jemals Gottes Absichten erkennen? Wer könnte ihn beraten?»
[Zitat aus Jesaja 40,13]

Römer 11,33–34

9. Oktober

Hallo, du!
>Manchmal schaust du dich um, was in der Welt so los ist, und möchtest am liebsten sagen: «Gott, was hast du eigentlich vor? Das ergibt doch alles keinen Sinn!» Sei nicht überrascht, wenn es dir so geht. Du bist nicht dafür gemacht, mich ganz und gar und in allem zu verstehen. :-o
Weißt du, ich denke anders als du. Es ist sogar völlig unmöglich, dass du mir hinter die Stirn schaust und meine göttlichen Gedanken verstehst. Deswegen wäre es auch falsch, wenn du versuchen würdest, alles zu durchschauen und mir Ratschläge zu erteilen. Du hast nicht das Zeug dazu, mein Ratgeber zu sein. Das Beste, was du tun kannst, ist, meinen Charakter kennen zu lernen – und dir so bewusst zu machen, dass ich ein guter und treuer Vater bin, der dich nie im Stich lassen wird. :-)
Vertrau mir in jeder Situation, in die ich dich führe, und du wirst merken, dass du dabei mehr Frieden haben kannst, als du je für möglich gehalten hättest.
Der absolut Höchste,
>Gott

Kennst du deinen Job?

Doch Johannes [der Täufer] erwiderte: «Kein Mensch kann auch nur das Geringste tun, wenn es ihm nicht von Gott gegeben wird. Ihr selbst könnt doch bezeugen, dass ich immer wieder gesagt habe: ‹Ich bin nicht Christus, der von Gott gesandte Retter. Ich soll ihn nur ankündigen, mehr nicht.›»

Johannes 3,27–28

10. Oktober

Schalom!
>Johannes der Täufer war ein Verwandter von Jesus. Er kleidete sich in Tierfelle und ernährte sich von einer ziemlich krassen Öko-Diät. Johannes war ein ziemlich spezieller Typ, aber die Leute kamen trotzdem in Scharen, um ihm zuzuhören. Er gehörte zu den ganz wenigen, die wussten, dass Jesus der Messias war. Und er hatte auch genau verstanden, was er mit diesem Wissen machen sollte. Ich gebrauchte seine Gabe, ehrlich und direkt zu reden, um die Menschen aufzurufen, sich von ihren Sünden abzukehren und sich dem Retter zuzuwenden. Die Anhänger von Johannes wollten ihn eifersüchtig machen auf Jesus, aber er dachte nicht mal im Traum daran, in diese Falle zu treten. Er wusste, dass es nicht sein Job war, der Retter zu sein, sondern andere auf den Retter hinzuweisen. :-o
Wärst du überrascht zu hören, dass jeder Mensch geschaffen ist, seine einzigartige Begabung einzusetzen, um genau denselben Job zu machen wie Johannes – nämlich andere auf Jesus hinzuweisen? Ja, auch du! Lass dir von mir zeigen, wie du das tun kannst.
Ich mag die speziellen Typen! >Gott

Was soll ich für dich tun?

«Was soll ich für dich tun?», fragte ihn Jesus. «Meister», flehte ihn der Blinde an, «ich möchte sehen können!» Darauf antwortete Jesus: «Geh! Dein Glaube hat dir geholfen.» Im selben Augenblick konnte der Blinde sehen, und er ging mit Jesus.

Markus 10,51–52

11. Oktober

Meine Freude sei mit dir!
>Mein Sohn hat gute Manieren. Er würde sich niemals in dein Leben hineindrängen und dort ohne deine Erlaubnis alles auf den Kopf stellen. Er wartet darauf, eingeladen zu werden. Und dann wartet er darauf, zu hören, was du möchtest. :-o
«Was soll ich für dich tun?», fragte er einen Blinden, und der Blinde antwortete: «Meister, ich möchte sehen können.» Dieser Mann hatte genug Glauben, um das zu erbitten, was er wollte, und deshalb fackelte Jesus nicht lange. Sogleich erfüllte er die Bitte des Blinden, und der Mann bekam sein Augenlicht zurück. Und nicht nur das – er begann Jesus nachzufolgen. :-)
Was möchtest du, dass Jesus für *dich* tut? Willst du ihn klarer erkennen? Willst du an ihn glauben? Das ist etwas, was er sehr gerne erfüllen möchte. Du brauchst ihn nur darum zu bitten.
Dein Vater,
>Gott

Mach es wie die Piloten

Der Glaube ist der tragende Grund für das, was man hofft: Im Vertrauen zeigt sich jetzt schon, was man noch nicht sieht.

Hebräer 11,1

12. Oktober

Post für dich!
>Der Pilot eines Passagierflugzeugs würde sich wahrscheinlich gar nicht erst ins Cockpit setzen, wenn nicht jemand in der Flugüberwachung wäre, der mithilft, dass die Maschine sicher zu ihrem Bestimmungsort kommt. Falls sich das Wetter verschlechtert, weiß der Pilot, dass ihm jemand aus der Leitzentrale über Funk Tipps geben kann, wie er durch den undurchdringlichen Nebel oder die Regenfront hindurchkommt. Falls ein entgegenkommendes Flugzeug von seinem Kurs abweicht und der Maschine zu nahe kommt, kann der Pilot es vielleicht nicht sehen, aber der Fluglotse hat es auf seinem Radarschirm und kann den Piloten entsprechend beraten. Darum verlässt sich der Pilot auf den Lotsen. :-o
Wenn du dich auf mich verlässt und dein Vertrauen auf mich setzt, kann ich dich durch alle Wetterfronten des Lebens hindurchlotsen. Darum bitte ich dich, an mich zu glauben.
Ich bin immer gern dein Lotse, ;-)
>Gott

Arbeit gehört nun mal dazu

Herr, unser Gott! Zeige uns deine Güte! Lass unsere Mühe nicht vergeblich sein! Ja, lass unsere Arbeit Früchte tragen!

Psalm 90,17

13. Oktober

Friede sei mit dir!
>Jeder muss arbeiten. Das ist nun mal so. Aber auf die richtige Einstellung dazu kommt es an. Davon hängt ab, ob du Spaß an deiner Arbeit hast und sie gut erledigst, oder ob du immer nur moserst und herumbummelst. Ein Bummelant muss sich vielleicht nicht so abrackern, aber das macht das Leben für ihn auch nicht leichter. Er wird dadurch nur unzufrieden, weil er nie die Befriedigung und den Stolz erfährt, die man normalerweise nach erfolgreich getaner Arbeit empfindet. :-(
Wenn Leute mit Begeisterung und Energie ans Werk gehen, werden sie am Ende auf sich und ihre Leistung stolz sein. Darum bete immer zuerst, wenn du mit einer Arbeit beginnst – ob du nun den Rasen mähst oder eine Prüfung oder einen Roman schreibst. Denk daran, dass ich bei dir bin und dich mag. Arbeite hart und habe deinen Spaß daran, weil du weißt, dass ich direkt an deiner Seite mitarbeite.
Ich bin dir allezeit nah,
>Gott

Ich halte Ausschau nach dir!

Der Herr steht allen bei, die allein ihm vertrauen. Auf der ganzen Welt sucht er nach solchen Menschen.

2. Chronik 16,9

14. Oktober

Ich denke immer wieder an dich!
>Ich bin auf der Suche nach jemand gaaanz Besonderem. Rund um die Uhr halte ich Ausschau nach einer bestimmten Person, die ich segnen und stärken möchte. «Wer ist diese geheimnisvolle Person?», fragst du jetzt vielleicht. Nun, eigentlich ist gar nichts Geheimnisvolles daran. :-)
Ich suche nach all denen, deren Herzen ganz mir gehören. Nach allen Menschen, die meine Gedanken zu den ihren machen wollen. Nach allen Leuten, die mit all ihrer geistlichen Kraft meinen Fußstapfen folgen wollen. Wenn ich dann so einen Menschen finde, gibt es nichts, was ich nicht tun würde, um dieser Person alle Kraft und Energie zu schenken, die sie braucht, um sich mir ganz hinzugeben und für mich zu leben! Du musst beileibe nicht perfekt sein, um mir zu gefallen. Es reicht mir völlig, wenn ich ein Herz finde, das sich nach einer Beziehung zu mir sehnt. Und das ist schon alles, was du brauchst. :-)
Der, der nach dir sucht,
>Gott

Die besten Speisen sind kostenlos

Ihr habt Durst? Kommt her, hier gibt es Wasser! Auch wer kein Geld hat, kann kommen. Nehmt euch Brot und esst! Hierher! Hier gibt es Wein und Milch. Bedient euch, es kostet nichts! Warum gebt ihr euer sauer verdientes Geld aus für Brot, das nicht sättigt?

Jesaja 55,1–2

15. Oktober

Schalom!
>Eine Menge Leute meinen, um ein Kind Gottes zu werden, müsse man erst einmal einen Haufen unmöglicher religiöser Vorschriften befolgen. «Ja ja», mosern sie, «ich würde ja schon für Gott leben, aber er will mich nicht haben. Ich kann sowieso nicht gut genug sein.» Was für eine Lüge! >:-(
Die meisten Dinge, die kostenlos sind, taugen nichts. Aber mein kostenloses Geschenk des Himmels, in dem du für alle Ewigkeit leben wirst, ist das kostbarste Geschenk, das du je bekommen wirst. Alles, was du tun musst, um in den Himmel zu kommen, ist, an meinen Sohn Jesus Christus zu glauben und ihm nachzufolgen. Und um meine Kraft anzapfen zu können, brauchst du nur Jesus ans Steuer deines Lebens zu lassen. Das ist alles! Ist das zu viel verlangt?
Hör auf, das schimmelige Brot dieser Welt zu kaufen. Komm und labe dich an meiner Liebe zu dir. Sie ist kostenlos! :-)
Dein Gastgeber,
>Gott

Lass deine Wurzeln wachsen

Statt der Trauergewänder gebe ich ihnen duftendes Öl, das sie erfreut. Ihre Mutlosigkeit will ich in Jubel verwandeln, der sie schmückt wie ein Festkleid. Wer sie dann sieht, vergleicht sie mit Bäumen, die der Herr gepflanzt hat.

Jesaja 61,3

16. Oktober

Hallo, ich bin's mal wieder!
>Tiere haben gelernt, dass sie in Trockenzeiten an der Erdoberfläche keine Feuchtigkeit finden. Und darum graben sie, um unter der Oberfläche Wasser zu finden, mit dem sie ihren Durst stillen können. Durstige Bäume lassen ihre Wurzeln auch ganz tief in die Erde wachsen, um unterirdische Wasservorräte zu erreichen. :-o
In deinen Sorgenzeiten solltest auch du deine Wurzeln tief in meine Liebe zu dir wachsen lassen. Lass mein lebendiges Wasser deinen durstigen Geist erfrischen. :-) Auch wenn du jetzt nur die verkohlten Reste deines Lebens sehen kannst – vertraue mir. Ich bin dabei, dich zu erneuern. Du kannst diese Asche gegen duftendes Öl eintauschen, deine Mutlosigkeit gegen meinen Jubel und deine traurigen Gedanken gegen mein Loblied. Grabe tief, und deine Heilung wird vorankommen.
Der Herr des Erdreichs,
>Gott

Es ist eine Riesenfreude

Das Einzigartige an dieser Liebe ist: Nicht wir haben Gott geliebt, sondern er hat uns seine Liebe geschenkt. Er gab uns seinen Sohn, der alle Schuld auf sich nahm, um uns von unserer Schuld freizusprechen.

1. Johannes 4,10

17. Oktober

Hast du schon mal über Folgendes nachgedacht? >Ich habe mich für dich entschieden, bevor du dich für mich entschieden hast. Ich habe dich geliebt, bevor du beschlossen hast, meine Liebe zu erwidern. Ich habe einen Plan zu deiner Erlösung in Gang gesetzt, bevor du auch nur einen Gedanken an dein Heil verschwendet hast. Bevor du den Schmerz gespürt hast, stand mein Heilmittel schon bereit. Selbst als du das Gefühl hattest, als wäre ich Lichtjahre von dir entfernt, hielt ich dich in meinen Armen. In den schlimmsten Zeiten deines Lebens war ich da und hielt dich fest; und in den Zeiten, als alles auseinander brach, war ich der Einzige, der es wieder zusammensetzen konnte. :-o

Für mich ist es eine Riesenfreude, dass du nach Hause gekommen bist. Jetzt kannst du mich kennen lernen, wie du mich noch nie gekannt hast. Du kannst wissen, wie nahe ich bin, und die Lieder hören, die ich schon die ganze Zeit über dich gesungen habe. Jetzt können wir zusammen auf die Reise gehen, und ich kann dich zu den Orten bringen, die ich dir schon immer zeigen wollte. Wir können miteinander reden und unser Leben miteinander teilen. Ich war schon immer für dich da. Es ist schön, dich endlich hier bei mir zu haben! >Gott

Bitte werde echt!

Kommt alle her zu mir, die ihr euch abmüht und unter eurer Last leidet! Ich werde euch Ruhe geben.

Matthäus 11,28

18. Oktober

Mein Friede sei mit dir!
>Nichts ist ermüdender, als «auf fromm zu machen», das heißt: so zu tun, als ob du alles im Griff hättest, während du innerlich leidest, einsam bist und dich danach sehnst, dich irgendjemandem gegenüber öffnen und echt und transparent werden zu können. Solche religiöse Schauspielerei ist der sichere Weg zum geistlichen Burnout. :-o
Außerdem funktioniert das bei mir überhaupt nicht. Das hat es noch nie getan. Wenn es einen Ort auf der Erde gibt, wo du wirklich echt sein kannst, dann bei mir. Wenn es einen Ort gibt, wo du deine Schauspielerei beiseite lassen kannst, dann in meiner Gegenwart. Ich habe kein Interesse an der Show, die irgendjemand abzieht. Nein, ich möchte Kontakt haben zu dem Menschen, der du wirklich bist. Ich möchte heilen, was dir wehtut. Ich möchte vergeben, was Vergebung braucht, und dich durch und durch erfrischen. Komm mit mir und lass mich dich mit neuem Leben füllen. Ruh dich aus. ;-)
Dein himmlischer Papa,
>Gott

Lerne von mir

Lasst euch von mir in den Dienst nehmen, und lernt von mir! Ich meine es gut mit euch und sehe auf niemanden herab. Bei mir findet ihr Ruhe für euer Leben. Mir zu dienen ist keine Bürde für euch, meine Last ist leicht.

Matthäus 11,29–30

19. Oktober

Meine guten Gedanken sind mit dir!
>Manche Leute tun, was sie können, um das Glaubensleben komplizierter zu machen. Sie versuchen, dich mit Vorschriften zu ersticken und mit Regeln ins Straucheln zu bringen. Und sie werden sich selbst nur allzu gerne zu Wachhunden deines Glaubens ernennen, wenn du es zulässt. :-(
Halte dich fern von solchen Leuten! Tust du es nicht, so werden sie dir die Schönheit und Freiheit genauso schnell aus dem Herzen reißen, wie ich sie jeweils hineinströmen lasse. Der beste Weg, um zu lernen, wie man sich auf der Glaubensreise vorwärts bewegt, ist, mit mir zu gehen. Der sicherste Weg, um herauszufinden, wie es geht, besteht darin, Hand in Hand mit mir zu arbeiten.
Es gibt eine Freiheit, die für dich maßgeschneidert ist. Es gibt einen Tanz der Gnade, der so ausgelassen ist, dass du das Gefühl haben wirst, du würdest fliegen. Schau auf mich und folge mir.
Alles Liebe,
>Gott

Ich will dein Verteidiger sein

Selbst wenn ich von allen Seiten bedrängt werde, erhältst du mich am Leben! Du stellst dich meinen zornigen Feinden entgegen und rettest mich durch deine Macht.

Psalm 138,7

20. Oktober

Hallo, du!
>Keine Frage: Es ist eine harte Welt da draußen. Glaub mir, ich weiß Bescheid. Manchmal scheinen sich alle Menschen und Umstände gegen dich zu verschwören, so dass du es richtig mit der Angst zu tun bekommst. :-(Das ist schon okay. Ich verstehe das, und es ist mir nicht egal.
Ich will dir helfen, mit dem Leben klarzukommen. Darum möchte ich, dass du zu mir kommst. Erzähl mir von deinen Ängsten. Und dann lass dir von mir sagen: Ich werde mitten in deinen Kämpfen direkt an deiner Seite stehen. :-o
Wenn ich dich tragen muss, werde ich es auch tun. Ich werde dein Verteidiger sein. Ich werde bei dir sein, über dir, unter dir, neben dir. Ich bin da. Ich will in deinem Alltag wirken. Darum fürchte dich nicht.
Ich kümmere mich um dich,
>Gott

Was ich dir sagen möchte

Gottes Geist selbst gibt uns die innere Gewissheit, dass wir Gottes Kinder sind.

Römer 8,16

21. Oktober

Ich wollte dir kurz schreiben!
>Du weißt ja, ich teile mich durch meinen Geist mit. Und ich weiß, dass das schwer zu verstehen ist. Aber gerade in diesem Moment teilt mein Geist dir etwas sehr Wichtiges mit. Mein Geist sagt dir, wer ich bin. Er sagt dir, wer du bist und wem du gehörst: Ich bin dein Vater. Du bist mein Kind.
Es ist sehr wichtig, dass du das weißt und glaubst. Du kannst es selbst überprüfen. Wenn du all die anderen Geräusche in deinem Leben einmal abschaltest – den Computer, den Fernseher, den CD-Player, das Handy und dein Radio – und mit mir allein bist, dann wirst du wissen, was mein Geist dir sagt: «Dein Vater liebt dich! Vertrau mir und glaube an mich.»
Die Liebe in Person,
>Gott

Ich liebe dich für immer

Berge mögen einstürzen und Hügel wanken, aber meine Liebe zu dir wird nie erschüttert, und mein Friedensbund mit dir wird niemals wanken. Das verspreche ich, der Herr, der dich liebt!

Jesaja 54,10

22. Oktober

Mein Friede mit dir!
>Ich habe dich erwählt, damit du mein bist. Wirklich, es ist so: Ich möchte eine Beziehung zu dir haben. Selbst wenn du dich von mir abwendest – ja, selbst wenn du mich hasst –, werde ich dich immer noch lieben. :-o
Deine Einstellung und dein Verhalten ändern nichts an meiner Liebe zu dir. Wenn du dich von mir entfernst oder dich von mir losreißt, will ich immer noch bei dir sein. Es ist so, wie wenn du den Wasserhahn zudrehst. Verschwindet dann etwa das Wasser einfach aus dem Rohr? Nein, es bleibt, wo es ist, und wartet darauf, dass du den Hahn wieder aufdrehst. Ich bin wie dieses Wasser. Ich bin hier und warte. Ich möchte, dass du mein Kind bist. Kein Ungehorsam und kein Widerstand von dir können daran etwas ändern. :-o
Ich habe dich erwählt, und ich werde dich niemals abweisen. Bitte schneide dich nicht von meiner Liebe ab.
Dein treuer Vater,
>Gott

Das kleine Kreuz an deinem Hals

Sein Kreuz musste er selbst tragen; vom Richtplatz bis hin zur «Schädelstätte». Auf Hebräisch heißt dieser Ort Golgatha. Dort schlugen sie ihn ans Kreuz. Rechts und links neben ihm wurden zwei andere Männer gekreuzigt.

Johannes 19,17–18 | 23. Oktober

Darf ich dich etwas fragen?
>Ist dir schon einmal aufgefallen, wie viele Leute ein Kreuz als Schmuck tragen? Man sieht Kreuz-Anhänger und Kreuz-Ohrringe – aus Gold und Silber, schlicht und verziert. Kreuze sind als Schmuckstücke so verbreitet, dass wir selten darüber nachdenken, was sie überhaupt bedeuten. :-(
Hätte man zur Zeit von Jesus ein Kreuz als Schmuck getragen, dann wäre das ungefähr so gewesen, als würdest du einen kleinen elektrischen Stuhl an einer Kette um den Hals tragen oder als würden kleine Galgen an deinen Ohren baumeln! Das Kreuz war kein glänzendes Schmuckstück, das man auf der Handfläche halten konnte. Es war ein grobes, schweres Folterinstrument, das Jesus auf seinem Rücken tragen musste. Es war ein grauenhaftes Todeswerkzeug, an das er genagelt wurde. Es kostete ihn alles. :,-(
Heute ist es ein Symbol des Sieges! Das Kreuz ist leer, weil Jesus von den Toten auferstanden ist und hier im Himmel zu meiner Rechten sitzt. :-) Darum ist es ein Symbol, das mir sehr viel bedeutet.
Dein Vater,
>Gott

Das Schmetterlingsprinzip

Richtet nicht nach dem äußeren Schein,
sondern urteilt gerecht!

Johannes 7,24

24. Oktober

Na, mal wieder online? ;-)
>Es ist nicht immer alles so, wie es auf den ersten Blick erscheint. Eine Raupe sieht so aus, als würde nie etwas anderes aus ihr werden als eine Made, die auf dem Bauch herumkriecht. Aber später bekommt sie Flügel, und sie flattert in den herrlichsten Farben herum. Im Winter sieht es so aus, als wären alle Bäume tot. Dann kommt der Frühling um die Ecke, und plötzlich sind dieselben Bäume voller Blüten und grüner Blätter. Du brauchst dir also nur die Natur anzuschauen, dann siehst du, dass im Leben mehr steckt, als man auf den ersten Blick sieht. :-o Bei den Menschen ist es genauso. Gib niemanden auf. Kann sein, du triffst einen total schüchternen Typen, und dann stellt sich heraus, dass er tausend aufregende Geschichten und witzige Sprüche auf Lager hat. Oder du findest heraus, dass der ekelhafteste Kerl aus der Nachbarschaft ein kleines Kätzchen namens Flauschi liebevoll umsorgt. :-o
Rechne immer damit, etwas Gutes an den Leuten zu entdecken, und mit der Zeit wirst du sie so sehen wie ich – als liebenswert und achtenswert.
Dein Vater im Himmel,
>Gott

Verpasse nicht das Beste!

Doch Jesus antwortete ihr: «Marta, Marta, du bist um so vieles besorgt und machst dir so viel Mühe. Nur eines aber ist wirklich wichtig und gut! Maria hat sich für dieses eine entschieden, und das kann ihr niemand mehr nehmen.»

Lukas 10,41–42

25. Oktober

Mein Friede sei mit dir!
>Jedes meiner Kinder hat Gaben mitbekommen. Marthas Gabe der Gastfreundschaft wurde von denen hoch gelobt, denen sie zuteil wurde. Marias Gabe des liebevollen Zuhörens machte es zu einer Freude, sie zu kennen. Jesus schätzte beide Schwestern. Niemals sagte er zu Martha, dass ihre Gabe wertlos sei. Was er jedoch sagte, war, dass Marthas eifriges Versorgen der Gäste ihr selbst «das Beste» nahm – nämlich den ewigen Schatz, zur Ruhe zu kommen und ihren Erlöser zu hören.
Wo bist du heute? Benutzt du deine Gabe als Entschuldigung dafür, dass du zu beschäftigt bist, um meinen Sohn zu hören? :-(Jesus schätzt alles, was du zu tun hast. Er schätzt deinen Einsatz. Er schätzt auch deine Gaben. Aber mehr als alles andere möchte er, dass du zu seinen Füßen sitzt und seinem Herzen zuhörst, ob du nun eine Maria oder eine Martha bist. Geh näher an ihn heran. Nimm dir die Zeit!
Der Schöpfer aller Gaben,
>Gott

Ich gebe dich nicht auf

Ich sage dir: Du bist Petrus. Auf diesen Felsen will ich meine Gemeinde bauen, und selbst die Macht des Todes wird sie nicht besiegen können.

Matthäus 16,18

26. Oktober

Alles klar heute?
>Hast du dich schon einmal gefühlt, als ob du es keinem recht machen könntest? Als ob du dich und mich ständig im Stich lassen würdest? Na, da bist du in guter Gesellschaft. Petrus war ein Mann, der nur die besten Absichten hatte, aber er konnte ihnen kaum gerecht werden. Er war derjenige, der aus dem Boot gestiegen und Jesus auf dem Wasser entgegengelaufen ist. Aber dann bekam er plötzlich Angst und begann unterzugehen. Er war derjenige, der sagte: «Auch wenn dich alle anderen verlassen, ich werde dich niemals verlassen.» Aber dann log er und leugnete, Jesus überhaupt zu kennen. :-(Aber habe ich Petrus aufgegeben? Nein, keine Spur. Ich benutzte ihn für eindrucksvolle Wunder, und er wurde einer der ersten christlichen Führer. Wenn ich Petrus benutzen kann, dann kann ich dich auch benutzen. Sei mal ein bisschen nachsichtig mit dir selbst. Du musst nicht vollkommen sein, damit ich dich einsetzen kann. Du musst nur bereit dazu sein. Gib dich selbst nicht auf, denn ich werde dich niemals aufgeben.
Ich glaube an dich, :-)
>Gott

Überlass mir das Fahren!

Danach sprach Jesus zu seinen Jüngern: «Wer mir nachfolgen will, darf nicht mehr sich selbst in den Mittelpunkt stellen, sondern muss sein Kreuz auf sich nehmen und mir nachfolgen. Wer sich an sein Leben klammert, der wird es verlieren. Wer aber sein Leben für mich einsetzt, der wird es für immer gewinnen.»

Matthäus 16,24–25

27. Oktober

Hast du etwas Zeit für mich?
>Ich werde dir jetzt eine schwere Aufgabe stellen: Nimm deine Hände vom Lenker. Warum? Nun, dieses Fahrrad (dein Leben) braucht nur *einen* Fahrer, und ich möchte, dass du mir das überlässt. Wenn du das schaffst, verspreche ich dir die tollste Fahrt deines Lebens!
Zusammen werden wir über erstaunliche und schwierige Strecken radeln. Manchmal wirst du zu mir sagen: «Nein, Vater, das macht mir zu viel Angst!» Aber ich werde nur antworten: «Halt dich fest und vertrau mir. Hier geht es entlang.» Sei unbesorgt: Dies ist kein Selbsthilfeprogramm, auf das du dich nun schweren Herzens einlässt. Es gibt hier keine Vorsätze fürs neue Jahr, kein Aufschlagen einer neuen Seite und kein Zusammenflicken deines alten Ichs. Du und ich, wir unternehmen ein großes Abenteuer, und ich bin der Einzige, der die Landkarte in der Hand hat. Also, halt dich fest! :-)
Der, der dich gerne führt,
>Gott

Wirf die Kataloge weg

Denn was gewinnt ein Mensch, wenn ihm die ganze Welt zufällt, er selbst aber dabei Schaden nimmt? Er kann sein Leben ja nicht wieder zurückkaufen!

Matthäus 16,26

28. Oktober

Schalom!
>Stell dir vor, das Leben wäre ein Versandkatalog und du könntest einfach darin blättern und dir aussuchen, was immer du dir wünschst: Computer, Autos, Klamotten, tolle Reisen, Ruhm, Geld, Macht – alles ohne Grenzen. ;-)
Nur käme an dem Tag, an dem deine Bestellung geliefert wird, auch eine Rechnung, in der stünde: «Zu zahlender Gesamtbetrag: deine ewige Seele.» Würdest du trotzdem die Bestellung aufgeben? Viele Leute tun das. Aber dabei durchschauen sie nicht richtig, auf was für einen Deal sie sich da einlassen. Das fängt damit an, dass der Versandkatalog unseriös ist. Du kriegst sowieso nie alles geliefert, was du bestellst. Und selbst wenn doch, würde der ganze Kram doch nie die rastlose Sehnsucht deiner Seele nach mir befriedigen. :-(
Also schmeiß die Kataloge dieser Welt weg und schlag lieber die Seiten meines Plans für dich auf – die Bibel. Und denke daran: Meine Liebe liefert, was sie verspricht!
Dein liebender Vater,
>Gott

Mein Weg ist (nicht so) schmal

Du hast mir alle Hindernisse aus dem Weg geräumt, nie bin ich beim Laufen gestürzt.

Psalm 18,37

29. Oktober

Friede sei mit dir! Und zwar viel!
>Gnade ist ein Wort, das du verstehen musst. Gnade bedeutet, dass ich dir mehr gebe, als du verdienst. Sie bedeutet, dass ich dir Fünfe gerade sein lasse. Manche Leute haben das Gefühl, mir zu gehorchen sei so, als ob man auf einem Seil über die Niagarafälle balancieren müsste. Ein Fehler, eine falsche Bewegung, eine Unaufmerksamkeit – und schon geht es ab in die Tiefe. Aber diese Leute haben mich völlig falsch verstanden. Ich habe dir eine Straße über die Niagarafälle gebaut. Sicher wirst du Fehler machen, aber du wirst niemals aus meiner Gnade herausfallen. Wie sollst du denn lernen, geradeaus zu gehen, wenn ich dich für jeden kleinen Fehler, den du machst, gleich abschieße? Vertrau mir. Ich bin nicht so. :-o Wenn du etwas falsch machst, dann bitte mich einfach um meine Vergebung, steh auf und versuch es noch einmal. Ich bin *für* dich, nicht gegen dich. :-)
Der Vergebende,
>Gott

Was betest du an?

Wie kann man nur auf den Gedanken kommen, sich einen Gott zu basteln, eine völlig nutzlose Metallfigur? Wer sich auf diese Machwerke einlässt, wird bitter enttäuscht. Sie sind ja doch nur von Menschen hergestellt.

Jesaja 44,10–11

30. Oktober

Ich grüße dich!
>Wenn du Berichte über alte Völker liest, die vor steinernen Götzenbildern niederknieten, dann denkst du dabei wahrscheinlich, wie zurückgeblieben und unaufgeklärt sie doch waren. Aber auch heute gibt es Menschen – wahrscheinlich sogar in deiner Nachbarschaft –, deren Herzen «niederknien» vor ihren Häusern, die doch nichts anderes als Steinhaufen und Betonmauern sind. Oder vor ihren Autos, die doch nur blecherne Materie sind. Oder vor ihren Kleiderschränken, in denen sich nichts anderes befindet als zugeschnittener und zusammengenähter Stoff. Wahrscheinlich sind sie sich noch nicht einmal darüber im Klaren, dass sie sich in einer Anbetungssituation befinden, aber *ich* weiß das sehr wohl. >:-(Wenn jemand den größten Teil seines Denkens, seiner Energien und seiner Kräfte für etwas anderes als mich verwendet, dann ist diese Sache sein Gott, sein Götze. :,-(
Prüfe doch einmal deine Seele. Bin ich wirklich der, den du anbetest? Mach mich bitte zu deinem –
Ein und Alles,
>Gott

Das Bild eines Christen

Alle deine Bewohner leben nach meinen Geboten. Sie werden das Land für immer besitzen. Ich habe sie dort eingepflanzt, und ich lasse sie zu meiner Ehre wachsen.

Jesaja 60,21

31. Oktober

Schalom!
>Was, wenn ich ein Bild von dem Christen malen würde, den ich aus dir machen will? Was würdest du auf meinem Gemälde sehen? :-o
Du würdest Augen voller Lachen sehen, die die Hoffnung auf die Zukunft ausstrahlen. Du würdest Hände sehen, ausgestreckt mit Fürsorge und Mitgefühl, wie Jesus sie auch hatte. Du würdest Arme sehen, die bereit sind, andere in den Arm zu nehmen – diejenigen, die beliebt sind, und auch die, die keiner mag. Du würdest Füße sehen, die bereit sind, überall dorthin zu gehen, wo die Arbeit für mein Reich getan werden muss.
Du würdest jemanden sehen, der so freundlich ist, dass er anderen vergibt, und der so bescheiden ist, dass er sich selbst nicht allzu wichtig nimmt – jemanden, der so groß ist, dass er an meinen Versprechen festhält, und der klein genug ist, dass er meine Fürsorge braucht. Du würdest einen Kämpfer sehen, ein Kind, einen Propheten und einen Beter. Du würdest jemanden sehen, den ich von ganzem Herzen lieb habe.
Du würdest *dich* sehen!
>Gott

Lass dich befreien

Ihr werdet die Wahrheit erkennen, und die Wahrheit wird euch befreien!

Johannes 8,32

1. November

Hallo, du!
>Wahrheit ist das Befreiendste, was es gibt. Wenn du die Wahrheit kennst und dein Leben danach ausrichtest, dann hast du keine Ausreden oder Alibis mehr nötig.
Wenn du wahrhaftig lebst, dann passiert es dir nicht, dass du einer Person das eine und einer anderen Person das andere sagst und dann später versuchen musst, dich zu erinnern, wem du was gesagt hast. Du kannst einfach sagen, was du denkst, und ohne Furcht deine Gefühle zeigen. Du kannst einfach du selbst sein und wissen, dass das genug ist. :-)
Ich möchte, dass du tief in deinem Innern die Wahrheit kennst, so dass du nicht deine Energie daran verschwenden musst, alle möglichen Lügen, Schwindeleien und Halbwahrheiten auseinander zu sortieren. Du sollst die Freiheit erleben, die entsteht, wenn du total ehrlich bist. Vor allem möchte ich, dass du Jesus kennst. Er ist die Wahrheit.
Dein Vater,
>Gott

Ich setze dich wieder zusammen

Jesus wandte sich um und sah seinen Jünger an. Da fielen Petrus die Worte ein, die Jesus gesagt hatte: «Ehe der Hahn kräht, wirst du dreimal geleugnet haben, mich zu kennen.» Da ging Petrus hinaus und weinte voller Verzweiflung.

Lukas 22,61–62

2. November

Was ich dir schon lange sagen wollte:
>Wenn ich mal streng mit dir bin, heißt das noch lange nicht, dass ich dich wegstoße. Und wenn du mal versagst, heißt das nicht, dass meine Pläne für dich gestorben sind. :-o
Petrus hat mich wirklich sehr verletzt; er verleugnete, mich je gekannt zu haben – nicht nur einmal, sondern gleich dreimal. Ich war drei Jahre lang mit ihm zusammen. Er hat gesehen, wie ich Kranke heilte und Tote auferweckte. Er ist mit mir übers Wasser gegangen und hat mich verklärt auf dem Berggipfel gesehen. Ich hatte vor, ihn zu einem mächtigen Grundfelsen für mein Reich zu machen. Doch als er unter Druck geriet, zerbrach dieser Fels in Stücke und ließ alle Hoffnung fahren. :-(Und trotzdem wurde Petrus zu dem Felsen, auf dem ich meine Gemeinde baute. Trotzdem wurde er zu einem geistlichen Kraftwerk für mich. Er fand nämlich etwas heraus, was du auch wissen sollst. Wenn du in Stücke zerbrichst, bin ich der Gott, der dich wieder zusammensetzen kann. Wenn du versagst, lass mich dir helfen, aufzustehen und weiterzugehen.
>Gott

Warte nicht, dass sie kommen

Dann sagte er zu ihnen: «Geht hinaus in die ganze Welt und verkündet allen Menschen die Heilsbotschaft.»

Markus 16,15

3. November

Sei gegrüßt!
>Meine bevorzugte Methode für den Dienst in meinem Reich heißt nicht: «Bau etwas auf, und sie werden schon kommen.» Ich habe die Jünger nicht gebeten, nach Pfingsten eine Kirche zu bauen, kulturell passende Programme anzubieten und zu hoffen, dass die Leute kommen und gerettet würden. Ich habe sie vielmehr in die Welt hinausgeschickt, um die Verlorenen zu suchen und zu retten. Genauso wenig rufe ich dich dazu auf, dein Christsein von deinem Leben abzutrennen. Nein, ich möchte, dass du deinen Glauben in jeden Bereich deines Lebens integrierst. Ich will nicht nur, dass du auf eine gute Gelegenheit wartest, um Freunde in die Kirche einzuladen, wo ihnen dann der Pastor an deiner Stelle die Wahrheit erklärt. Obwohl auch das wirksam sein kann, sollte das nicht das ganze Ausmaß deines Einsatzes sein. Betrachte jeden Bereich deines Lebens als Missionsfeld. Habe ein mitfühlendes Herz für die Bedürfnisse der Menschen um dich herum und ein liebendes Herz, das voller Demut auf andere zugeht. Warte nicht darauf, dass sie zu dir kommen.
Der, der dich aussendet,
>Gott

Gebet ist kein Theater

Wenn du beten willst, geh in dein Zimmer, schließ die Tür hinter dir zu, und bete zu deinem Vater. Und dein Vater, der auch das Verborgene sieht, wird dich dafür belohnen.

Matthäus 6,6

4. November

Gerade dachte ich an dich!
>Ist dir schon mal aufgefallen, wie manche Leute sich aufplustern, wenn sie Publikum haben? Manche Leute tun das sogar in der Gemeinde, indem sie total laut und lange beten, damit ja jeder merkt, wie supergeistlich sie sind. Aber dann höre ich die ganze Woche über kein Wort mehr von ihnen. :,-((Aber wohlverstanden: Nicht alle, die laut und lange beten, tun das nur deswegen. Manche sind einfach so gestrickt.) :-o
Wenn du zu mir beten willst, dann mach bitte kein großes Tamtam. Auf Gebete, die eigentlich nur eitle, selbstgefällige Reden sind, die vor andern Leuten geschwungen werden, kann ich echt verzichten. Zieh dich einfach irgendwohin zurück, wo keiner dich hören kann, und fang an, mit mir zu reden. Wenn du wirklich mit mir reden willst, brauchst du kein Publikum dazu. Klar, du kannst und sollst auch mit anderen Leuten beten, aber wenn das die einzige Art von Gebet ist, die du jemals praktizierst, was ist das dann für eine Beziehung, die wir beide miteinander haben?
Du weißt: Ich bin da!
>Gott

Von Herz zu Herz reden

Leiere nicht endlose Gebete herunter wie Leute, die Gott nicht kennen. Sie meinen, sie würden bei Gott etwas erreichen, wenn sie nur viele Worte machen. Folgt nicht ihrem schlechten Beispiel, denn euer Vater weiß genau, was ihr braucht, noch ehe ihr ihn um etwas bittet.

Matthäus 6,7–8

5. November

Dieser Punkt ist mir wichtig!
>Wie würdest du Gebet beschreiben? Geht es nur darum, dass du mir sagst, was du brauchst? Wärst du überrascht, wenn ich dir sagen würde, dass ich das sowieso schon weiß? Schließlich habe ich dich ja gemacht. Ich habe dich erdacht, und ich habe dich zusammengesetzt. ;-)
Wenn dir momentan in deinem Leben etwas fehlt, dann weiß ich, was das ist, noch bevor du mich darum bittest. Ich weiß es sogar schon, bevor du selbst es weißt. Zum Beispiel könnte es sein, dass du dich unbehaglich und rastlos fühlst. Du meinst vielleicht, dass du dich nur langweilst. Aber ich schaue in dein Inneres und sehe, dass hinter deiner Unruhe in Wirklichkeit ein Schuldgefühl steckt. Dass du dich zum Beispiel bei jemandem entschuldigen müsstest, es dir aber nicht eingestehen magst. :-(Statt mir immer zu sagen, was du brauchst, bitte mich doch einfach darum, dir zu zeigen, was genau du wirklich nötig hast. Gebet heißt, dass wir beide uns über alles unterhalten. Lass uns mal reden, von Herz zu Herz. :-)
Herzensdinge sind meine Domäne,
>Gott

Komm und bete mich an

Ihr sollt deshalb so beten: «Unser Vater im Himmel! Dein heiliger Name soll geehrt werden.»

Matthäus 6,9

6. November

Ich habe wieder einen Gedanken für dich:
>Wenn du zu mir kommst, dann komm mit einem betenden Herzen. Komm mit Dank auf deinen Lippen und mit Lobpreis in deinem Mund. Nicht weil ich etwa daran erinnert werden müsste, wie gut ich bin. Ich weiß, wie gut ich bin. :-) Nein, wenn du ein betendes Herz hast, dann wirst du an meine Güte erinnert, und es hilft dir, einen Rahmen für unseren Umgang miteinander zu finden. Er sagt dir, dass ich Gott bin und nicht du. Er erinnert dich daran, dass alles Gute, was du hast, von mir kommt, deinem Vater im Himmel, der dich liebt. Und er erinnert dich an meine Heiligkeit und daran, wie abhängig du von mir bist. :-o
Komm und bete mich an, denn du wurdest zur Anbetung geschaffen. Du wurdest geschaffen, um mir mit Liebe und Zuneigung zu antworten. Du wurdest geschaffen, um zu sagen: «Mein Vater im Himmel, dein heiliger Name soll geehrt werden.» Wenn du so sprichst, dann kennst du auch deinen Platz in der Welt und in meinem Reich.
Der, der deine Anbetung liebt,
>Gott

Wie willst du reagieren?

Dein Reich komme. Dein Wille geschehe wie im Himmel so auf Erden.

Matthäus 6,10 (Luther 99)

7. November

Gerade habe ich an dich gedacht!
>Manche Menschen kommen zu mir und fragen mich: «Was machst du da, Gott? Ich dachte eigentlich, du würdest es *anders* machen.» Was sie damit wirklich sagen wollen, ist: «Ich könnte es viel besser als du, Gott.» Bei solchen Gebeten kommt noch weniger als nichts heraus. :,-(
Es gibt ein Gebet, das mir besser gefällt: «Oh Gott, wie kann ich in Einklang mit dem kommen, was du tust? Wie kann ich mit deinem Willen übereinstimmen?» Ich möchte, dass du die Freiheit genießt, wenn du meinen Plänen vertraust, anstatt gegen sie anzukämpfen. Mein Vorhaben, mein Reich auf die Erde zu bringen, erscheint dir vielleicht nicht immer sinnvoll. Aber du wirst dich entscheiden müssen, wie du darauf reagieren willst. Entweder kannst du herumstehen und meine Pläne in Frage stellen, oder du kannst mit mir zusammenarbeiten, damit wir sie gemeinsam verwirklichen. Entscheide dich, die unglaubliche Freude kennen zu lernen, die du erfährst, wenn du dich meinem Willen unterstellst und sagst: «Dein Reich komme, dein Wille geschehe.»
Ich bringe das Reich,
>Gott

Vergib deinen Schuldnern

Vergib uns unsere Schuld, wie wir denen vergeben, die uns Unrecht getan haben.

Matthäus 6,12

8. November

Gerade habe ich wieder an dich gedacht!
>Wenn du dafür dankbar bist, dass ich dir deine Sünden vergebe, dann vergib doch bitte auch denen, die gegen dich gesündigt haben. Ich weiß, es ist so einfach, dieses Konzept formal zu verstehen, aber so schwierig, danach zu leben. Warum? Sobald dir jemand Unrecht tut, gibt es zwei Möglichkeiten: Du kannst entweder Vergeltung üben, oder du kannst auf diese Macht verzichten und deinem Schuldner vergeben. Und wenn ein Mensch an eine solche Machtposition gesetzt wird, ist er immer versucht, diese Macht auszuüben, anstatt auf sie zu verzichten und zu vergeben. :-o
Ich möchte, dass du so vergibst, wie ich auch dir vergeben habe. Ich hatte die größtmögliche Macht, der Menschheit die Vergebung zu verweigern, nachdem sie gegen mich gesündigt hatte. Aber ich habe am Kreuz auf diese Macht verzichtet und gesagt: «Ich will vergeben.» Wenn du in der Versuchung stehst, nicht vergeben zu wollen, dann trage diese Unversöhnlichkeit ans Kreuz. Lege sie ab und vergib. :-)
Der, der dir vergeben hat,
>Gott

Muntere deine Seele auf

Warum nur bin ich so traurig? Warum ist mein Herz so schwer? Auf Gott will ich hoffen, denn ich weiß: ich werde ihm wieder danken. Er ist mein Gott, er wird mir beistehen!

Psalm 42,6

9. November

Grüß dich!
>Bist du schon einmal aufgewacht und hast dich richtig elend gefühlt – so elend, als ob der ganze Tag schon abgehakt wäre, noch bevor er richtig angefangen hat? Wenn David, der Psalm 42 geschrieben hat, sich elend fühlte, hat er seiner Seele ein paar aufmunternde Worte gesagt. Er sagte zum Beispiel: «Hey, Seele, wo ist das Problem? Warum bist du so aufgewühlt? Gott macht doch den Job für dich. Du brauchst ihm nur zu vertrauen.» :-)
Wenn du dich morgens mal wieder so mies fühlst, dann versuche zuerst einmal herauszufinden, was es eigentlich ist, das dich so nervt. Vielleicht hat ja gestern jemand ein Versprechen dir gegenüber nicht eingehalten. Vielleicht hast du ja vergessen, etwas vorzubereiten, das du hättest tun sollen. Was es auch ist, es hilft dir nicht, wenn du dich selbst bemitleidest. Warum willst du es nicht mal mit Davids Methode versuchen? Sag deiner Seele ein paar aufmunternde Worte. Sag: «Seele, jetzt beruhige dich erst mal! Gott liebt dich, und er wartet nur darauf, dir zu helfen. Hör auf herumzunörgeln, und fang an, ihm zu vertrauen.»
Heute ist ein wichtiger Tag! >Gott

Anders als alle, die du kennst

Meine Gedanken sind nicht eure Gedanken, und meine Wege sind nicht eure Wege. Denn wie der Himmel die Erde überragt, so sind auch meine Wege viel höher als eure Wege und meine Gedanken als eure Gedanken.

Jesaja 55,8–9

10. November

Friede sei mit dir!
>Manche Leute, die mich kennen, sagen, ich sei «unbeschreiblich großartig, mega genial». Nun ja, das sind Worte. Jedenfalls bin ich anders als alle Menschen, die du kennst; so viel steht fest. :-o
Ich bin unendlich, und das bedeutet, dass ich schon immer da war und immer da sein werde. Das geht wahrscheinlich nicht in deinen Kopf, weil du nicht unendlich bist. Du hast einen Anfang. Ich nicht! :-o
Ich weiß alles. Ich weiß, was jeder einzelne Mensch auf der Erde im Augenblick denkt und fühlt, und ich kann jedem Einzelnen meine Aufmerksamkeit zuwenden. Und ich bin überall. Es gibt keinen Ort, wo du hingehen könntest, an dem ich nicht schon wäre, und sei es auf dem Grund des Ozeans. Ich muss mich auch nicht erst irgendwo hinbewegen; ich bin schon dort! ;-)
Wenn du nicht verstehst, was ich mit deinem Leben im Moment vorhabe, dann ist das ganz okay. Vertrau mir; ich weiß, was ich tue. Ich halte ein paar wunderbare Überraschungen für dich bereit. :-)
Der Unendliche,
>Gott

Gott liebt Arbeiter

Aber Jesus sagte ihnen: «Zu jeder Zeit tut mein Vater Gutes, und ich folge nur seinem Beispiel.»

Johannes 5,17

11. November

Schalom!
>Ich arbeite gerne. Ich habe die Welt in sechs Tagen gemacht. Danach habe ich mir einen Tag Ruhe gegönnt, und seither bin ich pausenlos an der Arbeit. Mein Sohn Jesus ist auch ein Arbeiter. Er hat jahrelang als Zimmermann gearbeitet, und dann hat er als Prediger und Lehrer härter gearbeitet als jeder andere vor und nach ihm. Jesus und ich, wir sind immer noch an der Arbeit. Wir haben nicht aufgehört. :-o Ich arbeite Tag und Nacht daran, mich Menschen vorzustellen, die mich noch nicht kennen. Ich lenke den Weg der Regierungen. Ich halte die Planeten im Umlauf. Und ich arbeite durch Christen, tue Wunder, heile Herzen und bringe Freude in die Welt. :-) Willst du mitmachen und mit mir zusammenarbeiten? Du musst die Wunder nicht selbst tun. Das werde ich durch dich tun. Du musst nur bereit sein, für die Menschen zu beten, die ich dir zeige. Wenn du das tun willst, dann bete gleich jetzt: «Ja, Herr, ich will mit dir zusammenarbeiten.» Dann halte deine Augen offen und pass auf, welchen Job ich dir als Nächstes gebe.
Dein Chef im Himmel,
>Gott

Worum es wirklich geht

Ganz früh am Sonntagmorgen gingen die Frauen mit den wohlriechenden Ölen, die sie zubereitet hatten, zum Grab. Der Stein, mit dem man es verschlossen hatte, war zur Seite gerollt. Als sie die Grabhöhle betraten, fanden sie den Leichnam Jesu, des Herrn, nicht.

Lukas 24,1–3

12. November

Hallo, wie geht es dir heute?
>Ich nehme an, du hast in der Zwischenzeit schon bemerkt, dass in deinem Leben gelegentlich schwere Zeiten auftauchen. :,-(Worum es wirklich geht, ist aber nicht, dass du schwere Zeiten durchleben wirst – sondern ob du mir vertraust, dass ich dich aus diesen schweren Zeiten auch wieder herausbringe. Worum es wirklich geht, ist nicht, ob dein Leben schwer wird – sondern ob du bereit bist, mich auch in den härtesten Zeiten weiter zu lieben und nach meinem Plan für dich zu leben. :-o
Denke daran, Jesus triumphierte am dritten Tag über den Widersacher, nicht am ersten. Dein Auftrag ist es, dass du glaubst, dass der dritte Tag kommt, auch wenn du meinst, du wärst im Grab stecken geblieben. Glaube weiter an mich, und vertraue darauf, dass ich die Kraft habe, dich zu erlösen. Dann wirst du aus dem Grab deiner Probleme und Sorgen auferstehen.
Deine Kraft der Auferstehung, :-)
>Gott

Nur du kannst dies beantworten

«Und für wen haltet *ihr* mich?», fragte er sie. Da antwortete Petrus: «Du bist Christus, der von Gott gesandte Retter.»

Markus 8,29

13. November

Mein Friede sei mit dir!
>Stell dir vor, du wärst bei einer Gameshow dabei und der Moderator würde dir sagen, dass deine Antwort auf die nächste Frage dein Leben grundlegend und für immer verändern würde. Ziemlich aufregend, nicht wahr! Jesus stellte Petrus eine Frage, die tatsächlich eine solche Bedeutung hatte. «Für wen hältst du mich?» fragte Jesus. Kein Telefonjoker der Welt hätte Petrus mit der Antwort helfen können. Seine Antwort war ganz persönlich. Für Petrus war Jesus der Christus, und das sagte er auch. :-)
Wer ist Jesus für dich? Ist er der Sohn Gottes, wie er behauptete, oder ist er deiner Meinung nach eine Möglichkeit unter vielen oder irgendein unbedeutender Prophet? Deine Antwort auf diese Frage bestimmt darüber, wie du dein Leben lebst. Für wen du ihn hältst, wird deinen Charakter formen und deine Zukunft verändern. Deine Antwort wird dich direkt durch die Tore zur Ewigkeit führen. :-o
Der Eine, der deine Antwort erwartet,
>Gott

Reden kann man viel

Wer hart arbeitet, bekommt seinen Lohn – wer allerdings nur dumm schwätzt, wird arm!

Sprüche 14,23

14. November

Na, wie läuft's bei dir?
>Kennst du den Ausdruck «Maulheld»? Das ist jemand, der immer große Sprüche klopft, aber nie wirklich irgendwo Hand anlegt. Tatsache ist: Jeder hat Ideen. Aber nicht jeder kann diese Ideen nachher auch umsetzen. In den siebziger Jahren hatten haufenweise Leute Ideen für Computerprogramme, aber Bill Gates zum Beispiel redete nicht nur davon, Computerprogramme zu schreiben, sondern verkaufte seine Programme an IBM. :-o
Nicht die Sprücheklopfer dieser Welt haben Erfolg, sondern die, die etwas tun. Genauso ist es, wenn jemand mir nachfolgen will. Jeder kann dasitzen und sagen, wie sehr er mich liebt. Aber wirklich beeindruckt bin ich von den Leuten, die auch danach handeln. :-) Also erzähle anderen von mir, schreib Lieder für mich, arbeite für mich, setz dich für mich ein, weise Menschen auf meine Gnade hin. Jeder kann behaupten, dass er mich liebt, aber wirst du auch etwas dafür tun?
Ich suche immer Mitarbeiter,
>Gott

Nicht jeder Wunsch ist gut

Wenn ein Kind seinen Vater um ein Stück Brot bittet, wird er ihm dann einen Stein geben? Wenn es um einen Fisch bittet, wird er ihm etwa eine giftige Schlange anbieten?

Matthäus 7,9–10

15. November

Hallo, hier bin ich wieder!
>Ich bin nicht dein dienstbarer Geist, der sofort zur Stelle ist, wenn du die Lampe reibst. Ich bin nicht dafür da, jeden deiner Wünsche zu erfüllen. Ich habe dir versprochen, dass ich dir durch Jesus Christus alles gebe, was du brauchst – aber nicht alles, was du willst. Weil ich nur das Beste für dich wünsche, werde ich dir niemals alles geben, worum du mich bittest. Ein guter Vater würde seinem Kind niemals etwas geben, das ihm schadet. Genauso werde ich dir niemals eine Bitte erfüllen, von der ich weiß, dass sie dir nicht gut tun wird. :-o
Ich möchte, dass du in Übereinstimmung mit meinem Geist und meinem Willen betest, nicht nach deinen eigenen Wünschen. Bete nicht, dass ich helfen soll, dass dein Fußball-Club gewinnt. Bete lieber, dass alle aus der gegnerischen Mannschaft mich kennen lernen werden. Bete nicht für eine neue Luxuskarosse. Bete vielmehr, dass du in der Lage bist, dich im Verkehr gelassen zu bewegen. Bete für Dinge, die wichtig sind, und ich werde dir mit Dingen antworten, die in deinem besten Interesse sind. :-)
Der deine Gebete erhört,
>Gott

Ein neuer Tag (mit Humor!)

Jesus schickte sie alle weg. Dann fasste er die Tote bei der Hand und rief: «Kind, steh auf!» Da wurde das Mädchen wieder lebendig, stand auf, und Jesus ließ ihr etwas zu essen bringen.

Lukas 8,54–55

16. November

Bist du fit heute?
>Manchmal sind es nicht die großen, heldenhaften Herausforderungen, die einem am schwersten fallen, sondern die kleinen, gewöhnlichen Dinge des Lebens: den Wecker auszuschalten, die Füße aus dem Bett zu bekommen, den Schlaf aus dem Körper zu duschen, heiße Schokolade zu kochen, das Baby zu wickeln, die Fahrgemeinschaft ans Ziel zu bringen und dem Tag ins Auge zu blicken. :-o
Wenn du heute das Gefühl hast, du wärest in einer endlosen Tretmühle von Aktivitäten, dann möchte ich dich mitten in deinem Alltag für meine Gegenwart wach machen. In all diesen potentiell langweiligen Situationen sagt Jesus: «Steh auf, mein Kind, es ist ein neuer Tag!» Wenn seine Liebe kraftvoll genug war, um ein totes Mädchen aufzuwecken, dann ist sie ganz bestimmt auch kraftvoll genug, um dir zu helfen, mit Hoffnung und Humor durch diesen Tag zu kommen. ;-)
Der Vater auch des Gewöhnlichen,
>Gott

Wirklich frei

Jesus erwiderte ihnen: «Eins ist sicher: Jeder, der sündigt, ist ein Gefangener der Sünde ... Wenn euch also der Sohn Gottes befreit, dann seid ihr wirklich frei.»

Johannes 8,34 und 36

17. November

Hallo, Post für dich!
>Wenn ein Sträfling aus dem Gefängnis ausbricht, ist er nicht wirklich frei. Den Rest seines Lebens muss er eine falsche Identität annehmen, muss ständig über die Schulter sehen und versuchen, immer einen Schritt vor den Gesetzeshütern zu sein. Aber ein Gefangener, der begnadigt worden ist, kann aus dem Gefängnis herausspazieren und den Duft der Freiheit genießen. :-)
Viele Menschen glauben, dass sie aus eigener Kraft aus den Folgen der Sünde ausbrechen könnten. Sie sagen: «Ich bin ein freier Mensch. Wozu brauche ich die Vergebung Gottes?» Aber diese Art der Selbsterlösung wird zum inneren Wegrennen vor der Wahrheit und vor dem Gesetz. Anstatt seinen wahren Zustand anzuerkennen, nimmt ein solcher Mensch eine falsche Identität als freie Person an und verbringt sein Leben damit, andauernd vor mir davonzulaufen. >:-(Wahre Freiheit gibt es aber nur durch die Begnadigung von deiner Sünde durch Jesus Christus. Dann kannst du aus dem Gefängnis deiner Sünden herausspazieren und brauchst nicht mehr zurückzublicken.
Der, der dich begnadigt, >Gott

Schließ dich der Revolution an

Als Jesus durch die Stadt ging, sah er den Zolleinnehmer Matthäus am Zoll sitzen. Jesus forderte ihn auf: «Komm, geh mit mir!» Sofort stand Matthäus auf und folgte ihm.

Matthäus 9,9

18. November

Wie geht es dir heute?
>Hast du eigentlich gewusst, dass ich dich in meiner Revolution dabeihaben möchte? Eine Revolution ist etwas, das die Denkweise der Menschen völlig verändert. Ich möchte, dass du dein Leben dazu benutzt, deine Welt auf den Kopf zu stellen. Wenn die Leute sagen: «Du musst auf den Besten und Stärksten achten», dann möchte ich, dass du zu ihnen sagst: «Nein, ihr müsst auf die anderen achten.» Wenn Menschen Außenseiter verachten, dann möchte ich, dass du sie freundlich behandelst (die Außenseiter, meine ich). Wenn Leute ihr Leben damit vergeuden wollen, so wenig wie möglich zu tun, dann möchte ich dir helfen, dass wenigstens *du* etwas Erstaunliches und Wunderbares vollbringen kannst. Wenn die Leute ganz mit sich selbst gefüllt sind, dann möchte ich, dass du mit dem Heiligen Geist gefüllt bist. Wo Hass und Zorn regieren, sollst du Liebe hineinbringen. Wo nur Hoffnungslosigkeit herrscht, sollst du die Hoffnung hinbringen, die wir in Jesus haben. :-) Jesus war der größte Revolutionär. Er veränderte alles für alle Zeiten. Und wenn du mir vertraust, dann mache ich aus dir auch einen Revolutionär. >Gott

Ich habe dich gewählt

«Weshalb gibt sich euer Lehrer mit solchem Gesindel ab?» empörten sich die Pharisäer. Jesus hörte das und antwortete: «Die Gesunden brauchen keinen Arzt, sondern die Kranken!»

Matthäus 9,11–12

19. November

Schalom!
>Erinnerst du dich noch an diese Szenen vor einem Spiel im Sportunterricht, als alle Schüler in einer Gruppe zusammenstanden und darauf warteten, dass die Teamchefs einen nach dem anderen wählten? Sie nahmen immer zuerst die Schnellsten und Stärksten. Nach einer Weile waren alle verteilt, bis auf einen letzten, kleineren, langsameren und schwächeren Schüler, den keiner wollte. Traurig ließ er den Kopf hängen, als einer der Teamchefs widerwillig sagte: «Na gut, dann muss ich ihn wohl nehmen.» :,-(
Als Jesus auf die Erde kam, hat er die Szenerie für immer verändert. Er war der Teamchef, der genau wegen dieses schwachen Menschenkindes kam. Er sah es an und sah in ihm den perfekten Athleten. Jesus stand da und wählte sein ganzes Team in umgekehrter Reihenfolge aus. Er erwählte einen Steuereinnehmer zum Jünger und eine ehemals von Dämonen Besessene als eine Freundin. Er aß mit den Sündern und umarmte die Unreinen. Er wollte ALLE, aber sein Herz schlug zuerst für die Bedürftigen. :-)
Denk darüber nach!
Der, der dich wählt,
>Gott

Ich lese in deinem Herzen

Der Herr hat euch doch längst gesagt, was gut ist! Er fordert von euch nur eines: Haltet euch an das Recht, begegnet anderen mit Güte, und lebt in Ehrfurcht vor eurem Gott!

Micha 6,8

20. November

Wie geht es dir?
>Ich habe dich geschaffen, damit du auf der Welt etwas bewegst. Heißt das, ich erwarte von dir, dass du zum Bundeskanzler gewählt wirst, einen Oscar als beste Schauspielerin gewinnst, einem großen Konzern vorstehst oder als Pioniermissionar in den Busch gehst? Alles im Bereich des Möglichen, klar, aber du musst keine großen Heldentaten vollbringen, um mir zu gefallen.
Ich möchte, dass du dein Leben ehrlich lebst, ohne viel Trara. Zeige anderen Leuten Respekt und behandle sie fair. Zeige Barmherzigkeit und schlichte Freundlichkeit, wie Jesus es tat. Geh mit mir durchs Leben, immer einen Tag auf einmal. Die großen Tiere der Gesellschaft mögen politische und finanzielle Macht an sich reißen, aber davon bin ich nicht beeindruckt. Ich lese in deinem Herzen, nicht in deinen Kontoauszügen. :-) Stilles, demütiges Handeln ist es, was in meinem Reich gute Zinsen erbringt.
Der, dessen Wille vollkommen ist,
>Gott

Das ist meine Job-Beschreibung

Du aber bist ein Gott, der vergibt, du bist gnädig und barmherzig; deine Geduld ist nie zu Ende, deine Liebe ist grenzenlos. Du hast unsere Vorfahren nicht verlassen.

Nehemia 9,17

21. November

Schalom!
>Mir ist aufgefallen, dass du mir, wenn du das Gefühl hast, etwas vermasselt zu haben, aus dem Weg zu gehen versuchst. Du gehst lieber auf Abstand und hältst Distanz, weil du dich meinem Zorn nicht aussetzen willst. :-o
Da ist etwas, was ich dir gerne begreiflich machen möchte. Es spielt keine Rolle, was du vermasselt hast. Vergeben gehört zu meiner Job-Beschreibung. Ich bin ein Gott der Vergebung – so bin ich nun einmal. Du bist mein Kind, du bist mein Gegenüber. Meine Liebe und Barmherzigkeit sind für dich immer erreichbar. Wenn du eine falsche Entscheidung triffst und in der Patsche landest, stehe ich neben dir und warte nur darauf, von dir zu hören, dass du mich um meine Hilfe, meinen Trost, meinen Zuspruch und meine Vergebung bittest. Also bitte mich darum ... bitte. Du wirst sehen, ich lasse dich nicht hängen. :-)
Dein Vergeber,
>Gott

Bleib unbedingt am Ball!

Wer durchhält und den Sieg erringt, wird dies alles besitzen. Ich werde sein Gott sein, und er wird mein Kind sein.

Offenbarung 21,7

22. November

Ich bin's mal wieder!
>Bei der Olympiade von 1992 fiel mitten im 400-Meter-Lauf ein britischer Läufer namens Derek Redmond wegen eines Muskelrisses voll auf die Nase. Was für ein Jammer! In diesem Moment wusste er, dass sein jahrelanges Training und sein Traum von der Goldmedaille dahin waren. :,-(
Was tat Derek also? Hat er sich hingesetzt und geheult? Hat er wütend um sich geschlagen und den anderen Läufern die Schuld gegeben? Nein. So schmerzhaft es auch war, Derek kämpfte sich vom Boden hoch und begann auf seinem unverletzten Bein die Bahn entlangzuhüpfen! :-o Jim Redmond, Dereks Vater, sprang von der Tribüne herunter, legte die Arme um seinen Sohn und half ihm Schritt für Schritt Richtung Ziellinie. :-) Derek Redmond hat sich so verhalten, wie ich es mir auch von dir wünsche. Derek hat nicht aufgegeben. Er ist drangeblieben. Dein Rennen wird nicht leicht, aber ich werde bis zum Ende bei dir sein.
Ich trage dich, ich unterstütze dich,
>Gott

Lass dich von mir führen

Macht euch bereit! Ich komme schnell und unerwartet und werde jedem den verdienten Lohn geben.

Offenbarung 22,12

23. November

Wie läuft es bei dir?
>Beim Christsein geht es um viel mehr als nur darum, an mich zu glauben und in den Himmel zu kommen. Es geht darum, dass du dich hier auf der Erde von mir führen lässt. Manche Christen lehnen sich zurück und sagen: «Prima, ich bin gerettet. Das wäre also erledigt. Jetzt habe ich Zeit, mir ein schönes Leben zu machen.» Und dann fangen sie an, an ihrer Karriere zu basteln, ohne mich jemals zu fragen, was ich eigentlich von ihnen möchte. Sie treffen ihre Entscheidungen danach, was ihnen am meisten Geld einbringt, ohne jemals zu beten und mich nach meinem Willen zu fragen. :,-(
Wenn dann Jesus wiederkommt, welchen Lohn werden solche Leute wohl erhalten? Wenn Jesus wirklich ihr Gott ist, dann werden sie in den Himmel kommen, Vergebung erlangen und auch all die andern wunderbaren Dinge. Doch einen besonderen Lohn hält Jesus für die bereit, die mir Tag für Tag gehorsam waren und nachgefolgt sind. Ich habe auf der Erde aufregende Dinge für dich zu tun und im Himmel aufregende Belohnungen für dich. :-) Möchtest du mich in deinem ganzen Leben herrschen lassen?
Dein Lohn, >Gott

Bitte Jesus herein

Merkst du es denn nicht? Noch stehe ich vor deiner Tür und klopfe an. Wer jetzt auf meine Stimme hört und mir die Tür öffnet, zu dem werde ich hineingehen und Gemeinschaft mit ihm haben.

Offenbarung 3,20

24. November

Friede sei mit dir!
>Dein Herz ist wie ein Haus, in dem du jeden Tag deines Lebens verbringst. Dort bewahrst du all deine Hoffnungen und Träume auf, all deine Gefühle und Ängste. :-o
Manche Zimmer in deinem Herzen enthalten glänzende Trophäen. Doch in anderen Zimmern versteckst du die Dinge, für die du dich am meisten schämst. Da der Schlüssel an der Innenseite der Tür steckt, bist du der Einzige, der jemanden in dein Herz einladen kann. Mein Sohn Jesus steht vor der Tür deines Herzens und klopft an. Wenn du ihn hereinbittest, werde ich mit ihm eintreten. :-o
Keine Sorge. Wir werden nicht schockiert sein über das, was wir vorfinden. Wir wissen bereits, wie es da drinnen aussieht. Wir wollen dir beim Hausputz helfen, ein Zimmer nach dem anderen. Wir wollen mit dir in dem Haus wohnen, das du dein Herz nennst, und wir werden es zu einem schönen Zuhause machen. Willst du uns nicht öffnen? Die Entscheidung liegt bei dir.
Der, der dich sehr gut kennt,
>Gott

Stachelige Beziehungen

Verbindet euch herzliche und mitfühlende Liebe? Darüber würde ich mich sehr freuen. Vollkommen aber ist meine Freude, wenn ihr die gleiche Gesinnung habt, in der einen Liebe miteinander verbunden bleibt und fest zusammenhaltet.

Philipper 2,1–2

25. November

Sei von Herzen gegrüßt!
>Beziehungen zwischen Menschen sind oft vergleichbar mit Stachelschweinen in einer kalten Nacht. :-o Stachelschweine brauchen einander, um sich zu wärmen, aber sie stechen sich immer gegenseitig, wenn sie sich einander nähern. Also weichen sie wieder zurück und versuchen es noch einmal, in der Hoffnung, dass es dieses Mal besser funktioniert. ;-)
Die Menschen haben ihre eigenen Stacheln aus Egoismus und Stolz. Sie haben scharfe Spitzen aus Unversöhnlichkeit und harten, vernichtenden Urteilen. Wenn die Menschen versuchen, sich einander zu nähern, stoßen sie unweigerlich an die schärfsten Spitzen der Persönlichkeit des anderen. Sie können dann entweder aufgeben und sich zurückziehen, oder sie machen weiter und bemühen sich um die Wärme der Gemeinschaft.
Du weißt, dass du in deinem Leben andere Menschen brauchst. Du brauchst ihre Freundschaft und ihre Gesellschaft. Lass mich dir helfen, selbst weniger stachelig zu werden, während du dich neu darauf einstellst, dich in eine Gemeinschaft hineinzubewegen.
Der Schöpfer aller Nähe, >Gott

Setz dir zum Ziel, mich zu kennen

Denn das ist mir klar geworden: Gegenüber dem unvergleichlichen Gewinn, dass Jesus Christus mein Herr ist, hat alles andere seinen Wert verloren. Ja, alles andere ist für mich nur noch Dreck, wenn ich bloß Christus habe.

Philipper 3,8

26. November

Wie geht es dir?
>Etwas über jemanden zu wissen, ist eine Sache, doch diese Person *wirklich* zu kennen, eine ganz andere. Zum Beispiel hast du sicher vom Präsidenten der Vereinigten Staaten gehört; aber wenn du heute im Weißen Haus vorbeischauen würdest, dann würde er dich vermutlich nicht zum Mittagessen einladen, oder? ;-)
Glaub mir, Hiob wusste einiges über mich. Aber nachdem er mir so konkret begegnet war, war das nochmals eine ganz andere Sache. Der Apostel Paulus hatte das eine Ziel im Leben, Jesus kennen zu lernen. Ja, verglichen mit diesem Ziel sah er alles andere als einen riesigen Haufen Müll an.
Vielleicht hast du, wie Hiob, dein ganzes Leben lang von mir gehört. Vielleicht kannst du «Jesus liebt mich» so gut wie jeder andere singen. Aber das bedeutet noch nicht, dass du Jesus oder mich wirklich kennst. Uns zu kennen heißt, in eine Beziehung zu uns einzutreten. Setz dir das zum Ziel. Vergiss nie: Was mich interessiert, ist die Beziehung, die Nähe, das Herz.
Dein Freund,
>Gott

Geh nicht zurück

Ich konzentriere mich nur noch auf das vor mir liegende Ziel. Mit aller Kraft laufe ich darauf zu, um den Siegespreis zu gewinnen, das Leben in Gottes Herrlichkeit. Denn dazu hat uns Gott durch Jesus Christus berufen.

Philipper 3,13–14

27. November

Ich hab da einen Gedanken für dich!
>Ich weiß, es ist verlockend, auf einen besonderen Höhepunkt in deiner geistlichen Reise zurückzublicken und sich zu wünschen, wieder dorthin zurückzugehen. Aber die geistliche Reise ist nicht darauf ausgelegt, dass man an irgendeinen Ort zurückkehrt – egal, wie gut es dort auch war. Der Sinn der Reise ist vielmehr, immer weiterzugehen, auf das große Ziel hin. :-o
Heute bist du am besten Ort, an dem du je gewesen bist, unabhängig von den aktuellen äußeren Umständen. Warum? Weil das Heute voller wunderbarer Möglichkeiten steckt. Ich habe dich aus einem bestimmten Grund an diesen Punkt in der Zeit gebracht, und ich führe dich weiter, damit du die Ziele erreichst, die ich für dich vorgesehen habe. Wenn du im Moment nicht an einem «guten» Ort bist, dann lass dich nicht dazu verleiten, geistlich aktiveren und positiveren Zeiten in deinem Leben nachzutrauern. Danke mir dafür, dass auch der heutige Tag und deine momentane Verfassung etwas Besonderes sind. Ich liebe dich heute genauso sehr wie bei den früheren oder späteren Höhepunkten.
Dein Reiseführer, >Gott

Sei bitte kreativ!

Singt dem Herrn ein neues Lied, singt dem Herrn,
alle Bewohner der Erde!

Psalm 96,1

28. November

Hallo, Post für dich!
>Hast du schon jemals ein und denselben Sonnenuntergang zweimal gesehen? Das hat es noch nie gegeben, und das wird es auch nie geben. Ich habe Millionen davon. Mir gehen die neuen Schöpfungen niemals aus. Und weil ich dich nach meinem Bild geschaffen habe, möchte ich, dass auch du kreativ bist, so wie ich es bin.
Sprich neue Gebete. Singe neue Lieder. Es ist schön, Gebete und Lieder zu haben, die andere Leute geschrieben haben. Das hilft, wenn es klemmt oder wenn dir nichts Neues einfällt, was du beten oder singen könntest. Doch hin und wieder denk dir auch selbst etwas aus und sing mir ein neues Lied. Es spielt keine Rolle, wie es klingt. Sing einfach, was du auf dem Herzen hast. Für mich wird es sich großartig anhören, und du wirst dich auch besser fühlen. Sei kreativ. Ich bin es auch.
Dein Schöpfer,
>Gott

War Jesus überrascht?

Aber Jesus vertraute sich ihnen nicht an, weil er sie genau kannte. Ihm brauchte niemand etwas über die Menschen zu sagen, denn er wusste, was in jedem Menschen vor sich geht.

Johannes 2,24–25

29. November

Noch ein Gedanke für dich:
>Jesus hatte allen Grund, von den Menschen um sich her völlig enttäuscht zu sein. Die Pharisäer waren eifersüchtig auf seine Popularität. Die Römer misstrauten seinem Einfluss. In seiner Heimatstadt zollten ihm die Leute keinen Respekt. Auf seinen Reisen folgten ihm manche Leute nur deshalb nach, weil sie seine Wunder so cool fanden. Sogar seine besten Freunde ließen ihn im Stich. Sie schworen, sie würden ihn niemals verraten, aber als es hart auf hart kam, verdrückten sie sich alle, und Jesus war ganz allein. :,-(
Hat ihn das überrascht? Nicht im Mindesten. Er kannte sich aus zwei Gründen ganz genau mit der menschlichen Natur aus. Erstens war er selbst dreißig Jahre lang ein Mensch und damit ein Angehöriger dieser «Gattung». Der andere Grund ist, dass er bei mir war, als ich die Menschen und ihre Entscheidungsfreiheit erschuf. Deine Fehlentscheidungen können ihn niemals überraschen. Er kennt dich so, wie du bist, und er liebt dich trotzdem. Genau wie ich! :-)
Dein liebender Vater,
>Gott

Ein Handbuch, kein Märchen

Wer sich meine Worte allerdings nur anhört und nicht danach lebt, der ist wie einer, der beim Bauen auf das Fundament verzichtet und sein Haus auf weichen Boden baut. Bei einem Unwetter unterspülen die Fluten sein Haus, es gerät aus allen Fugen und stürzt krachend ein.

Lukas 6,49

30. November

Na, wie ist die Lage?
>Ein Anwalt musste einmal für eine Woche verreisen und vertraute die Kanzlei seinem Assistenten an. Er gab ihm eine Liste mit genauen Anweisungen. «Kommen Sie damit zurecht?», fragte der Anwalt. «Kein Problem», versicherte ihm der Assistent. «Ich kümmere mich um alles.» Eine Woche später kehrte der Anwalt zurück und fand ein totales Chaos vor. Keiner arbeitete, und kein Punkt auf der Liste war erledigt. Wütend fragte der Anwalt den Assistenten: «Was ist denn hier los?!» «Oh», sagte der Assistent, «die Liste, die Sie uns dagelassen hatten, war hervorragend. Wir haben sie gründlich studiert und darüber geredet. Einige von uns haben sie sogar teilweise auswendig gelernt.» «Aber haben Sie auch irgendetwas davon erledigt?» «Erledigt? Sollten wir das alles erledigen?» >:-(
Ich glaube, du verstehst, worum es geht, oder? Die Worte in meiner Bibel werden dein Leben verändern – aber nur, wenn du tust, was sie sagt. Lies die Bibel nicht nur. Tu auch, was sie dir sagt.
Gerne dein Lehrmeister,
>Gott

Du bist nicht der Größte

Selig sind die Sanftmütigen; denn sie werden das Erdreich besitzen.

Matthäus 5,5 (Luther 99)

1. Dezember

Schalom!
>Sanftmütig bedeutet nicht schwach. Sanftmütig bedeutet: freundlich. Das ist ein großer Unterschied. Jemand, der sanftmütig ist, ist vielleicht sogar stärker als der stärkste Wrestler oder klüger als der klügste Wissenschaftler. Doch ein sanftmütiger Mensch benutzt diese Stärke nicht, um sich über andere zu erheben oder sie zu dominieren oder klein zu machen. Stolze Sportler werfen sich mächtig in die Brust, wenn sie eine Meisterschaft gewonnen haben. «Ich bin der Größte», hat ein berühmter Boxer immer wieder gesagt. Sanftmütige Sieger dagegen danken ihren Mannschaftskameraden, ihrem Trainer und ihren Fans. Wenn du dick angibst und dich dauernd ins Rampenlicht stellst, dann ist das dein Lohn. Aber wenn du sanftmütig bist und anderen die Ehre gibst, gebe ich dir eine Belohnung, die viel mehr wert ist, als eine Trophäe oder vergänglicher Ruhm es sein können. Ich gebe dir einen Ehrenplatz in meinem Reich, weil ich weiß, dass man dir vertrauen kann.
Der, der den Unterschied macht,
>Gott

Keine Angst vor der Plätzchenform

«Deshalb habt Ehrfurcht vor dem Herrn! Dient ihm aufrichtig und mit ganzer Hingabe! Trennt euch von den Göttern, die eure Vorfahren jenseits des Euphrat und in Ägypten verehrt haben. Dient allein dem Herrn!»

Josua 24,14

2. Dezember

E-Mail für dich!
>Viele Menschen halten sich von mir fern, weil sie glauben, wenn man Christ wird, würde man ab sofort mit der Plätzchenform der christlichen Kultur ausgestanzt. Sie fürchten, sie müssten unattraktive christliche Stereotype werden. Aber es gibt keine christliche Plätzchenform. Christen sind eine Gruppe sehr unterschiedlicher Menschen mit einer gemeinsamen Hingabe und Verpflichtung gegenüber einer Person – Jesus Christus. Ich erwarte nicht, dass du dich einer bestimmten Sache, einer politischen Partei oder einer gesellschaftlichen Denkrichtung anschließt. Nichts dergleichen. Ich möchte nur, dass du dich ganz auf mein Wort, meinen Geist und meinen Dienst auf der Erde ausrichtest. Wenn du dich auf mich ausgerichtet hast, dann gebe ich dir vielleicht eine Aufgabe, ein Anliegen oder eine Mission. Aber schreibe mir bitte nicht vor, was es sein soll. Ich habe dich als einzigartiges Geschöpf mit einem einzigartigen Glauben geschaffen, und ich will dir zeigen, wie du deinen einzigartigen Platz ausfüllen kannst. Du brauchst die Plätzchenform nicht zu fürchten. :-)
Der, der dich einmalig gemacht hat, >Gott

Überlass mir das Ergebnis

Aus seinem Reichtum wird euch Gott, dem ich gehöre, durch Jesus Christus alles geben, was ihr zum Leben braucht. Dafür wollen wir Gott, unseren Vater, in alle Ewigkeit loben und preisen.

Philipper 4,19–20

3. Dezember

Ich bin dir nahe!
>Stell dir vor, der beste Konditormeister der Welt würde dir sein weltberühmtes Rezept für den Lieblingskuchen deiner Partnerin oder deines Partners geben, damit du ihn zu ihrem bzw. seinem Geburtstag backen könntest. Der Konditor bringt alle Zutaten, legt sie der Reihe nach hin und erklärt dir dann das Rezept. Wenn du seinen Anweisungen folgst, brauchst du dir keine Gedanken zu machen, ob der Kuchen auch tatsächlich gelingt. Er wird auf jeden Fall gelingen! :-)
Wenn du dein Bestes gibst, um meinem Willen nachzufolgen, dann kannst du das Ergebnis ruhig mir überlassen. Ich habe dir meine Anweisungen gegeben. Ich habe einen Plan für dein Heil und ein Leben in Fülle vor dir ausgebreitet. Du musst nicht herumsitzen und ohne Ende darüber nachgrübeln, wie dein Leben wohl sein wird, wenn es aus dem Ofen kommt. Es wird ein kulinarisches Meisterwerk sein! :-)
Also mach dir keine Gedanken über das Endergebnis. Folge mir einfach von ganzem Herzen.
Du bist bei mir in guten Händen,
>Gott

Du kannst nicht alles wissen

Du weißt nicht, aus welcher Richtung der Wind kommen wird; du siehst nicht, wie ein Kind im Mutterleib Gestalt annimmt. Ebenso wenig kannst du die Taten Gottes ergründen, der alles bewirkt.

Prediger 11,5

4. Dezember

Schön, dass du da bist!
>Mich kannst du niemals völlig durchschauen. Versuche es gar nicht erst. Wenn du wüsstest, was ich schon alles getan und gedacht habe, würdest du den Verstand verlieren. :-o Solange du auf der Erde lebst, wirst du mich nur zum Teil kennen, aber das reicht schon. Wieso du mich überhaupt kennen kannst? Weil ich in Jesus auf deine Ebene herabgekommen bin und dir gezeigt habe, wer ich bin. :-o Wenn jemand viele verschiedene Sprachen spricht und du sprichst nur eine, dann wird dieser andere deine Sprache wählen, um mit dir zu kommunizieren. Wie solltest du sonst verstehen, was er sagt? Genauso habe ich es gemacht, als ich Jesus auf die Erde sandte. Ich habe ihn geschickt, damit er die Sprache der Menschen spricht. Er kam als Mensch aus Fleisch und Blut, damit ihr ihm begegnen konntet. Durch Jesus habe ich mich, der ich unfassbar bin, in eine fassbare Form gebracht, damit ihr mich verstehen könnt. Alles, was du über mich wissen sollst, kannst du von Jesus lernen. Was du nicht von Jesus lernen kannst, brauchst du nicht zu wissen. Also lerne Jesus kennen, und du wirst wissen, wer ich bin.
>Gott.

Gib immer alles

Säe am Morgen deine Saat aus, leg aber auch am Abend die Hände nicht in den Schoß! Denn du weißt nicht, ob das eine oder das andere gedeiht – oder vielleicht sogar beides zusammen!

Prediger 11,6

5. Dezember

Hallo, du!
>Es ist schwer zu unterscheiden, was wichtig ist und was nicht. Vielleicht denkst du, deine Mitarbeit im Kindergottesdienst ist so wichtig, dass du deswegen eine Verabredung zum Mittagessen mit einer Freundin sausen lässt, damit du zu Hause bleiben und deine Vorbereitungen vervollkommnen kannst. Aber was ist, wenn es mir gerade an diesem Tag viel wichtiger gewesen wäre, wenn du mit deiner Freundin essen gegangen wärst, als dass du einen perfekten Kindergottesdienst hältst? :-o
Wie kannst du herausfinden, worauf es wirklich ankommt und worauf nicht? Sehr oft kannst du es einfach nicht, und deshalb gebe ich dir einen Rat – tu einfach immer dein Bestes. :-) Behandle einen Obdachlosen mit demselben Respekt, mit dem du einer berühmten Persönlichkeit begegnen würdest. Gib dir in einer langweiligen Schulung genauso viel Mühe, wie du es in einem brennend interessanten Seminar tätest. Auf diese Weise musst du niemals zurückblicken und sagen: «Wenn ich das gewusst hätte, hätte ich mir mehr Mühe gegeben.»
Bei mir findest du alle Weisheit,
>Gott

Die Zukunft kommt früh genug

Du junger Mensch, genieße deine Jugend, und freu dich in der Blüte deines Lebens! Tu, was dein Herz dir sagt und was deinen Augen gefällt!

Prediger 11,9

6. Dezember

Hallo, ich bin's wieder!
>Alte Leute haben so eine Redensart: «Die Jugend ist an die Jungen verschwendet.» Wenn du älter wirst, stellen sich an deinem Körper alle möglichen Wehwehchen ein. Viele alte Leute können nicht mehr so wandern, schwimmen, tanzen, singen oder auch nur so denken wie früher einmal. Es ist schon traurig, wenn ein alter Mann auf seine Jugend zurückblickt und denkt: «Hätte ich nur damals gewusst, was ich heute weiß, dann hätte ich mehr unternommen und mehr aus meiner Zeit herausgeholt. Aber jetzt ist es zu spät.» :-(
Werde du nicht auch einer von diesen alten Leuten, die voller Bedauern zurückblicken. Koste jetzt deine energiestrotzenden Jahre voll aus. Wandere, schwimme, tanze, singe, denke, feiere, genieße, schaffe, erforsche, lebe, sei glücklich, stürz dich voll hinein! Verschwende deine Zeit nicht damit, dir über die Zukunft und was sie wohl noch bringen wird, große Sorgen zu machen. Die Zukunft kommt früh genug. Jetzt ist die Gelegenheit, deine dynamischen Lebensabschnitte zu genießen. Lass sie nicht ungenutzt vorübergehen.
Dein Schöpfer, >Gott

Stürz dich in den Kampf

Kämpfe den guten Kampf des Glaubens! Erringe so das ewige Leben. Dazu hat dich Gott berufen, und das hast du vor vielen Zeugen bekannt.

1. Timotheus 6,12

7. Dezember

Hallo, du!
>Manchmal geben die Menschen im Leben auf. Nicht weil es zu hart ist, sondern weil es zu leicht ist. Nicht weil es zu schwierig ist, sondern weil es keine richtige Herausforderung gibt, die das Kämpfen in ihren Augen lohnend erscheinen lässt. Also erschlaffen sie und lassen einfach alles sausen. :-o
Ich möchte, dass du erfüllt bist von dem Verlangen, für eine höhere und größere Sache als dich selbst zu kämpfen. Ich möchte, dass du deine Energie und deine Gaben für das höchste Gut einsetzt. Ich möchte, dass du weißt, wie es ist, neben mir auf dem Schlachtfeld des Glaubens zu stehen und zu kämpfen. Es ist mir nämlich wichtig, dass du in deinem Leben den Triumph des Sieges zu schmecken bekommst. Ich will nicht, dass du dich am Ende deines Lebens fragen musst: «Was sollte das eigentlich alles?» Dazu ist das Leben viel zu kostbar. Dazu bist vor allem *du* viel zu kostbar. :-)
Reihe dich bei mir ein, und wir werden uns gemeinsam den Feinden stellen! Alles kommt gut!
Neben mir musst du dich nicht fürchten,
>Gott

Zur Freundschaft gehören zwei

Meine Pläne verwirkliche ich, und was mir gefällt, das führe ich aus. ... So habe ich es gesagt, und genauso wird es eintreffen. Ich habe diesen Plan gefasst und werde ihn verwirklichen.

Jesaja 46,10–11

8. Dezember

Schalom!
>Ist dir eigentlich klar, dass ich schon immer existiert habe und auch immer existieren werde? Ich bin keine Illusion, die du dir bloß irgendwann erträumt oder zusammenfantasiert hast. Ich existiere wirklich. Auch wenn du den Fernseher anschaltest oder mit deinen Freunden feierst, bin ich bei dir. Du kannst mich dann nur nicht hören, weil du nicht auf mich achtest. :-(
Ich möchte, dass du mich kennen lernst. Aber wenn du keine Zeit mit mir verbringst, wie willst du dann meine Stimme hören? Wenn du immer beschäftigt bist, wie sollen wir uns begegnen? Zur Freundschaft gehören zwei. Ich liebe dich und werde dich immer lieben, aber wenn du keine Zeit mit mir verbringst, wie willst du dann merken, dass ich dein Freund bin? Ich möchte den Kontakt mit dir intensivieren und pflegen. Aber die Entscheidung liegt bei dir. Ich habe schon längst entschieden, dich zu lieben, was immer du tust.
Dein Vater,
>Gott

Wer ist bereit zu gehen?

Danach hörte ich den Herrn fragen: «Wen soll ich als Boten zu meinem Volk senden? Wer ist bereit zu gehen?» Ich antwortete: «Ich bin bereit, sende mich!»

Jesaja 6,8

9. Dezember

Friede sei mit dir!
>Gewöhnlich wähle ich einen bestimmten Menschen aus, um ihn zu benutzen. Er kommt und sagt: «Hier bin ich, Herr. Benutze mich.» Er muss nicht der schlaueste oder der talentierteste sein. Er muss einfach nur bereit sein. Jesaja hörte einen Ruf, den ich zur gesamten Menschheit sprach – nicht ausdrücklich zu ihm. Er war nur auf meiner Wellenlänge und bereit, mir zu antworten. Folglich benutzte ich ihn, um auf der Erde erstaunliche Dinge zu tun. :-o Mein Ruf geht immer noch hinaus in die ganze Welt: «Wen soll ich als Boten zu meinem Volk senden, und wer ist bereit zu gehen?» Wenn du ihn hörst, dann mach dir keine Gedanken darüber, ob du der Superchrist bist oder nicht. ;-) Sag einfach: «Hier bin ich, Herr, benutze mich.» Und ich werde dich sicherlich dazu benutzen, erstaunliche Dinge zu tun. Ich werde deinen Mund mit Worten der Wahrheit füllen und deine Hände dazu befähigen, mein Werk zu tun. Wenn du bereit bist, will ich dich senden.
Der ein bereitwilliges Herz sucht,
>Gott

Ein Mann mit einer Mission

Auch der Menschensohn ist nicht gekommen, um sich bedienen zu lassen. Er kam, um zu dienen und sein Leben hinzugeben, damit viele Menschen aus der Gewalt des Bösen befreit werden.

Markus 10,45

10. Dezember

Ich habe gerade an dich gedacht!
>Wenn je irgendjemand Anspruch darauf hatte, in einem Schloss mit vielen Dienern zu leben, die sich vor ihm verneigen, dann war das Jesus. Er war der höchste König, und doch führte er ein ganz einfaches Leben. Er war total bescheiden, aber in seiner Liebe war er radikal. Als er auf die Erde kam, erwartete er gar nicht, dass alle um ihn herumscharwenzeln sollten und ein Riesenbrimborium darum machen würden, wer er war. Im Gegenteil, er gab seine wahre Identität nur gegenüber einigen wenigen Menschen preis. Er kleidete sich ganz einfach, schlief auf dem Boden und schloss Freundschaft mit richtigen Außenseitern: mit Gesetzesbrechern, Zolleinnehmern (die hatten damals einen ganz schlechten Ruf!) und Leprakranken. :-o
Jesus war ein Mann mit einer Mission. Er kam nicht, um bedient zu werden, sondern um zu dienen. Er kam nicht, um zu nehmen, sondern um sein Leben als Lösegeld hinzugeben für alle, die ihm vertrauen.
Möchtest du einer von denen sein, die das tun?
Was die Welt braucht, ist Hingabe.
>Gott

Liebe mich bewusst

Liebt den Herrn, euren Gott, bemüht euch immer wieder darum, denn es geht um euer Leben!

Josua 23,11

11. Dezember

Hallo, du!
>Manche Dinge erfordern extrem viel Sorgfalt. Du würdest ja wohl nicht mit scharfen Messern jonglieren und dabei unkonzentriert von dem romantischen Film träumen, den du am Abend zuvor im Fernsehen gesehen hast. Du würdest keine Bombe entschärfen und nebenbei eine Zeitschrift lesen. Wichtige Dinge erfordern eine klare Fokussierung und große Aufmerksamkeit. :-o
Ich gehöre in die gleiche Kategorie. Ich bin wichtig. Wenn du mir nachfolgen willst, dann sei aufmerksam. Bitte stolpere nicht einfach so aufs Geratewohl durch die Woche in der Hoffnung, irgendwann schon noch ein paar Minuten für mich erübrigen zu können. Verabrede dich mit mir. Trag den Termin in deinen Kalender ein. Stell dir den Wecker. Wenn du im Gebet zu mir kommst, stell den Fernseher und dein Handy ab. Geh irgendwohin, wo dich nichts ablenkt. Sei still und horche. Dann, das verspreche ich dir, wirst du auch mitten im Chaos viel mehr Frieden haben.
Deine wichtigste Verabredung,
>Gott

Der Himmel auf deiner Seite

[Jesus] antwortete: «Für Menschen ist es unmöglich, aber nicht für Gott.»

Lukas 18,27

12. Dezember

Schalom!
>Was bist du für ein Typ? Bist du eher ein Unmöglichkeits-Typ, oder bist du eher ein Möglichkeits-Typ? Ein Unmöglichkeits-Typ schaut sich schwierige Herausforderungen an und sieht Tausende von Gründen, warum sie einfach nicht zu bewältigen sind. Er sieht in erster Linie alle Unmöglichkeiten und weist auch dauernd darauf hin. Ein Möglichkeits-Typ schaut sich dieselben Herausforderungen an und sieht vor allem die vielen Möglichkeiten, die darin stecken. :-o
Der Möglichkeits-Typ sagt: «Klar, kann sein, dass es unmöglich ist, wenn du nur auf deine eigene menschliche Kraft und deine wenigen Fähigkeiten angewiesen bist. Aber ich habe mehr zur Verfügung. Der ganze Himmel ist auf meiner Seite, und deshalb ist für mich alles möglich!» Ganz egal also, worin die Herausforderungen bestehen, vor denen du heute stehst: Denk daran, dass ich zusammen mit dir daran arbeiten werde, weil ich dich liebe. Und nichts – absolut gar nichts – ist unmöglich für mich. :-)
Unterschätze meine Möglichkeiten nicht!
>Gott

Zeit allein mit mir

Immer wieder gebrauchte er solche Gleichnisse. Wenn er aber später mit seinen Jüngern allein war, erklärte er ihnen die Bedeutung.

Markus 4,34

13. Dezember

Ich habe Sehnsucht nach dir!
>Du bist ständig auf Achse, umgeben von vielen Leuten und mit allem Möglichen beschäftigt. Wie kann ich da zwischen Tür und Angel ein Wort mit dir wechseln? Es gibt Wahrheiten, die ich dir zeigen möchte, erstaunliche Dinge, die ich dir erzählen möchte. Aber du wirst nie meine Stimme vernehmen, wenn du nicht bereit bist, mal einen Gang herunterzuschalten, mir zuzuhören, die Bibel aufzuschlagen und zu lesen. :-(
Drei Jahre lang verbrachten die Jünger jeden Tag eine gewisse Zeit allein mit Jesus. Er machte sie durch Gleichnisse und Beispiele mit meinem Reich vertraut. In ihm erkannten sie mich. Und obwohl es noch eine Menge Dinge gab, die sie nicht verstanden, half ihnen später der Heilige Geist, die Puzzleteile zusammenzusetzen. :-)
Das Rätsel und das Wunder des Lebens warten immer noch darauf, dass du sie entdeckst, und der Heilige Geist will dir helfen, einiges davon langsam zu verstehen. Also, zieh dich mal zurück aus dem Getöse. Werde still und höre auf mich. :-)
Ich rede mit den Meinen,
>Gott

Nicht nur die Gipfel-Tage

Sechs Tage später ging Jesus mit Petrus, Jakobus und Johannes auf einen hohen Berg. Sie waren dort ganz allein. Da wurde Jesus vor ihren Augen verwandelt: Seine Kleider glänzten so weiß, wie kein Mensch auf der Erde sie bleichen könnte.

Markus 9,2–3

14. Dezember

Friede sei mit dir!
>Ab und zu hast du einen richtigen Supertag. Vielleicht gewinnst du einen Wettbewerb, wirst befördert oder lernst total nette neue Leute kennen. Das sind «Berggipfel»-Tage, und die sind einfach klasse! :-)
Aber es wäre unrealistisch, jeden Tag so einen Gipfel zu erwarten. Du bist ja nicht nur für die Gipfel geschaffen. Jesus brachte auch Petrus, Jakobus und Johannes diese Wahrheit bei. An einem großartigen Berggipfel-Tag sahen sie Jesus in glänzend hellen Kleidern, und sie hörten meine Stimme aus dem Himmel dröhnen. Petrus wäre am liebsten für immer dort oben auf diesem Gipfel geblieben, klar. Aber Jesus führte sie wieder zurück in das Tal der gewöhnlichen Tage. :-o
Genieße die Gipfel, aber heiße auch die gewöhnlichen Tage willkommen. Sie beinhalten zwar auch manche Kämpfe und Schmerzen, aber ich benutze sie, um deinem Charakter ein paar starke Muskeln anzutrainieren. ;-)
Dein Freund,
>Gott

Meine Liebe gilt allen

Gib jedem, der dich um etwas bittet, und weise keinen ab, der etwas von dir leihen will.

Matthäus 5,42

15. Dezember

Ich bin's mal wieder!
>Obdachlose sind interessante Leute. Sicher, manche von ihnen sind schmutzig, manche sind faul, manche sind Lügner, manche sind gefährlich, manche sind verrückt. Aber ganz viele sind schlicht und einfach arbeitslos. Das alles spielt für mich keine Rolle. Meine Liebe gilt ihnen allen, und ich möchte, dass auch du sie liebst. Aber bitte schalte dabei deinen Verstand nicht ab. :-o
Du solltest zum Beispiel nicht jemandem Geld geben, damit er sich dann Alkohol davon kauft. Wenn jemand dir sagt, dass er Geld für etwas zu essen braucht, warum lädst du ihn dann nicht zu einem Essen am nächsten Schnellimbiss ein? Wenn einer nur auf Geld aus ist, wird er das ablehnen, und du bist aus dem Schneider. Wenn er wirklich Hunger hat, wird er sofort Ja sagen, und du hast die Möglichkeit, jemandem, den ich liebe, etwas zu essen zu geben und von mir zu erzählen. Arme Leute liegen mir am Herzen, und ich möchte, dass auch du ihnen gegenüber nicht gleichgültig bist. Wenn du dich nicht um sie kümmerst, wer wird es dann tun?
Ich will für sie zum Thema werden,
>Gott

Die Hoffnung der Welt

Heilt Kranke, weckt Tote auf, macht Aussätzige gesund und treibt Dämonen aus! Tut alles, ohne etwas dafür zu verlangen, denn ihr habt auch die Kraft dazu ohne Gegenleistung bekommen.

Matthäus 10,8

16. Dezember

Alles klar bei dir?
>Die Welt ist ein ziemlich kaputter Ort voller leidender Menschen und scheinbar hoffnungsloser Situationen. Nicht, dass ich sie so geschaffen hätte, aber seit der Mensch sich von der Gnade abgewendet hat, die ich am Anfang geschenkt habe, ist alles mögliche Kaputte in die Welt gekommen – Leid, Trauer, Armut, Schmerz und Tod. :,-(
Durch Jesus Christus gibt es die Hoffnung, dass all das Kaputte wieder heil werden kann. Und weil du Jesus nachfolgst, bist du jetzt auch ein Hoffnungsträger für die Welt. Du repräsentierst die Hände und die Füße und das Herz Christi auf der Erde. Das Herz Christi gibt niemals auf. Es opfert alles, was es hat, um der Welt zu helfen und ihr Heilung zu bringen. :-o
Lass dich nicht von der scheinbar ausweglosen Lage entmutigen. Du kannst die Welt nicht auf eigene Faust retten, und du schaffst es auch nicht an einem Tag. Aber du kannst *deinen* Teil beitragen. Mit meinem Geist in dir können wir gemeinsam etwas ändern: ein Herz, ein Leben, einen Tag, eine Person ... immer nur eine Herausforderung auf einmal.
Deine Hoffnung,
>Gott

Steig aus dem Boot

Gegen vier Uhr morgens kam Jesus auf dem Wasser zu ihnen. Da rief Petrus: «Herr, wenn du es wirklich bist, lass mich auf dem Wasser zu dir kommen.» – «Komm her!» Petrus stieg aus dem Boot und ging Jesus auf dem Wasser entgegen.

Matthäus 14,25 und 28–29

17. Dezember

Hallo, da bin ich wieder!
>Petrus kannte sich mit Booten aus. Er fühlte sich auf dem See sicher und wohl. Aber als er sah, wie Jesus auf dem Wasser lief, da wusste er, dass dies eine ganz neue Herausforderung für ihn war. Genauso rufe ich dich aus deiner bequemen Ecke heraus. Ich rufe dich an einen Ort, wo du mir vollkommen vertrauen musst, um handeln zu können. Fürchte dich nicht. Hier beginnt das Abenteuer. :-o
Selbst als aktiver Christ fühlst du dich manchmal in deinem Element wohl und vergisst ganz, dass es außerhalb deines Erfahrungshorizontes noch so viel mehr gibt. Wenn du schon einmal den Gedanken hattest: «Meine kleine Welt ist etwas eng», dann ist es an der Zeit, darüber nachzudenken, wie du deinen Blick weiten könntest. :-o
Genau wie Petrus musst auch du denjenigen kennen, der dich ruft. Dann kannst du vertrauensvoll das neue Terrain betreten. Selbst wenn Wind aufkommt und du meinst, du würdest untergehen: Geh weiter! Ich hole dich aus deinem «kleinen Boot» der Erwartungen heraus auf den weiten See meines Willens. :-)
Die starke Hand in deinem Leben,
>Gott

Manchmal ziemlich unfair

Wenn euer Glaube nur so groß wäre wie ein Senfkorn, könntet ihr zu diesem Berg sagen: «Rücke von hier dorthin!», und es würde geschehen. Nichts wäre euch unmöglich!

Matthäus 17,20

18. Dezember

Mein Friede sei mit dir!
>Ich weiß, dass du manchmal betest, so inständig du nur kannst, und es trifft einfach nicht ein, was du erbeten hast. Dann fragst du dich, wo ich denn die ganze Zeit war. Habe ich dich überhaupt gehört? Natürlich habe ich das.
Obwohl du mich nicht sehen kannst, bin ich immer hier. Ich weiß, dass dir das Leben manchmal unfair vorkommt. Aber das Gebet funktioniert nicht wie ein Getränke-Automat, in den du eine Münze wirfst, und schon kommt die Flasche heraus. Gebet beruht auf Glauben. Wenn du verwirrt bist, bring mir das Durcheinander von Gefühlen, das du in dir hast, und ich werde dir Glauben geben. :-o
Glaube versucht dem Schmerz nicht auszuweichen; er baut eine Straße geradewegs durch den Schmerz hindurch. Glaube macht die Dinge nicht leicht, aber er gibt dir zusätzliche Kraft für schwere Zeiten. Glaube kann Berge versetzen, sogar Berge wie Angst, Einsamkeit und Hoffnungslosigkeit. Lass mich deinen Glauben stärken.
Dein treuer Freund,
>Gott

Aber dennoch: Mitten im Leid triumphieren wir über alles durch die Verbindung mit Christus, der uns so geliebt hat.

Römer 8,37

19. Dezember

Schalom!
>Während des Zweiten Weltkriegs war eine holländische Uhrmacherin namens Corrie ten Boom in den Konzentrationslagern der Nazis inhaftiert, weil sie Juden geholfen hatte, aus Holland zu fliehen. Dort musste sie den Verlust ihrer geliebten Angehörigen erleiden – ihres Vaters und ihrer Schwester Betsie. Sie wurde geschlagen und musste hungern. Mit kaum etwas bekleidet, war sie den härtesten Witterungsbedingungen ausgesetzt, und die Wachen demütigten sie auf grausame Weise. Und doch konnte sie aus ganzem Herzen in die Worte von Paulus einstimmen: «Mitten im Leid triumphieren wir über alles durch die Verbindung mit Christus, der uns so geliebt hat.» :-o
Wahrscheinlich gab es für dich noch keine Notwendigkeit, die Wahrheit dieser Worte in diesem Ausmaß auf die Probe zu stellen. Aber eines sollst du wissen. Egal, was du in deinem Leben durchmachen musst: Wenn du dich an mir festhältst, wirst du merken, dass diese Worte wahr sind. In meiner Liebe kannst du über alles triumphieren. :-)
Dein allgegenwärtiger Vater,
>Gott

Dein eigenes Abenteuer

Denn ich bin ganz sicher: Weder Tod noch Leben, weder Engel noch Dämonen, weder Gegenwärtiges noch Zukünftiges, noch irgendwelche Gewalten, weder Hohes noch Tiefes oder sonst irgendetwas können uns von der Liebe Gottes trennen, die er uns in Jesus Christus, unserem Herrn, schenkt.

Römer 8,38–39

20. Dezember

Was ich dich schon immer mal fragen wollte:
>Magst du gern Abenteuerfilme? Die Sorte, in der die Hauptfigur durch alle möglichen Gefahren und Herausforderungen geht? Viele lieben solche Filme! Wenn es so richtig hart auf hart kommt, gibt es Momente, in denen du nicht weißt, wie die Sache ausgehen wird. Wenn du es wüsstest, wäre es ja auch kein Abenteuer, oder? ;-) Nun, mach dich darauf gefasst, dein eigenes Abenteuer zu erleben. Du sollst aber wissen, dass es, wie viele Herausforderungen du auch bestehen musst, eine sichere und stetige Kraft in deinem Leben geben wird: die Kraft meiner Liebe, die durch meinen Sohn zu dir gelangt. Nichts kann dich von dieser Liebe trennen – absolut nichts. Deshalb möchte ich, dass du schon jetzt, bevor dein Abenteuer beginnt, eine unverrückbare Entscheidung triffst. Nimm dir vor, den Blick auf mich gerichtet zu halten. Lass mich vorangehen. Vertrau mir, dass ich für dich da bin. Und dann lass die Herausforderungen kommen – gemeinsam werden wir sie bewältigen! :-)
Der Herr deines Abenteuers,
>Gott

Das Einmaleins des Fischens

Verlass dich nicht auf deine eigene Urteilskraft, sondern vertraue voll und ganz dem Herrn!

Sprüche 3,5

21. Dezember

Na, wieder mal am Surfen? ;-)
>Wenn Fischer heutzutage zum Hochseefischen auslaufen, benutzen sie elektronische Ortungsgeräte, um große Schwärme ausfindig zu machen. Ohne so ein Gerät könnte ein Fischer zwar auch mit bloßem Auge ins Wasser schauen, aber tiefes Wasser ist undurchdringlich und dunkel. Was wie ein Fischschwarm aussieht, ist vielleicht in Wirklichkeit nur ein Schatten. Ein Ortungsgerät ist deshalb viel zuverlässiger. :-o
Ich will dein Ortungsgerät sein. Du kannst nicht alles im Leben selbst herausfinden; dazu ist das Ganze viel zu verwirrend. Deine Vernunft bringt dich nur bis zu einem bestimmten Punkt. Hinter manche Probleme wirst du nie kommen. Aber ich kenne die Lösung für jedes Problem. Darum frag mich, wenn du eine Entscheidung treffen willst. Stütz dich auf mich. Bete zu mir. Lass dich von mir leiten. Ich werde dich vor den Felsen bewahren und dich in fischreiche Gewässer steuern.
In Liebe dein Lotse,
>Gott

Aus meiner Sicht das Beste

Halte dich nicht selbst für klug;
gehorche Gott und meide das Böse!

Sprüche 3,7

22. Dezember

Ich habe eine Frage an dich:
>Lebst du eigentlich nach deinem eigenen, ganz persönlichen Plan? Hast du dir vorgenommen: «In dem Alter werde ich heiraten. Zu der Zeit werde ich Kinder haben. Dann konzentriere ich mich auf meine Karriere» und so weiter? Was du dir da vorgenommen hast, mag aus deiner Sicht der Dinge sehr gut durchdacht erscheinen, aber es ist wie in dem alten Sprichwort: «Du siehst den Wald vor lauter Bäumen nicht.» ;-) Du bist einfach zu nahe an deinem eigenen Leben dran, um jenen richtigen Überblick zu haben, den du im Grunde genommen brauchst. :-o Ich bin über dir, neben dir, hinter dir, vor dir, unter dir und in dir, und das verschafft mir einen einzigartigen Überblick. Außerdem bin ich es ja, der dich geschaffen hat, und ich weiß, was für dich am besten ist. Also spul bitte nicht notorisch dein eigenes Programm ab. Vertrau mir und lass dir zeigen, was ich mit dir vorhabe. Und dann folge *meinem* Programm. Es wird nie langweilig sein!
Der, der weiß, was am besten ist,
>Gott

Die Quelle in deinem Herzen

Was ich dir jetzt rate, ist wichtiger als alles andere: Achte auf deine Gedanken und Gefühle, denn sie beeinflussen dein ganzes Leben!

Sprüche 4,23

23. Dezember

Schalom!
>Ich möchte dir gern eine Geschichte erzählen. Es war einmal ein Mädchen, das trank jeden Tag aus einer sprudelnden Quelle. Da das Quellwasser sehr rein war, wuchs das Mädchen gesund und stark heran. Doch eines Tages, als es gerade spielen gegangen war, kam sein Feind und tat ein paar Tropfen Gift in die Quelle. :,-(Mehr war nicht nötig. Da das Mädchen nichts von dem Gift wusste, trank es weiter jeden Tag von dem Wasser und fing allmählich an, sich immer kränker und trauriger zu fühlen. :-(
Verstehst du, was ich damit sagen will? Die Quelle ist dein Herz, in dem deine Gedanken und Gefühle sind. Der Teufel ist dein Feind, der dein Herz mit seinen kleinen und großen Lügen vergiften will. Aber wenn du mir vertraust, werde ich meine Wahrheit in dein Herz ausgießen und die Lügen des Teufels hinwegspülen. Und ich werde dir helfen, eine Mauer rund um die Quelle zu errichten, um dein Herz zu schützen. :-)
Der Wächter bei Tag und bei Nacht,
>Gott

Schaff Platz für meinen Sohn

Sie brachte ihr erstes Kind, einen Sohn, zur Welt. Sie wickelte ihn in Windeln und legte ihn in eine Futterkrippe im Stall, denn im Gasthaus hatten sie keinen Platz bekommen.

Lukas 2,7

24. Dezember

Hast du etwas Zeit für mich?
>An dem Tag, als Maria und Josef nach Bethlehem kamen, war so viel los in der Stadt und so viele Leute waren unterwegs, dass im Gasthaus kein Zimmer mehr für sie frei war. Es gab einfach keinen Platz, wo der Sohn Gottes zur Welt kommen konnte. :-(
Wenn die Leute in Bethlehem vielleicht gewusst hätten, wer Jesus war, dann hätten sie möglicherweise Platz geschaffen, damit mein Sohn geboren werden konnte. Aber sie wussten es nicht. :-(
Jesus sucht immer wieder nach einem Ort, wo er willkommen ist. Er sucht nach einem Mann, einer Frau oder nach einem jungen Menschen, der in seinem Leben Platz für ihn schaffen will. Wenn du zu beschäftigt bist mit der Arbeit, deiner Familie, deinen Freunden und deinen Freizeit-Aktivitäten, dann bist du genau wie Bethlehem in jener Nacht. Dann wird es in deinem überfüllten Leben keinen Platz für Jesus geben. Aber ich hoffe, dass du in deinem Herzen Platz schaffst für meinen Sohn, damit er einen Ort in dir findet, wo er willkommen ist.
Sein Vater und auch deiner, :-)
>Gott

Pack die Geschenke aus

Werft nun euer Vertrauen nicht weg! Es wird sich erfüllen, worauf ihr hofft. Aber ihr müsst standhaft bleiben und tun, was Gott von euch erwartet. Er wird euch alles geben, was er zugesagt hat.

Hebräer 10,35–36

25. Dezember

Wie geht es dir?
>Du bist wie ein kleines Kind am Weihnachtsabend, das gerade erst damit angefangen hat, seine vielen Geschenke auszupacken. Eines der wertvollsten Geschenke unter dem Baum ist immer noch in Papier gehüllt. Es ist das Geschenk des Vertrauens. Dieses Geschenk hat nämlich nicht nur seinen eigenen Wert, sondern es bringt noch einen zusätzlichen Bonus mit sich. Ungefähr so wie bei einer Pizza mit einem Gutschein auf der Schachtel, für den man noch ein Erfrischungsgetränk bekommt, kannst du den Gutschein auf deiner «Vertrauens-Schachtel» für das Extra-Geschenk der *Ausdauer* einlösen. ;-)
Ausdauer ist das Geschenk, das dir hilft, weiter voranzugehen, auch wenn der Weg beschwerlich wird. Vertrau mir, wenn ich sage: Erst wenn du in deinem geistlichen Leben vorangehst, kommst du an die eigentlichen Sahnestücke heran! :-) Also fang an, deine Geschenke auszupacken. Und wirf dein Vertrauen nicht mit dem Geschenkpapier auf den Müll! Du wirst es brauchen.
Der Geber aller Dinge,
>Gott

Ich habe eigene Pläne

Ein eifriger Mensch, der nicht nachdenkt, richtet nur Schaden an; und was übereilt begonnen wird, misslingt ... Der Mensch macht viele Pläne, aber es geschieht, was Gott will.

Sprüche 19,2 und 21

26. Dezember

Hier bin ich wieder!
>Viele Leute zäumen ihr ganzes geistliches Leben von der falschen Seite her auf. In bester Absicht denken sie jeden Morgen, wenn sie aufwachen: «Also, was kann ich heute für Gott tun?» Sie brüten mit ihrer Kreativität ganz tolle Pläne für mein Reich aus – finden sie zumindest. Dann krempeln sie die Ärmel hoch und fangen an, fieberhaft zu arbeiten, um ihre eigenen Pläne umzusetzen. Dabei fragen sie mich nie, was ICH eigentlich will. Das ist ungefähr so, als wenn deine Eltern oder Freunde dir ein teures Weihnachtsgeschenk kaufen, ohne auch nur einen Gedanken daran zu verschwenden, was du dir eigentlich wünschst. :-(
Weißt du, ich habe meine eigenen Pläne, an denen ich dich sehr gerne beteiligen will. Darum sollst du lernen, auf meine Stimme zu hören. Schau dich um. Finde heraus, wo ich bereits am Werk bin, und dann schließ dich mir an. Du wirst entdecken, wie aufregend es ist, mit mir zusammen daran zu arbeiten, meine Pläne zur Vollendung zu bringen.
Bestimmt der beste Planer von allen,
>Gott

Streng vertraulich

Maria aber merkte sich jedes Wort und dachte immer wieder darüber nach.

Lukas 2,19

27. Dezember

Meine Gedanken sind oft bei dir!
>Weißt du, wie man ein Geheimnis bewahrt? Denk an Maria. Kurz nachdem sie Jesus zur Welt gebracht hat, stehen plötzlich mitten in der Nacht lauter aufgeregte Hirten vor ihr. «Wir haben gerade jede Menge Engel gesehen, und die haben gesagt, dass dein Baby die ganze Welt retten wird!» Würdest du nicht darauf brennen, diese Neuigkeit all deinen Freunden und Freundinnen weiterzuerzählen? :-o
Aber Maria sagte niemandem etwas davon. Sie behielt es einfach für sich und dachte darüber nach. Gut gemacht, Maria! Wenn du betest, werde ich dir manchmal konkrete Dinge sagen, die nur für dich bestimmt sind. Vielleicht ist es etwas Gutes über deine Zukunft. Vielleicht ist es ein Versprechen. Vielleicht sage ich dir auch einfach nur, warum ich dich mag. Ich habe Geheimnisse, die ich nur mit dir teilen möchte, aber ich muss mich auch darauf verlassen können, dass du sie nicht gleich überall herumposaunst. ;-) Kannst du ein Geheimnis für dich behalten?
Der, dem du vertrauen kannst,
>Gott

Dein Spiegelbild sagt viel

Im Wasser spiegelt sich dein Gesicht, und in deinen Gedanken und Gefühlen erkennst du dich selbst!

Sprüche 27,19

28. Dezember

Hallo, du!
>Wenn du einem anderen Menschen ins Gesicht siehst, ist das so, als ob du in den Spiegel oder auf eine glatte Wasseroberfläche schaust und dein eigenes Spiegelbild erblickst. Du siehst das Potential zum Guten und zum Bösen, das in dir und in jedem Menschen steckt. Was aus dir wird, hängt davon ab, was du mit den Möglichkeiten anfängst, die du hast. Wenn du bei einem anderen Menschen schlechte Eigenschaften verabscheust, dann denk daran, dass das Potential zu genau diesen Eigenschaften auch in dir steckt. Wenn du bei einem anderen Menschen die guten Merkmale bewunderst, die du bei ihm siehst, dann denk daran, dass auch du das Potential zu denselben Merkmalen hast. :-)
Lass mich dir helfen, die guten Möglichkeiten zu entwickeln, die in dir stecken, damit du voll ausschöpfen kannst, was ich in dich hineingelegt habe. Vor allem aber schau in das Gesicht meines Sohnes, und lass mich dich ihm ähnlicher machen.
Wenn du Jesus siehst, siehst du mich,
>Gott

Frische Zutaten wirken Wunder

Schließlich, meine lieben Brüder und Schwestern, orientiert euch an dem, was wahrhaftig, gut und gerecht, was redlich und liebenswert ist und einen guten Ruf hat, an dem, was auch bei euren Mitmenschen als Tugend gilt und Lob verdient.

Philipper 4,8

29. Dezember

Friede sei mit dir!
>Jeder gute Koch kann dir sagen, dass das Gelingen eines Gerichts von den frischen Zutaten abhängt. Versuch mal, aus ranzigem Fleisch und vergammeltem Gemüse einen köstlichen Eintopf zu machen! Da kannst du Gewürze hineinkippen, so viel du willst, und das Ganze dann stundenlang kochen lassen, es wird am Ende grausig schmecken. ;-)
Wenn du aber mit gutem frischem Gemüse und frischem, erlesenem Fleisch anfängst und die richtige Mischung von Gewürzen hinzufügst, wirst du einen Nachschlag haben wollen! Das gleiche Prinzip gilt auch für dein Leben. Wenn du deinen Kopf mit fauligen Zutaten füllst, zum Beispiel mit Gewalt, Hass und anderem Müll, dann wirst du dir ein Leben zusammenkochen, das alles andere als köstlich ist. :-o
Wende mein Lieblingsrezept an: Fülle deinen Geist mit allem, was wahr, schön und gut ist; füge meine Liebe hinzu, und dann genieße das beste Leben, das du je geschmeckt hast!
In diesem Fall immer gerne dein Küchenchef,
>Gott

Ich sorge für deine Bedürfnisse

[Ich habe] gelernt, in jeder Lebenslage zurechtzukommen. Ob ich nun wenig oder viel habe, beides ist mir durchaus vertraut, und so kann ich mit beidem fertig werden: Ich kann satt sein und hungern; ich kann Mangel leiden und Überfluss haben. Alles kann ich durch Christus, der mir Kraft und Stärke gibt.

Philipper 4,11–13

30. Dezember

Hallo, ich bin's mal wieder!
>Zufriedenheit ist ein äußerst wertvolles Gut. Manche Leute haben Boote, Autos, große Häuser und Geld, aber zufrieden sind sie nicht. Was nützt ihnen das ganze materielle Zeug, wenn sie damit doch nicht glücklich sind? :-(
Zufriedenheit ist etwas, das nur ich geben kann. Paulus, einer meiner Nachfolger, verbrachte einen beträchtlichen Teil seines Lebens im Gefängnis. Doch selbst dort war Paulus zufrieden, weil er diese Wahrheit kannte: «Jesus gibt mir alles, was ich brauche.» Trotz der Umstände, in denen er sich befand, wusste Paulus, dass Jesus sich um ihn kümmerte und ihn niemals allein und ohne Trost zurücklassen würde. :-o
Vertrau mir, dass ich auch für *deine* Bedürfnisse sorge, und du wirst immer zufrieden sein. Nur ich kann für deine Bedürfnisse sorgen – und ich werde es auch tun. :-)
Der, der dir Zufriedenheit gibt,
>Gott

Geh hin und rede mit ihnen

Deshalb seid wach und haltet euch bereit! Denn ihr wisst weder an welchem Tag noch zu welchem Zeitpunkt der Menschensohn kommen wird.

Matthäus 25,13

31. Dezember

Etwas zum Nachdenken für den letzten Tag im Jahr: >Wenn du erfahren würdest, dass du nur noch einen Tag zu leben hättest, und du könntest noch mit einem einzelnen Menschen sprechen, bevor du stirbst, wen würdest du anrufen? Was würdest du sagen? Vielleicht würdest du einen Freund oder eine Freundin anrufen und dich für etwas entschuldigen, das du falsch gemacht hast. Vielleicht würdest du ins andere Zimmer gehen und deiner Mutter oder deinem Vater oder deinem Ehepartner oder deinem Kind sagen, wie lieb du sie hast. Nun, warum willst du damit warten, bis du sterben musst? Wenn es etwas gibt, das du jemandem sagen musst, dann tu es. Das Leben ist zu kurz, um solche wichtigen Dinge für dich zu behalten. :-o Es ist schon komisch, wie die Leute herumlaufen, mit allerlei eingepackten Gefühlen und Gedanken, die sie doch eigentlich ausdrücken sollten. Aber sie fühlen sich blöd, wenn sie es tun. Sie haben Angst vor dem, was die anderen Leute dann wohl von ihnen denken könnten. Dabei sind Liebe und Freundschaft etwas ganz Wichtiges. Die Menschen in deinem Leben müssen von dir hören. Geh hin und erzähle ihnen, was du für sie empfindest und wie du dich fühlst.
Der mit dir spricht, >Gott

Notizen

Notizen

Notizen

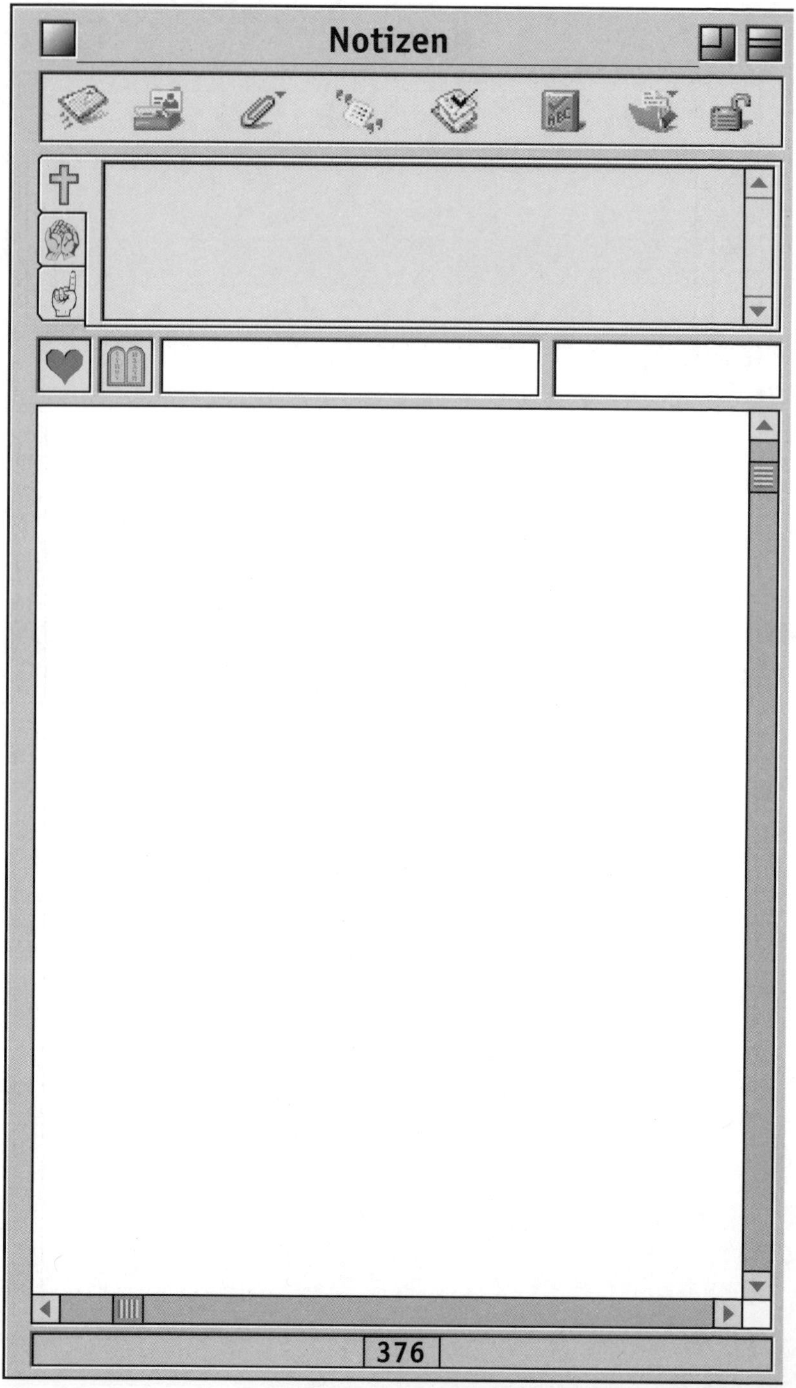
Notizen
376

Notizen

Notizen

Notizen

Notizen

Notizen

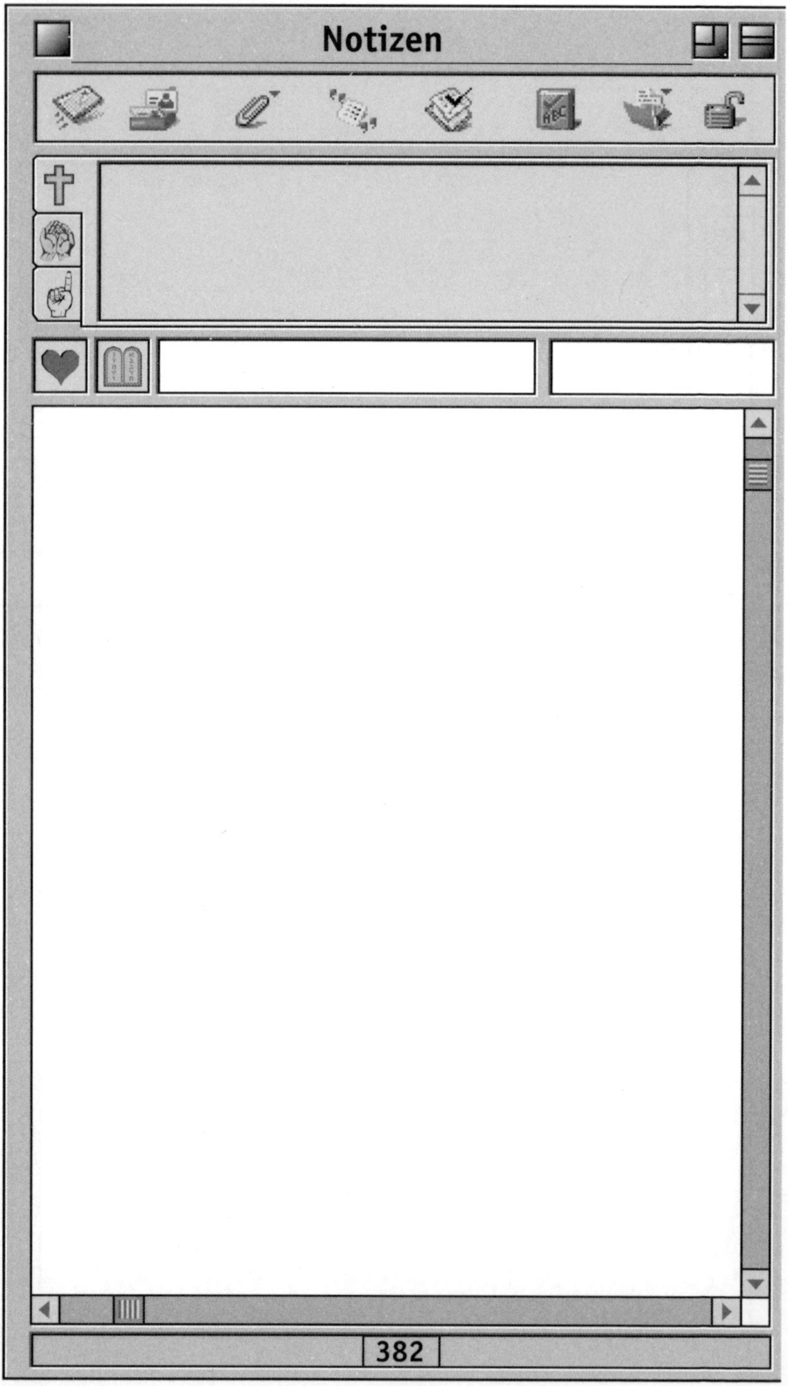
Notizen

Notizen

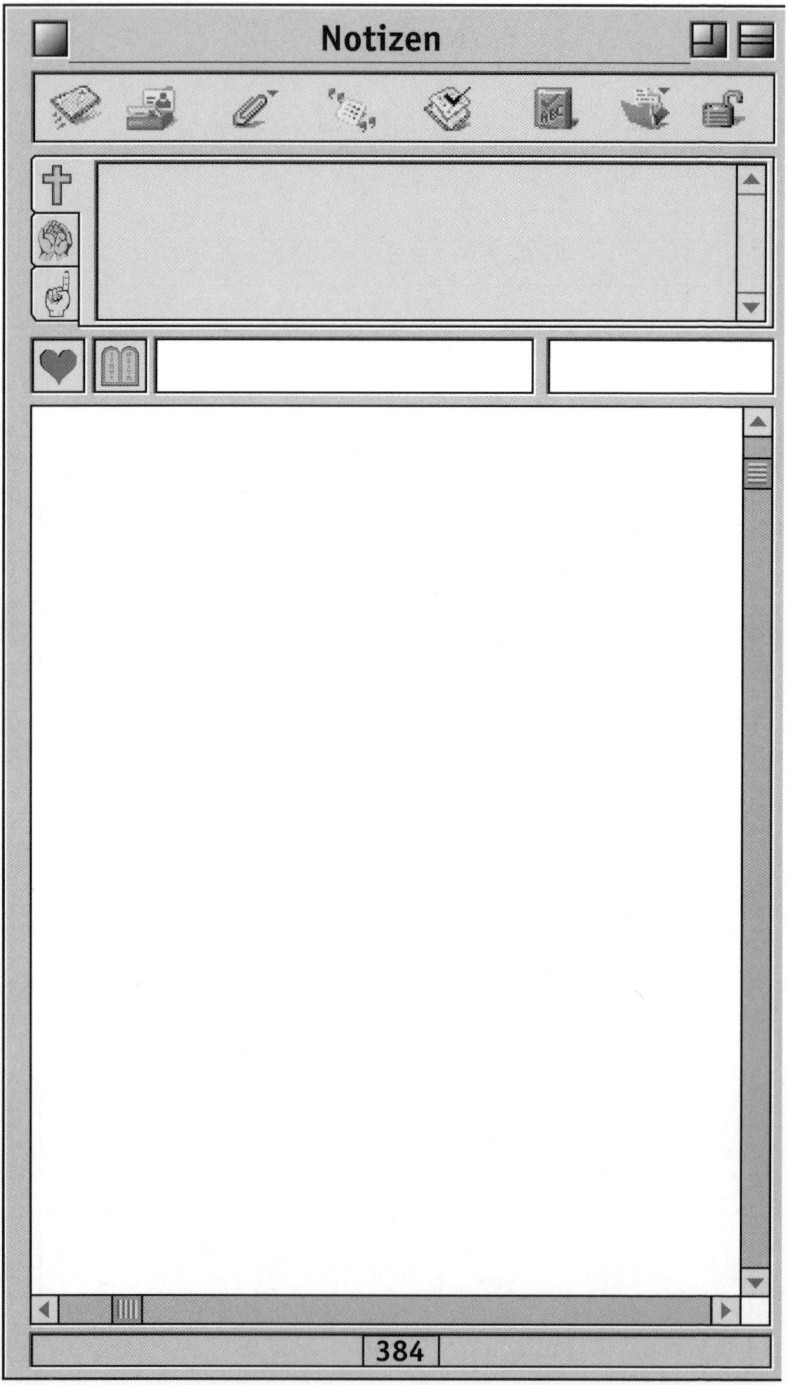
Notizen
384